손정의
투자 대전략

손정의

소프트뱅크가 재편하는 새로운 미래 산업체계

투자
대전략

다나카 미치아키 지음 | 유윤한 옮김

서울문화사

서장

-

산업계 전체를 재편할
손정의의 대전략

⊙ **연속 증익을 뒤엎고 역대 최고 7,000억 엔 적자계상**

소프트뱅크 그룹은 11월 6일 발표한 2019년 7~9월의 연결결산에서 약 7,000억 엔(한화 약 7조 4,200억 원 - 역자 주)에 이르는 영업손실을 보았다고 밝혔다. 이것은 소프트뱅크 사분기 결산 중 역대 최고 적자였다.

다음의 도표1을 보면 알 수 있듯이, 2019년은 순조롭게 큰 폭으로 증익을 계속하던 참이었다. 도요타자동차를 뛰어넘는 영업이익을 내던 중이었는데, 갑자기 역대 최대 적자로 돌아선 것이다.

이 날 오후 4시부터 열린 결산설명회에 등장한 손정의는 "이번 결산은 형편없습니다"라는 말과 함께 슬라이드 한 장을 보여주었다. 거기에는 태풍이 일어 거센 파도가 치는 바다를 배경으로 소프트뱅크 그룹에 대한 일간지의 신랄한 표제들이 나타났다. 하지만 손정의는 태풍에도 신랄한 비판에도 흔들리지 않겠다는 듯이 담담하게 설명을 시작했다. 이 날의 결산설명회 분위기를 간단히 정리하면, 다음과 같다.

- "망해가는 기업을 살리기 위한 투자는 앞으로 절대 하지 않겠다"라는 말로 시장의 가장 큰 우려를 가라앉히려 하다.
- '반성은 하지만 위축되지 않는다'는 전략과 '비전은 변치 않는다'는 입장을 명쾌히 제시하다.

이번 결산설명회는 시장에 부정적인 뉴스가 넘칠 때 상장기업의 경영자가 어떤 에쿼티 스토리(투자자에게 회사의 매력을 알기 쉽게 전달하기 위한 대외적 설명)를 제시해야 하는지에 대한 교과서적인 정답이라 할 수 있었다. 손정의는 각종 미디어에서 파견된 까다롭고 노련한 기자들의 질문에 적극적으로 답하며, 시종일관 진지하고 겸허한 태도를 보여주었다. 이는 현재 시장에 나도는 부정적인 뉴스의 충격을 완화시키기에 충분한 효과가 있는 듯했다.

이 날 손정의가 보여준 진면목은 무엇보다 명쾌하고 간단명료한 설명에 있었다. 그는 처음부터 문제의 원인을 확실하게 밝히면서 결산설명을 시작했다.

"'큰 폭의 이익 감소'와 '위워크WeWork 문제(3장에서 자세히 다룸)'가 문제입니다."

그렇다고는 해도, 이번에 일어난 문제의 원인과 본질이 과연 손정의가 정의한 그대로일까? 도대체 소프트뱅크 그룹에선 무슨 일이 일어나고 있으며, 이에 대해 어떻게 평가해야 할까?

손정의는 '위워크 문제가 문제'라고 정의했지만, 실제로는 '같은 문제가 부동산 관련 기업 투자 안건(예를 들어, OYO 등)에서도 일어나

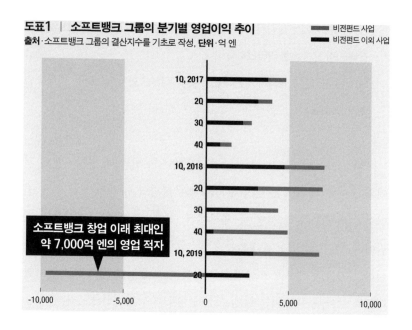

도표1 | 소프트뱅크 그룹의 분기별 영업이익 추이
출처·소프트뱅크 그룹의 결산지수를 기초로 작성, 단위·억 엔

■ 비전펀드 사업
■ 비전펀드 이외 사업

소프트뱅크 창업 이래 최대인
약 7,000억 엔의 영업 적자

고 있는 것은 아닐까……' 하는 우려도 떨칠 수 없다. 게다가 이 책의
마지막 부분에서 지적하는 것처럼 레버리지 역효과와 과잉채권 등과
같은 위험 요인이 전문 투자자들 사이에서 우려 요인으로 지적되고 있
다는 점도 밝혀두고자 한다.

⊙ **주가가 100분의 1로 폭락하는 위기를 넘으며,**
유언실행을 지속해온 손정의

연속 증익을 뒤엎고 역대 최고인 7,000억 엔 적자계상을 기록
한 소프트뱅크에게 이런 역경이 처음은 아니다. 다음의 도표2는 소프

트뱅크 그룹의 주가 변화를 보여주고 있다. 당연한 일이지만, 몇 차례나 등락을 반복한다. 특히 2000년 전후 IT버블 때는 경이적이라 할 만큼 극적인 변동을 보인다.

2000년 2월, 주가는 최고가 1만 1,000엔을 기록해 소프트뱅크의 시가총액은 20조 엔에 이르렀다. 하지만 IT버블이 꺼지자, 주가가 약 100분의 1까지 떨어졌다.

"일반적인 기업이라면, 주가가 100분의 1이 되면, 대부분 망합니다. 그래도 우리는 살아남았습니다. 물론 가지고 있는 자산을 닥치는 대로 매각해야 했습니다만……." – 《손정의 위기 극복의 비결 – 소프트뱅크 아카데미아 특별 강연 편》에서 발췌

도표2 | 소프트뱅크 그룹의 주가 변화

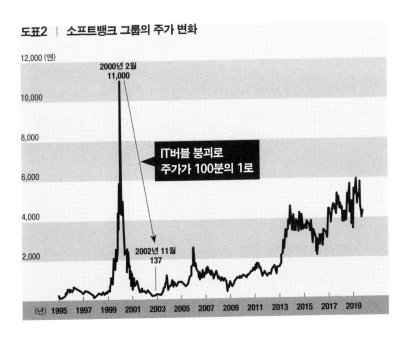

이처럼 소프트뱅크 그룹은 위기를 몇 번이나 극복한 경험이 있다. 이 시점에서 강조하고 싶은 것은 손정의가 지금까지 중요한 변화를 앞둔 상황에서 '유언실행'을 실천했다는 사실이다. 물론 항상 그랬던 것은 아니지만, 손정의는 중요한 분기점 앞에서 큰 승부수를 던져야 할 때면 자칭 '대단한 허풍'을 마치 무기처럼 휘두르며 사용했다. 사람들 앞에서 먼저 중요한 전략을 선언한 뒤, 그것을 성공적으로 이루어내는 유언실행의 대가가 바로 손정의다.

이번 '위워크 문제'의 표면화와 그 후에 이어진 결산설명회라는 일련의 흐름은 미리 기획한 것이든 아니든 정말 훌륭했다. 설명회가 있고서 일주일 뒤, 2019년 11월 13일 밤늦게 '야후와 LINE'의 경영통합인가?'라는 빅뉴스가 날아들었다. 두 회사는 다음 날 14일 교섭 사실을 인정하는 보도자료를 내보냈고, 당일 주식 시장은 이 사실을 긍정적으로 평가했다.

두 회사의 경영통합이 끼칠 영향에 대해선 2장에서 자세히 설명할 것이다. 아무튼 결과적으로 '부정적인 뉴스 뒤에 긍정적인 뉴스를 내보낸다'는 손정의 특유의 셈법이 이번에도 유감없이 발휘되었다고 볼 수 있다.

⊙ '일본발 경제 위기'의 열쇠는 손정의가 쥐고 있다

손정의는 2019년도 주주총회에서 '일본에 부족한 것은 큰 비전이다'라고 계속 강조했다. 내가 보기에도 손정의야말로 큰 비전을 품고 국가의 활로를 열 수 있는 가장 유력한 경영자이다.

이처럼 통이 큰 경영자인 손정의가 최근에는 '오차'라는 말을 아주 자주 쓰고 있다. 10조 엔 펀드를 만들어 투자를 하고, 거기에 제2의 10조 엔 펀드 조성을 시작했기 때문인지, 1조 엔 미만은 모두 오차라고 말하려는 듯하다.

2019년에 열린 소프트뱅크 그룹 결산설명회에서 손정의는 '순이자부담부채는 4조 엔'이라고 했다. 그런 뒤, 엄밀히 말해 순이자부담부채는 3.6조 엔이고, '4,000~5,000억 엔은 오차'이며, 일본에서 '차량공유 사업'을 인정받지 못하는 것도 '오차'라고 강조했다. 전 세계적으로 차량공유 사업의 패권 다툼이 벌어지는 가운데 진입장벽도 높고, 시장도 축소 중인 일본에서 이 사업이 잘되지 않는 것은 '오차'에 지나지 않는다는 말이다.

지금까지 손정의가 걸어온 길을 살펴보자. 그는 브로드밴드나 야후-BB 서비스를 시작할 때 NTT를 직접 찾아가 교섭에 나섰다. 또한 보더폰 일본법인을 1조 7,500억 엔에 매수한 뒤에는 스스로 현장을 진두지휘했고, 미국 스프린트를 매수한 뒤에도 최고위 네트워크 관리자로서 온종일 전화회의에 임했다.

손정의는 현장을 중요시하고, 현장의 세세한 부분까지 이해하고, 아주 작은 것들까지도 신경 쓰며 행동하는 경영자다. 그런데 지금은 소프트뱅크 그룹의 수장으로서의 역할뿐만 아니라, 10조 엔 펀드의 사령탑 역할까지 하다보니, 시간과 에너지 면에서 모두 한계를 느낄 수밖에 없을 것이다. 그 결과 사소한 것은 오차로 보고, 버리고 갈 수밖에 없을지도 모른다.

하지만 너무 많은 것을 오차로 보고 버리다 보면, 정말 중요한 것을 놓치게 되지는 않을까. 원래 손으로 해야 할 일을 발로 하는 것과 같은 일이 생긴다면, 아주 커다란 경영 리스크 요인이 될 것이다. 소프트뱅크가 1조 엔 미만을 오차로 볼 정도로 규모가 큰 기업이라면, 이 그룹의 실패는 산업계뿐만 아니라 금융계, 나아가 국가 전체에 커다란 영향을 끼치는 사건이 될 것이다. 이 정도면 소프트뱅크 그룹의 실패가 일본발 경제위기로 이어진다 해도 이상하지 않다. 그만큼 소프트뱅크의 영향력은 점점 커지고 있다고 생각한다.

⊙ 소프트뱅크 그룹의 가까운 미래를 알아야 하는 이유

이처럼 소프트뱅크 그룹은 일본 내외에서 큰 영향력을 가지게 되었다. 특히 야후와 LINE의 경영통합이 실현되자, 강력한 두 회사의 결합을 계기로 산업계 전체가 술렁거렸다. 한 회사로는 살아남을 수 없다는 위기감이 업계 전체에서 증폭되었기 때문이다. 앞으로는 스마트폰 경제와 온라인 쇼핑 등에서 업종을 넘어선 연대와 재편이 일어날 가능성이 커지고 있다.

여기서 중요한 것은 이번 두 회사의 통합에 자극받아 재편을 선택할 업계의 종류가 아주 다양해지리라는 예상이다. 예를 들어, 자동차 산업만 해도 자동차, 전기, 에너지, 전력, 통신 등의 업계가 융합할 것이다. 금융산업의 스마트폰 결제 부문으로는 이미 여러 업종이 진입해 들어가고 있다. 즉, '손정의식 대전략'이 결국 산업계 전체에 큰 재편을 불러일으킬 듯하다.

소프트뱅크 그룹은 차세대 자동차산업 영역도 노리고 있다. 이를 위해 이미 도요타자동차와 제휴관계를 맺은 상태다. 이 제휴는 '서비스가 소프트웨어를 정의하고, 소프트웨어가 하드웨어를 정의'하는 시대에 걸맞은 사업 형태로 주목받았다. 그런데 이제는 여기에 야후와 LINE 연합이라는 실전 병력이 더해졌으니, 동종업계의 기업들에게는 큰 위협이 되고 있다.

도요타자동차는 소프트뱅크와 제휴한 덕분에 차세대 모빌리티 플랫폼 레이어 구조의 아래쪽에 '페이페이paypay(야후재팬과 소프트뱅크가 공동 출자해 만든 스마트폰 결제서비스)'와 'LINE' 등의 슈퍼 앱을 둘 수 있게 되었다. 덕분에 경쟁 기업들과 큰 차별점을 갖게 되었는데, 이는 EV(전기자동차)화, 자동화, 서비스화와 함께 차세대 자동차산업의 4대 조류를 이루는 것이 커넥티드화(스마트화)이기 때문이다.

필자는 야후와 LINE 통합을 계기로 일어난 업계 재편은 전자상거래 소매업과 금융업에 머물지 않으리라 본다. 아마도 모든 산업 질서 영역을 다시 정의하는 싸움으로까지 발전하지 않을까 예상해본다.

⊙ 이 책의 전체 구조와 내용

앞에서 언급한 바와 같은 문제의식 아래 우선 제1장에서는 '손정의와 소프트뱅크'에 대해 살펴보려 한다. 손정의라는 경영자와 소프트뱅크 그룹이 지금까지 걸어온 길과 특징을 간결하게 알아볼 수 있을 것이다. 이 책은 1장부터 읽어도 좋지만, 마지막 장을 제외한 어떤 장을 먼저 읽어도 좋도록 구성되어 있다. 따라서 특별히 먼저 알아보고 싶은 내용이 있다면, 그와 관련된 장부터 읽기 시작해도 좋을 것이다.

2장에서는 '미국과 중국에 이은 제3극을 노린 싸움의 시작'을 다루고 있다. 야후와 LINE의 경영통합이 이루어질 때 두 기업이 어떻게 담판을 벌였고, 통합의 영향은 어떠했는지를 알아보고, 이로 인한 다양한 업계의 재편 가능성도 살펴본다. 나아가 경영통합 발표 때 두 기업의 사장이 제시한 '미국과 중국에 이어 제3극을 노린다'는 대담한 비전의 실현 가능성도 알아본다.

3장에서는 '10조 엔 펀드'와 'AI 군전략'에 대해 분석하고 있다. 특히 이 펀드의 비즈니스모델과 그 투자 기법에 대해 자세히 설명한다. 지금까지의 투자펀드와 어디가 어떻게 다른지, 어떤 점이 뛰어난지, 어떤 부분이 리스크 요인인지를 독자들이 명쾌하게 이해할 수 있도록 하는 데 중점을 두었다.

4장에서는 소프트뱅크 그룹의 최대 강점인 '금융재무전략'을 상세히 분석하고, 그에 따른 과제도 중점적으로 다루고 있다. 소프트뱅크가 이제까지 많이 사용해온 '금융재무전략과 파이낸스 기법'을 구체적인 사례와 함께 살펴볼 것이다.

손정의는 가장 중요한 전략인 'AI 군전략'을 바탕으로 다양한 산업분야의 다양한 기업에 투자하고 있다. 그중 가장 힘을 많이 쏟는 분야는 자율주행 전기차, 통신, 에너지 3개 산업 분야다. 다시 말해 이 세 분야가 소프트뱅크 그룹의 산업전략에서 핵심이라고 필자는 생각한다. 5장에선 이 3가지 분야의 '산업전략'에 대해 자세히 고찰해갈 것이다.

이 책의 주요 목적은 소프트뱅크 그룹의 경쟁전략을 분석하는 것이다. 그런데 분석의 본질은 비교하는 것이므로, 이 책에서도 소프트뱅크를 다른 경쟁 회사와 비교 분석하는 데 중점을 둘 것이다. 예를 들어, 6장에서는 미국과 중국의 메가테크 기업인 GAFA×BATH(구글·아마존·페이스북·애플×바이두·알리바바·텐센트·화웨이)와 세계적으로 저명한 투자가인 워런 버핏이 이끄는 버크셔 해서웨이 등을 소프트뱅크와 비교 분석하고 있다.

마지막 장은 이 책의 핵심 부분으로서 '시나리오로 예측하는 소프트뱅크 그룹의 가까운 미래'를 다루고 있다. 시나리오 분석과 시나리오 플래닝은 1970년대 석유 대기업인 '로열더치셸'이 활용하기 시작해 널리 알려진 경영기법이다. 필자 자신도 MUFG(미쓰비시UFJ파이낸셜 그룹, 당시 미쓰비시은행)에서 일할 때, LNG 기지와 정유시설 등 해외 대형 에너지 프로젝트의 재무를 담당하면서 이 기법을 활용했다. 지금도 대기업을 대상으로 전략 컨설팅을 할 때 중기 경영계획의 밑 작업으로서, 혹은 중요 프로젝트의 중·장기 계획 책정 도구로서 이 방법을 활용하고 있다.

마지막 장에서는 소프트뱅크 그룹의 근미래 시나리오를 실제로 짜고 분석해본다. 우선 3가지 근미래 시나리오를 제시하고, 그에 더해 소프트뱅크 그룹의 리스크 요인을 분석하며, 이를 참고로 소프트뱅크 그룹의 미래도 예측해본다.

⊙ 이 책의 성격과 자리매김

《아마존 미래전략 2022》에서는 아마존이 국가와 사회에 큰 영향을 끼치는 기업으로서 세우는 대전략을 필자의 전문 분야인 '정책과 마케팅', 그리고 '리더십과 미션 매니지먼트(이념을 중요시하며, 그에 따라 경영하는 것 - 역자 주)'라는 시점으로 분석했다. 그리고 더 나아가 아마존을 통해 가까운 미래도 예측해보았다.

이후 출간한 《2022 누가 자동차산업을 지배하는가?》에서는 첫 번째 책에서와 마찬가지로 '정책과 마케팅', 그리고 '리더십과 미션 매니지먼트'라는 시점으로 차세대 자동차산업에서 벌어지는 경쟁 구도를 분석하고, 주요 기업들의 전략을 읽어낸 뒤, 관련 기술을 해석했다. 또한 독자가 이를 통해 보아야 할 요점도 제시했다. 이외에도 관련 서적으로 《미중 플랫폼 전쟁 GAFA vs BATH》, 《아마존 뱅크가 온다》를 출간했다.

이 책들은 아마존과 차세대 자동차산업에 관심을 가진 사람은 물론이고, 이들과 전혀 다른 업종의 기업 경영자 및 경영기획 담당자들에게도 폭넓게 읽혔다. '정책과 마케팅', 그리고 '리더십과 미션 매니지먼트'의 교재로서 인정받았기 때문이다.

따라서 지금 쓰고 있는 이 책도 소프트뱅크 그룹에 흥미를 느끼는 독자뿐만 아니라, 폭넓은 업종과 직종에 종사하는 다양한 분들이 소프트뱅크를 소재로 한 '정책과 마케팅', 그리고 '리더십과 미션 매니지먼트'의 교재로 읽어도 좋을 것이라 자부한다.

이 책은 이미 일본에서 가장 영향력이 큰 기업이라 해도 지나치지 않으며, 그 움직임이 전 세계의 주목을 받는 소프트뱅크의 대전략을 분석하고 있다. 특히 독자들이 이 책을 다 읽고 나면, 소프트뱅크 그룹의 움직임을 통해 근미래를 예측하고, 2025년의 세계를 미리 내다볼 수 있도록 구성했다.

그럼 지금부터는 소프트뱅크 그룹의 AI 군전략, 금융·재무전략, 산업전략에 대해 알아보고, 미중 거대 테크놀로지 기업과 비교분석도 해보고자 한다. 마지막으로 소프트뱅크의 근미래 시나리오 분석을 통해 기업계 전체에 큰 구조적 변화를 일으킬 '손정의식 대전략'을 살펴볼까 한다.

차례

5장 소프트뱅크 그룹의 산업전략 __ 180

1장

손정의와 소프트뱅크

⊙ '세계에서 가장 주목받는 경영자'로 성장

미리 말해두고 싶은 것은, 손정의 소프트뱅크 회장 겸 사장(이하 손정의)은 전 세계에서 다섯 손가락 안에 들 정도로 주목받는 경영자라는 사실이다. 지금까지 그는 일본의 어떤 경영자보다도 '세계적으로 큰 주목을 받는 경영자'였고, 최근에는 그 어떤 세계적인 경영자보다도 크게 주목받는 대단한 경영자'로 성장했다.

미국 비즈니스 잡지 〈패스트 컴퍼니〉는 2019년 2월호에 손정의를 다룬 권두특집 기사를 실었다. 이 기사에선 그를 '실리콘 밸리의 최강자'로 평가하고 있다. 이후 이 기사를 완역한 기사가 〈꾸리에 재팬〉 2019년 6월호에 게재되었다. 그중 일부를 인용하자면 다음과 같다.

"지금 지구상에서, 테크놀로지 세계에서 일어나는 '다음 물결'에 가장 큰 영향력을 지닌 사람은 손정의 외에는 없을 것 같다. 제프 베조스도, 마크 저커버그도, 일론 머스크도 손정의의 상대가 되지 못할 것 같다.

물론 지금 면에선 지금 언급한 세 명이 우세할 것이다. 하지만 손정의만큼 대단한 야심, 상상력, 담력을 고루 갖춘 사람은 드물다."

일본에선 손정의가 이 정도로 세계적인 주목을 받고 있다는 사실을 실감하기 어려울 것이다. 하지만 그에 대한 세계인들의 관심은 확실히 점점 커지고 있다. 그리고 손정의에 대한 이런 주목은 그대로 소프트뱅크 그룹으로 이어진다. 이것은 미국과 유럽 각국의 일본 담당 기자들 사이에서 시작된 '소프트뱅크 시프트'만 보아도 알 수 있다. 지금까지 다른 기업들을 담당하던 베테랑 기자들이 소프트뱅크 전문 전속기자로 업무 이동을 하고 있다. 이들의 공통점은 소프트뱅크 그룹의 전략, 투자처, 리스크 요인 등을 취재하라는 지시를 본국으로부터 받고 있다는 점이다.

이런 시점에서 위워크가 IPO(신규주식공개)를 연기했고, 경영 위기 문제가 표면으로 불거졌다. 그리고 이 시점에서 소프트뱅크 그룹이 위워크를 지원하자, 이에 대한 부정적인 보도가 이어졌다. 현재 소프트뱅크 그룹은 이 책 마지막 장에서 언급하는 것과 같은 리스크 요인을 가지고 있다. 그리고 이와 관련해 미국과 유럽 각국 미디어들로부터도 엄한 논조의 비판을 받고 있다. 특히 미국에서 쏟아져 나오는 평가들은 브랜드 가치를 훼손하고 있다고 해도 좋을 정도다.

그런데 왜 전 세계는 손정의와 소프트뱅크에 이 정도로 주목하게 된 것일까?

이유는 몇 가지로 나뉘지만, 역시 10조 엔 규모의 '소프트뱅크 비전 펀드'가 가장 큰 원인이라 할 수 있다. 이 펀드가 어떤 유니콘 기업(기업 평가액이 10억 달러 이상인 비상장 벤처기업 - 역자 주)에 투자했는지, 그리고 그 투자가 성공했는지가 이제 전 세계의 뜨거운 관심을 끌고 있다.

소프트뱅크 하면, 무엇보다 매수를 통해 규모를 확장해온 기업이 연상된다. 그동안 니혼텔레콤, 보더폰 일본법인, 미국 스프린트Sprint, 영국 암ARM Holdings과 같은 주요 기업들을 차례차례 매수해왔기 때문이다. 그리고 다음으로 연상되는 것은 소프트뱅크 비전펀드이다.

손정의는 미국 야후와 중국 알리바바에 남보다 빨리 투자해 성공을 거둔 실적이 있다. 그런 그가 이끄는 소프트뱅크 그룹이 이제는 통신사업 회사에서 '전략적 지주회사'라는 투자회사로 변신해 거듭 성장하고 있다. 아마 세계는 바로 소프트뱅크의 이런 모습에 주목하고 있을 것이다.

또 한 가지 세계가 손정의에게 주목하는 이유로 밝혀두고 싶은 것이 있다. 그것은 바로 손정의가 항상 알기 쉽고, 명쾌하며, 강렬한 인상을 남기는 영어 프레젠테이션을 한다는 점이다.

지금까지 손정의는 중요한 국면이 시작될 때마다 유언실행을 실천해왔다. 물론 항상 그랬던 것은 아니지만 근원적인 분기점이 될 정도로 큰 승부수를 던져야 하는 순간마다 '큰 허풍'을 무기로 삼은 사람처럼 호언장담을 어떻게든 실천해왔다. 심지어 중요한 국면마다 관계자나 가까운 사람들로부터 '이번엔 정말 소프트뱅크가 망하겠다'는 평가를 들어도 매번 보기 좋게 궁지를 탈출했다. 이번 소프트뱅크 비전펀드만 해도 그렇다. 10조 엔이라는 사상 최대 규모의 투자가 손정의의 말대로 큰 성공을 가져올 것인지, 혹은 대실패로 끝날 것인지가 지금 세계의 주목을 받고 있다. 뿐만 아니라 위워크와 같은 투자처는 정말 큰 실패인지, 아니면 2호 펀드, 3호 펀드로 계속 이어질 것인지 등에도 세계인의 눈이 쏠리고 있다.

⊙ 병상에서 만든 손의 제곱 병법

지금은 '세계적인 경영자 손정의'지만 그는 창업하자마자 이듬 해부터 큰 위기를 맞았다. 1982년, 손정의는 만성 B형 간염이란 진단을 받았다. 당시 만성 간염은 이렇다 할 치료법이 없었기 때문에 대부분 간암이나 간경변으로 발전할 가능성이 컸다. 의사는 증세가 심했던 손정의에게 몇 년 안에 사망할지 모른다는 시한부 선고를 내렸다.

PC용 소프트웨어 유통회사를 창업한 이듬해, 아직 제대로 경영 성과도 내지 못한 상태에서 날벼락처럼 떨어진 선고였다. 정신력이라면 누구에게도 지지 않을 손정의였지만, 이때만은 너무 낙심한 나머지 병원 침대에서 훌쩍훌쩍 울었다고 한다. 하지만 그렇게 몇 달을 지내고선 '내 평생 이렇게 아무것도 하지 않고 완전히 쉴 수 있는 시간은 처음이자 마지막'일 것이라고 생각을 고쳐먹었다. 죽음을 두려워하며 낙담하던 마음을 긍정적인 방향으로 틀고서, 이 기간에 책을 3,000권 정도 읽었다고 한다.

이때 읽은 책에서 힌트를 얻어 만든 것이 손자병법을 응용한 '손의 제곱 병법(법칙)'이다. 이 법칙의 기초가 된 것은 좀 더 정확히 이야기 하자면, 두 가지다. 첫 번째는 기원전 500년경 중국에서 출간된 병법서 《손자》이고, 두 번째는 20세기 초 영국의 엔지니어였던 프레더릭 윌리 엄 란체스터Frederick William Lanchester가 고안한 전략론인 '란체스터 법칙' 이다.

손의 제곱 병법은 도표3과 같이 모두 25문자로 이루어졌다. 실제로 《손자》에 있는 것은 1행의 도천지장법(道天地將法), 4행의 지신인용엄 (智信仁勇嚴), 5행의 풍림화산(風林火山)에 해당하는 14문자뿐이다. 나 머지 11문자는 손정의 스스로 만들어낸 것이다. 각 문자의 의미는 다 음 도표와 같고, 1행은 '이념', 2행은 '비전', 3행은 '전략', 4행은 '장수 의 마음가짐', 5행은 '전술'을 나타낸다고 보면 된다.

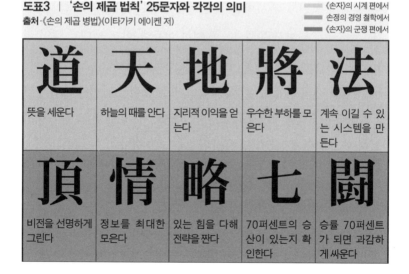

도표3 | '손의 제곱 법칙' 25문자와 각각의 의미
출처·《손의 제곱 병법》(이타가키 에이켄 저)

■■■ 《손자》의 시계 편에서
■■■ 손정의 경영 철학에서
■■■ 《손자》의 군쟁 편에서

道	天	地	將	法
뜻을 세운다	하늘의 때를 안다	지리적 이익을 얻는다	우수한 부하를 모은다	계속 이길 수 있는 시스템을 만든다
頂	情	略	七	鬪
비전을 선명하게 그린다	정보를 최대한 모은다	있는 힘을 다해 전략을 짠다	70퍼센트의 승산이 있는지 확인한다	승률 70퍼센트가 되면 과감하게 싸운다

一	流	攻	守	群
철저히 1등에 집착한다	시대의 흐름을 알아내 재빨리 대처한다	다양한 공격력을 단련한다	수비력을 갖추어 모든 리스크에 대비한다	단독이 아닌 집단으로 싸운다
智	信	仁	勇	嚴
다양한 지적 능력을 갈고닦는다	신뢰할 만한 사람이 된다	사람들의 행복을 위해서 일한다	싸우는 용기와 물러나는 용기를 가진다	때로는 부하를 모질게 다루는 상사가 된다
風	林	火	山	海
움직일 때는 바람처럼 빠르게	중요한 협상은 물밑에서 비밀리에	공격은 불처럼 맹렬하게	위기상황에서도 결코 흔들리지 않는다	패한 상대편을 과감히 끌어안는다

각 단을 왼쪽에서 오른쪽으로 읽는다 →

손정의는 이 25문자를 한시도 잊지 않는다고 한다. '새로운 사업에 임할 때', '중·장기 비전과 전략을 생각할 때', '시련에 맞닥뜨릴 때' 등과 같이 매번 어려운 고비를 넘길 때마다 자신의 생각이 이 25문자의 요소와 일치하는지를 몇 번이고 자문자답한다.

⊙ 5요소로 기업 분석

필자는 기업 분석 때마다 '5요소 방법'이란 것을 사용하는데, 이 역시 《손자병법》을 기초로 하고 있다. 손자는 '첫째로 생각해야 할 것은 도(道)요, 둘째는 하늘의 기상(天)이요, 셋째는 지리적 조건(地)이요, 넷째는 지휘자(將)요, 다섯째는 조직과 규율(法)이다'라고 했다. 즉, 손자가 볼 때 싸움의 전략에서 이 5가지 요소를 파악하는 것이야말로 전력의 우세를 판가름하는 열쇠다. 그런데 손자의 이런 생각은 현대의 기업 경영전략에도 그대로 적용 가능하다.

따라서 필자의 '5요소 방법' 분석에서도 이 5요소 - 도, 천, 지, 장, 법을 현대경영학의 시점에서 다시 해석하고자 한다. 먼저 손자가 말하는 도, 천, 지, 장, 법을 기업경영에 어떻게 적용할 수 있는지 하나씩 살펴보기로 하겠다.

도(道)란, '어떤 기업이 되어야 하는가'를 제시하는 그랜드 미션을 말한다. 도는 이를 구체적으로 나타낸 '미션', '비전', '가치,' '전략'을 모두 포괄하는 말이기도 하다. 그리고 이 중에서 특히 중요한 것은 기업의 미션(사명)이다. 기업이 무엇을 사명으로 삼고 있는지, 기업으로서 자사의 존재의식을 어디에 두고 있는지를 안다는 것은 기업이 지금까지 걸어온 길을 분석하거나 앞으로의 방향성을 예측할 때 반드시 갖추어야 할 포인트다.

또한 미션이 명확한지, 미션이 자사 제품과 서비스에 녹아들어 있는지, 기업의 총수부터 말단직원에 이르기까지 미션을 항상 염두에 두고 있는지를 확인하면, 그 기업의 강점과 약점을 두루 파악할 수 있다.

뛰어난 기업은 기업전략을 지지하는 천(天)과 지(地)의 요소도 필수적으로 갖추고 있다. 천(天)이란, 외부환경을 근거로 한 '타이밍 전략'을 가리키는 말이다. 중·장기적으로 세계의 변화를 경쟁자보다 먼저 예측하고, 계획적으로 큰 목표를 실현해가려는 전략이기도 하다. 기업 분석을 할 때 천(天)에 주목한다는 것은 '얼마나 시대적 변화에 맞추어 속도감 있게 변화할 수 있는가'를 살펴본다는 의미다.

지(地)란, '지리적 이익'을 가리키는 말이다. 손자는 환경에 따라 싸우는 방법을 바꾸어야 한다고 주장했다. 이때 환경이란, 전장이 자신의 진영에서 가까운지, 싸움터가 넓은지 좁은지, 산악지대인지 평야지대인지, 아군의 강점을 살릴 만한 곳인지 아닌지 등을 일컫는다. 즉, 유리한 환경을 살려 불리한 점을 덮으려는 전략이다. 기업 분석에서 이에 주목한다는 것은 업계 구조와 경쟁 우위성, 입지전략 등과 같은 지리적 이익을 살펴보고, 그에 따라 어떻게 싸우고 있으며, 어떤 사업 영역에서 비즈니스를 전개하고 있는지를 본다는 의미이기도 하다.

장(將)과 법(法)이란, 전략을 실행에 옮기는 동력이 될 양 바퀴와도 같다. 경영학의 관점에서 말하자면, 각각 '리더십'과 '매니지먼트'의 관계에 해당한다. 리더십은 '사람 대 사람'의 커뮤니케이션으로 동기부여를 해 사람과 조직을 움직여가는 것이고, 매니지먼트는 그것을 체계적인 운영으로 이끌어가는 것이다.

리더십에 대해선 기업 총수가 어떤 리더십을 발휘하고 있는지, 조직으로서 기대되는 리더십이 어떤 것인지, 하는 관점에서 바라본다. 매니지먼트에서는 사업구조, 수익구조, 비즈니스모델 외에도 기업이 꾸

려나가고자 하는 플랫폼과 에코시스템을 확인한다.

이처럼 도(道), 천(天), 지(地), 장(將), 법(法)이란 5요소로 기업을 분석해나가면, 기업을 다양한 각도에서 바라볼 수 있다. 거시적 측면과 미시적 측면 양쪽에서 바라볼 수 있는 것은 물론, 아무리 사업 규모가 크고 영역이 넓은 기업이라 해도 전체 상과 부분 상을 모두 파악할 수 있다.

⊙ 소프트뱅크 분석의 핵심

그럼 지금부터는 소프트뱅크 그룹을 5요소 방법으로 분석해볼까 한다(도표4 참조).

미션은 '정보혁명으로 사람들을 행복하게', 비전은 '전 세계 사람들이 가장 필요로 하는 기업', 가치는 '노력은 즐겁다', 전략은 'AI 군전략'이다. 각각에 대해서는 뒤에서 하나씩 설명해보고자 한다.

하늘의 때는 정보혁명이며 인터넷, AI, IoTInternet of Things, 모빌리티, 에너지 등의 기술혁신이다. 지리적 이익은 중국 및 인도를 비롯한 아시아, 리더십은 손정의의 리더십과 'AI 기업가집단' 등이며, 매니지먼트는 계속 성장할 수 있는 체계를 갖추고 성공 확률을 높이는 경영 구조 등이다.

소프트뱅크 그룹의 총 지휘자인 손정의가 진정으로 노리는 것이 무엇인지 읽어내려면 어떻게 해야 할까. 대국적인 견지에서 전체를 읽고, 국지적인 견지에서 부분을 읽은 뒤, 양쪽의 관점에서 넓고 깊게 분석하는 것이 중요하다. 이를 위해서는 '거시와 미시', '단기와 장기', '국내와 전

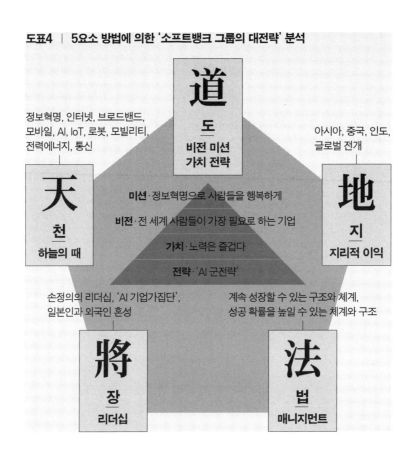

도표4 | 5요소 방법에 의한 '소프트뱅크 그룹의 대전략' 분석

道
도
비전 미션
가치 전략

정보혁명, 인터넷, 브로드밴드,
모바일, AI, IoT, 로봇, 모빌리티,
전력에너지, 통신

아시아, 중국, 인도,
글로벌 전개

天
천
하늘의 때

地
지
지리적 이익

미션·정보혁명으로 사람들을 행복하게

비전·전 세계 사람들이 가장 필요로 하는 기업

가치·노력은 즐겁다

전략·'AI 군전략'

손정의의 리더십, 'AI 기업가집단',
일본인과 외국인 혼성

계속 성장할 수 있는 구조와 체계,
성공 확률을 높일 수 있는 체계와 구조

將
장
리더십

法
법
매니지먼트

세계', '사람과 기업, 산업, 테크놀로지'를 동시에 바라볼 필요가 있다.

거시를 예로 들자면 일본 전체에서부터 아시아 전체, 지구 전체, 더 나아가 우주에서 지구를 바라볼 정도의 넓은 시점이 필요하다. 거꾸로 미시의 경우 국가에서 기업으로, 기업에서 개인으로 점점 좁혀 들어갈 필요가 있다. 기업을 분석할 때 중요한 것은 이런 폭넓은 시야와 각각에 대한 세미한 시점을 동시에 가지고 분석해야 한다는 것이다.

단기와 장기도 마찬가지다. 단기라고 하면, 오늘 무슨 일이 있었는지, 지금 무엇을 했는지도 당연히 놓쳐서는 안 된다. 한편, 오늘과 지금만을 아무리 주목해도 알 수 없는 것도 많다. 그런 사안들은 1년 단위, 3년 단위, 5년 단위, 10년 단위, 30년 단위로 바라볼 때야 비로소 제대로 보인다.

특히 손정의의 경우엔 앞으로 30년 비전을 만들어가는 데 있어 앞으로 300년을 내다보고 계획을 세우고 있다. 이처럼 아주 긴 안목을 가지고 경영하기 때문에 분석하는 입장에서도, 항상 이 사실을 염두에 두어야 한다. 물론 그때그때 손정의가 보여주는 행동은 국지적이기도 하고 단기적이기도 하다. 따라서 단기적인 이익을 목적으로 하는 거래도 당연히 있다. 하지만 과연 그가 긴 안목으로 무엇을 생각하고 있는지, 초장기적으로 어떤 생각을 하고 무엇을 내다보고 있는지도 함께 생각하지 않으면, 진정으로 가슴속에 품고 있는 그의 뜻을 읽어내기 어렵다.

즉, 소프트뱅크 탄생부터 지금까지 어떤 길을 걸어왔는지를 아는 것이 중요하다. 동시에 앞으로 몇 년 동안 무엇을 이루려고 하는지, 그리고 30년 정도 후에는 무엇을 이루고 싶어 하는지 아는 것도 중요하다.

한 가지 더 첨가하자면, 소프트뱅크 그룹을 분석하는 데 있어서 '손정의의 입장에 충분히 몰입해 그의 입장이 되어 생각하는 것'도 필자에게는 중요한 일이었다. 당연히 필자는 천재의 입장이 되기가 쉽지는 않았다. 하지만 그래도 스스로를 손정의라 가정하고 그가 과거에 보여준 발언과 행동의 의미를 되새겼다. 그러면서 '손정의는 이런 시각으로 바라보아 이러이러한 행동을 했을 것이다'라는 판단을 내렸다. 덕분에 단순하게 상황을 바라볼 때는 얻을 수 없는 통찰과 심도 깊은 분석이 가능했다고 본다.

특히 '큰 허풍'을 유언실행해온 점에 대해서는 '운이 좋았기 때문에 가능했다'고 평가하는 데 그치지 말아야 한다. 대신 도대체 무슨 근거로 그토록 대담한 발언을 하고, 이를 실현하기 위해 실제로 어떤 행동을 했는지 자세히 관찰하고 분석해야 한다. 그것이 앞으로 손정의와 소프트뱅크가 보여줄 행보를 예측하는 데 중요한 사항이다.

리서치 방법에 대해 먼저 서술해두자면, 필자의 정보원의 80퍼센트는 해당 기업이 해마다 발표하는 보고서와 재무제표, 신문, 잡지, 인터넷에 공개한 정보다. 보통 수집 정보의 '80퍼센트는 공개 정보, 20퍼센트는 비공개 정보'라고 하는데, 그런 점에선 필자도 마찬가지다.

대강 둘러봐도 알겠지만, 소프트뱅크 그룹의 홈페이지에 들어가보기만 해도 언론 보도자료, 사업 내용 상세 보고서 및 결산보고서, 기업 활동 설명 자료, 과거에 개최된 행사들에 대한 기록보고서 등 방대한 자료를 얻을 수 있다. 그런데 이런 공개 정보를 오랫동안 주목하며 필요한 정보를 얻어 가는 사람은 의외로 적다.

나머지 2할은 손정의의 측근이나 측근이었던 사람들로부터 얻어낸 내부 정보다. 이런 내부 정보는 양은 적지만, 분석에선 아주 중요한 자료다. 일반 사람들의 경우 비공개 정보는 입수하기 어려울 것이라고 생각하기 쉽다. 하지만 공개 정보를 계속 주목하며 이를 바탕으로 기사를 쓰다 보면, 자연스럽게 관계자와 접할 기회가 생기게 된다. 즉, 공개 정보를 성실하게 수집하다 보면, 비공개 정보도 자연스럽게 입수할 수 있게 되는 것이다.

단 책을 펴낼 때나 신문, 잡지, 온라인 미디어 등에 글을 쓸 때 정보원을 밝히지 않는 것은 물론이고, 혹시라도 정보원을 알 수 있을 듯한 표현을 피하는 것에 중점을 두고 있다. 내부 정보를 계속적으로 입수하기 위해서는 굉장히 중요하기 때문이다. 이번 조사 대상 기업의 직원들은 일반적으로 공개된 콘퍼런스 등과 같은 기회에 함께할 일이 많기 때문에 특별히 주의가 더 필요했다.

마지막으로 강조하고 싶은 것은, 비즈니스인으로서 자신을 업데이트할 때 중요한 것이 바로 정보 수집이라는 것이다. 그리고 정보 수집의 기본은 '당연한 정보 80퍼센트, 내부 정보 20퍼센트'이다. 이 중에서 우선시해야 할 것은 80퍼센트의 공개 정보를 확실하게 구하는 것이다. 많은 사람들은 이 부분을 가볍게 여기고 세세하게 챙기지 않는다. 사실 좋은 정보들이 어디에서 굴러다니고 있는지를 모르고 있는 경우가 대부분인 것 같다. 따라서 어디에 어떤 정보가 있는지부터 알아야 한다. 그리고 거듭 강조하지만, 중요한 것은 '80퍼센트의 당연한 정보를 파악하면, 20퍼센트의 내부 정보로 자연스럽게 연결된다'는 사실이다.

⊙ 하늘의 때를 아는 천재

필자가 5요소 방법으로 소프트뱅크 그룹 분석을 행한 결과, 특히 '천'에 큰 특징이 있다. 그것은 손정의가 '하늘의 때'를 아는 천재라는 사실을 말해준다.

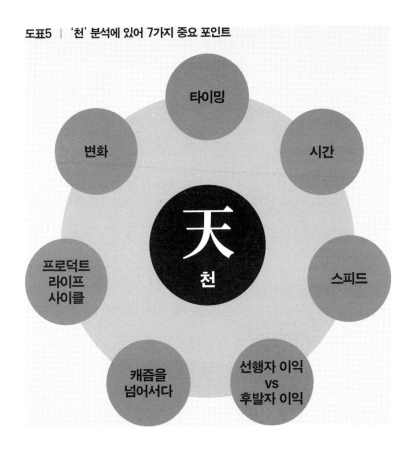

지금부터는 '천'이란 요소에 대해 '변화', '타이밍', '시간', '스피드', '선행자 이익 vs 후발자 이익', '캐즘을 넘어서다', '프로덕트 라이프 사이클'이라는 7가지 중요한 포인트에서 분석해보고자 한다.

첫 번째, '변화'라는 관점에서 보자면, '변화를 읽어내다', '변화에 전략적 조직을 대응시킨다'는 것이 중요하다. 손정의의 경우에는 큰 변화가 일어나기 전에 그것을 예측하고, 그것으로부터 역산해 행동을 개시하는 점에 주목할 필요가 있다.

두 번째는 '타이밍'이다. '언제 검토할지', '언제 실행할지'처럼 경영에서 중요한 타이밍에 대해 손정의는 '7'이라고 이야기하고 있다. 손의 제곱 병법에도 '7'이 있는데, 이는 '70퍼센트의 승산'이 있으면 결단한다는 뜻이다.

이는 80퍼센트, 90퍼센트, 더 나아가 100퍼센트 정도의 승산이 보일 때까지 기다리지 않는다는 의미이기도 하다. 승산이 80퍼센트나 90퍼센트에 이르러서야 판단을 내리면 이미 늦기 때문이다. 단, 주위 사람들의 시선이 항상 손정의와 같은 것은 아니다. 같은 순간에도 '아직 승산이 70퍼센트는 아니다. 30퍼센트 정도다'라고 하는 사람이 있는가 하면, 이미 충분한 정보가 모였는데도 '왜 아직 실행하지 않는가'라고 이상하게 생각하는 사람도 있다.

아마 손정의에게 모여드는 정보는 다른 사람들의 경우와 비교도 안 될 정도로 양적으로 풍부하고, 질적으로 우수할 것이다. 그가 이런 정보를 어떻게 읽어내고, 어떻게 판단하는지 완전히 알아내기란 어렵다. 손정의가 '7'이라고 판단한 승산도 어디까지나 그의 입장에서 볼 때의 '7'이다. 보통 사람들에게는 그 깊은 뜻을 알아내기 어려운 천재적인 '7'일 것이다.

세 번째는 '시간'이다. 정보량이 급속하게 증대하면서, 시간 가치는 이제까지 유례를 볼 수 없을 정도로 높아지고 있다. 손정의를 상징하는 단어 중에도 '타임머신 경영(주로 미국, 중국, 인도 등에서 성공한 비즈니스모델을 재빨리 일본에 들여와 큰 이익을 얻는 경영 수법)'이란 말이 있다. 이것은 시간차의 중요성을 잘 이해하고, 바로 그런 시간차에 주목한 경영 방법이라 할 수 있다. 또한 손정의는 'M&A는 시간을 사는 것이다'라는 말로, 시간에 대한 판단 방법이 보통 사람들과 다르다는 것을 보여주었다.

네 번째는 '스피드'다. 손정의가 알리바바의 마윈에게 투자하기로 결단하는 데 걸린 시간은 단 6분이었다. 그리고 사우디아라비아 왕세자인 무함마드 빈 살만을 설득해 소프트뱅크 비전펀드에 450억 달러를 투자하도록 만든 데 걸린 시간은 겨우 45분이었다. 이 두 가지 사례는 손정의가 스피드를 얼마나 중요시하고 있는지를 잘 보여주는 경우라 할 수 있다.

손의 제곱 법칙으로 말하자면 풍(風)이 스피드에 해당한다. 이는《손자병법》의 풍림화산(風林火山)에서 따온 말이기도 하다. 원뜻은 '바람처럼 빠르게, 숲처럼 고요하게, 불길처럼 맹렬하게, 산처럼 묵직하게'인데, 이 중 손정의의 생각과 일치하는 부분은 '바람처럼 빠르게'다. 그는 바람처럼 빨리 움직이는 것이야말로 성공의 비결이라 보았다. 또한 스피드를 높이기 위해 항상 다음에 다가올 패러다임 시프트를 미리 예측해 투자한다는 사실에도 주목해야 한다.

다섯 번째는 '선행자 이익 vs 후발자 이익'이다. 선행주자로서 이익을 선점할 것인가. 아니면 후발주자로서 이익을 확보할 것인가. 손정의는 이 점을 명확히 구별하고 있다. 변화를 읽어내 성장하기 전 기업과 사업에 미리 투자하는 것이 선행자 이익이다. 야후와 알리바바에 대한 초기 투자는 선행자 이익을 제대로 얻기 위한 것이었다.

한편, 소프트뱅크 비전펀드의 투자는 후발자 이익을 노린 것이다. 왜냐하면 이미 상장되어 있던 미국의 엔비디아NVIDIA 이외에 소프트뱅크가 투자했던 기업들은 아직 상장하지 않은 상태에서 기업가치가 10억 달러를 넘는 '유니콘 기업'이기 때문이다. 소프트뱅크 비전펀드 자체도 벤처펀드라 생각하기 쉽지만, 일반적인 벤처펀드와는 좀 다른 행보를 보인다. 보통 벤처펀드는 '성공할지 어떨지 모르는 스타트업 기업'에 투자한다. 그런데 소프트뱅크 비전펀드가 투자하는 주요 기업들은 '이미 어느 정도 성장해 성공 가능성이 보이는 유니콘 기업'이 대부분이다. 예를 들면 미국의 우버 테크놀로지스나 중국의 디디 등이 있다. 소프트뱅크 비전펀드는 이들 기업을 통해 후발자 이익을 거두려 한다고 볼 수 있다(우버는 2019년 5월 뉴욕 증권거래소에 상장).

여섯 번째는 '캐즘을 넘어서다'이다. 캐즘chasm이란 찢어진 틈이나 균열, 혹은 깊은 골짜기를 뜻한다. 혁신적인 상품과 서비스를 넓게 보급시켜가는 과정에서는 새로운 유행에 민감한 '얼리 어댑터'에게 받아들여지는 순간과, 새로운 것을 받아들이는 데 비교적 신중한 '얼리 머저리티'가 받아들이는 순간 사이에 골짜기, 즉 캐즘이 생기기 쉽다. 이 캐즘을 넘어설 수 있는지의 여부가 주요 시장에까지 보급시킬 수 있는지를 결정하는 열쇠라 할 수 있다.

소프트뱅크는 지금까지 니혼텔레콤과 보더폰 일본법인, 스프린트 등을 매수해왔다. 그리고 그때마다 캐즘을 넘어서기 위해 많은 노력을 기울였다. 특히 보더폰 일본법인을 매수할 때는 손정의 스스로가 매수처를 찾아가고 매수 이후에도 현장에 뛰어들어 개혁을 주도했다. 이때 손정의는 철저하게 개혁을 이루어내는 사업가로서의 치밀한 면모를 보이며, 캐즘을 넘어섰다.

마지막 일곱 번째는 '프로덕트 라이프 사이클'이다. 상품에는 라이프 사이클이 있다. 그리고 그것은 경영전략과 재무전략에 큰 영향을 준다. 소프트뱅크의 군전략에 대해서는 뒤에서 자세히 설명하겠지만, 새로운 스타 기업에 투자해 군전략으로 성장시킨 뒤, 성숙 단계를 지나 저성장 단계에 이르면 매각하는 방식이 기본이다. 이것이야말로 전형적으로 프로덕트 라이프 사이클을 따르는 사고방식이다.

이상과 같이 손정의는 하늘의 때를 알고 7가지 중요 포인트 각각에 대해 아주 유효한 사고방식을 취하며, 그것을 실천해왔음을 알 수 있다.

⊙ 일본에서 야후를 설립해 인터넷 혁명에 참여

지금부터는 분석을 위한 시야를 넓히기 위해, 소프트뱅크 탄생부터 현재까지의 변천을 간단히 살펴보고자 한다(다음 페이지 도표6).

1981년 3월, 캘리포니아대학교 버클리 캠퍼스를 졸업한 젊은 손정의는 일본으로 돌아온다. 그러곤 후쿠오카시 하카타구의 작은 빌딩 사무실 한 칸을 빌려, 유니슨 월드라는 기획회사를 세웠다. 그리고 이곳에서 귤 상자 위에 올라가 아르바이트생 2명을 앞에 두고 연설했다. 그 유명한 "매출을 두부 한 모, 두 모 세듯이, 1조, 2조 세는 회사로 만들고 싶습니다(일본어에선 두부 세는 단위 '모'와 돈 세는 단위 '조'가 모두 '초'로 발음이 같다. 동음이의어를 활용한 손정의 나름의 재치 있는 비유 – 역자 주)"라는 큰

도표6 | 소프트뱅크 탄생부터 2018년까지 연결 매출액의 변화와 주요 사건

출처·소프트뱅크 그룹의 연간 보고서 등을 기초로 작성

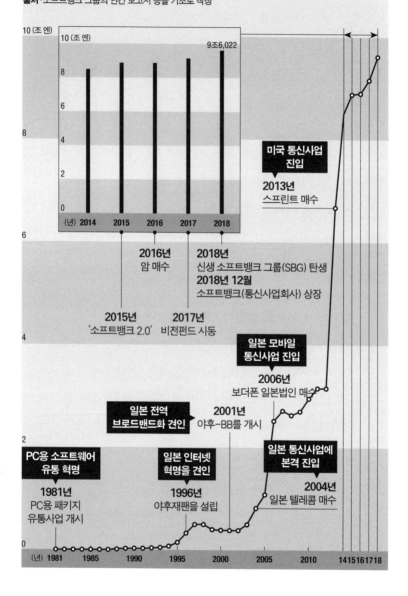

허풍을 날리면서 말이다.

PC용 패키지 소프트웨어 유통사업을 하기 위해 소프트뱅크의 전신인 일본 소프트뱅크를 도쿄 고지마치(麴町)에 설립한 것은 같은 해 9월의 일이다.

앞에서 말했듯이, 손정의는 다음 해 만성 B형 간염이 발병해 입원했다. 갑자기 궁지에 몰리게 됐지만 '스테로이드 이탈요법'을 만나 구사일생으로 목숨을 건졌다.

그리고 전국으로부터 다종다양한 소프트웨어를 들여와 일본 전체 7,000여 개 소매점에 배포하는 소프트웨어 유통망을 확립했다. 그리고 1994년에는 주식을 점두공개하기에 이른다.

손정의가 미국 야후에 투자한 것은 1995년. 나중에 추가 투자한 액수까지 고려하면 약 100억 엔을 투자한 셈이다. 손정의는 이 투자를 통해 큰 수익을 냈고, 나중에 소프트뱅크를 지탱할 기본 자산을 마련했다. 다음 해인 1996년에는 합병을 통해 일본 야후를 설립해 일본의 인터넷 혁명에 참여한 뒤 그것을 견인하는 역할을 맡게 되었다. 이때 미국 야후의 협력을 얻어내 일본 야후를 세운 것을 계기로 소프트뱅크는 인터넷 기업으로서 본격적인 사업을 전개하게 된다.

그 뒤를 이은 소프트뱅크의 큰 도전은 2001년 '야후-BB'에 의한 브로드밴드서비스를 개시하는 것이었다. 경쟁 회사는, 거대기업 NTT였다. NTT는 다이얼 업 방식인 ISDN 보급을 목표로 했는데, 통신 속도가 느려 브로드밴드라 할 만한 정도가 못 되었다.

'이래서는 일본 인터넷 진화가 멈춰버리겠다'라고 생각한 손정의는 고속통신이 가능한 ADSL을 보급시키기 위해 야후-BB를 시작했다. 2004년, 소프트뱅크는 일본 텔레콤을 매수해 고정통신사업에 진입했다. 2006년에는 보더폰 일본법인을 매수해 모바일 통신사업에도 진입했다. 그 결과 소프트뱅크는 일본 3위의 통신기업이 되었다.

이처럼 소프트뱅크는 기업매수를 통해 급성장을 이루었다. 이때 동원된 매수 수법 등 금융재무전략에 대해서는 4장에서 자세히 설명하고자 한다.

⊙ 스프린트 매수로 미국에 역상륙

소프트뱅크는 2008년 애플의 '아이폰iPhone'을 독점 판매하면서 실적을 크게 끌어올릴 계기를 마련했다. 과연 소프트뱅크는 어떻게 아이폰을 독점 판매할 수 있었을까?

《손정의 300년 왕국의 야망》에 따르면, 아이폰이 탄생하기 전 손정의는 중요한 아이디어를 가지고 스티브 잡스Steve Jobs를 찾아간 적이 있었다. 이 만남에서 손정의는 휴대용 디지털 음악 플레이어인 아이팟과 일본산 휴대전화를 조합한 스케치를 보여주면서, 애플에서 이런 제품을 만들면 어떻겠느냐고 제안했다고 한다. 그러자 잡스는 "마사, 그렇게 못생긴 제품 스케치는 내게 보여주지 말게"라면서 이렇게 한마디 덧붙였다.

"자네 말이 맞기는 해. 최강의 모바일 기기를 만들 때가 왔다는 데 나도 동의하고 말고. 그런데 이런 이야기를 하려고 나를 찾아온 사람은 마사 자네가 처음이야."

그 후 2007년 1월, "애플은 새로운 전화기를 발명했다"며 잡스가 세상에 선보인 것이 초기 아이폰이었다. 이 초기 아이폰은 통신규격 문제로 일본에서 사용할 수 없었는데, 이듬해 이를 보완해 출시된 '아이폰 3G'를 일본에서 독점 판매한 회사가 소프트뱅크였다.

소프트뱅크는 창업 후 30년이 지난 2010년 '새로운 30년 비전'을 발표하면서 글로벌 기업으로 나아가기 위한 움직임을 보이기 시작했다. 새로운 30년 비전에 대해선 이 장의 마지막 부분에서 자세히 다룰 예정이다.

2012년 연간 보고서에서 손정의는 다음과 같이 이야기하고 있다.

"2011년도는 매출, 영업이익, 당기순이익 모두 과거 최고를 갱신할 수 있었습니다. 모바일 인터넷 시대의 도래를 발 빠르게 예견하고, 스마트폰을 축으로 하는 전략을 다른 어떤 회사보다 앞서서 시행한 것이 오늘날의 도약으로 이어졌습니다. 이처럼 우리의 성장력, 경쟁력의 원천은 시대의 변화를 먼저 읽어, 높은 목표를 정하고, 그것으로부터 역산해 무엇을 해야 할지를 생각한 뒤, 필요한 전략을 세우고 이루어가는 '역산의 경영'에 있습니다. 무엇보다 인터넷에 출자하는 유일무이한 '모바일 인터넷 컴퍼니'였기 때문에 인터넷 세계의 큰 조류를 아주 정확하게 내다볼 수 있었고, 그에 따른 성장이 가능했습니다."

이어서 소프트뱅크는 '2016년도 연결영업이익 1조 엔'이라는 높은 목표를 내걸었다. 이듬해 2013년도에는 미국 기업 스프린트를 매수해,

본격적인 글로벌 사업을 전개하기 시작했다. 우선은 GDP가 세계 1위인 미국 시장에 도전한 손정의는 자신의 시간 중 90퍼센트를 스프린트 재건에 쏟아부었다. 하지만 실적이 쉽사리 호전되지 않아 고전을 면치 못했다.

미국의 휴대전화사업은 '2강 2약' 구도라는 말이 있다. 버라이즌 커뮤니케이션즈와 AT&T가 2강이고, 시장점유율 3위인 T모바일US와 4위인 스프린트가 2약이다. 이에 대해 손정의가 세운 전략은 2강과 겨룰 수 있을 만큼 강한 회사를 만들기 위해 2약인 두 회사를 합병하는 것이었다. 일본 3위 통신회사인 소프트뱅크의 경험을 충분히 살린 것이라 할 수 있다.

그러나 합병까지 이르는 길은 험난했다. 겨우 합의를 보고 경영통합을 발표한 것은 2018년이었다. 그런데 독점금지법에 저촉된다는 이유로, 미국 규제담당부서가 합병을 인정하지 않고 시간을 끌었다. 사법부가 조건을 붙여 승인한 것은 2019년 7월, 연방통신위원회가 마찬가지로 조건을 붙여 승인한 것은 같은 해 11월이었다.

스프린트는 지금까지 적자가 계속되고 있고 계약자 수도 감소하고 있다(2019년 12월 기준). 소프트뱅크 그룹엔 큰 짐일 텐데, 합병되면 연결 자회사로부터 제외된다. 아직 몇몇 주정부가 합병을 막는 소송을 제기 중이고, 합병 실현에는 장애물이 남아 있다. 하지만 이제 어느 정도 해결 전망이 보이므로, 어깨에 실린 짐 하나를 내려놓는 상황이 곧 올 것이다(2020년 4월 합병 완료 – 역자 주).

⊙ 소프트뱅크 2.0과 니케시 아로라

다시 소프트뱅크의 변천에 대한 이야기를 해보자. '소프트뱅크 2.0'을 내걸며, 손정의가 큰 변혁을 이루겠다고 선언한 것은 2015년의 일이었다. 그리고 구글로부터 니케시 아로라를 스카우트해, 대표이사 겸 부사장으로 임명했다.

소프트뱅크 2.0이란 일본 기업에서 글로벌 기업으로 패러다임 시프트를 행하는 것을 의미한다. 아로라를 초빙한 것도 이를 위해서였다.

"우리가 혁신적인 기업가집단이 되는 것에서 더 나아가 멋진 파트너인 니케시와 만날 수 있게 되었습니다. 그와는 7년 전에 알게 되었고, 2014년 9월부터 우리 회사 일에 참여하게 되었습니다. 니케시는 나보다 열 살 어리지만, Google Inc. 에서 최고사업책임자Chief Business Officer로서 경영을 도맡았던 경험이 있습니다. 그곳에서 키운 세계적인 인터넷 기업의 비즈니스모델과 테크놀로지에 대한 깊은 조예, 관련 기업들의 경영진과 맺고 있는 폭넓은 인맥이 우리 회사를 진정한 글로벌 기업으로 이끄는 힘이 되리라 확신합니다."(2015년 소프트뱅크 그룹 연간 보고서 중 '사장이 전하는 메시지'에서)

이때부터 지주회사인 소프트뱅크는 소프트뱅크 그룹으로 사명을 바꾸고, 순수 지주회사로 명확히 자리매김했다. 처음에 손정의는 아로라를 '내 후계자'라고 지칭했지만, 이후 "좀 더 경영 일선에 머물고 싶다"고 심경을 밝혔다. 그런 이유 때문인지 아로라는 소프트뱅크의 부사장이 된 지 1년 만에 퇴임했다. 1년은 짧은 기간이지만, 손정의와 소프트뱅크는 아로라로부터 많은 것을 얻었다. 이에 대해선 3장에서 논의하고자 한다.

◉ 소프트뱅크 비전펀드 시동

2017년엔 소프트뱅크 역사상 큰 이슈가 있었다. 전 세계 유망한 테크놀로지 기업에 투자하는 '소프트뱅크 비전펀드'가 조성되어 10조 엔이 넘는 출자금을 모았기 때문이다. 같은 해 연간 보고서는 이렇게 기술하고 있다.

> "PC용 소프트웨어 유통 혁명이 소프트뱅크 그룹 제1의 혁명이었고, 산업구조를 완전히 바꾸어놓은 인터넷 혁명이 제2의 혁명이었다. 제3의 혁명은 브로드밴드 및 통신사업을 통한 콘텐츠 커뮤니케이션 혁명이고, 그에 따른 패러다임 시프트인 '싱귤래리티'가 제4의 혁명이 될 것으로 보인다."

싱귤래리티란 인공지능AI이 인간 지능을 뛰어넘어 질적 도약이 생기는 기술적 특이점을 가리키는 말이다. 손정의는 이런 싱귤래리티를 향한 진화 속도를 가속화시키기 위해 소프트뱅크 비전펀드를 설립했다.

> "내가 존경해 마지않는 막부 말기의 지사, 사카모토 료마(坂本龍馬, 1836~1867년)는 일본이 격랑에 휩쓸리던 시대에 누이 앞으로 '일본을 깨끗이 세탁해야 한다'라는 편지를 써, 일본을 개혁하겠다는 강력한 의지를 표현했습니다. 그 후 료

마는 당시 최고의 조선술을 익혀, 근대적 해군을 창설하는 데 주도적 역할을 하며, 많은 동지들을 끌어들여 새로운 시대를 개척했습니다. 료마 덕분에 일본은 도약을 위한 길을 열었다 볼 수 있습니다.

나 또한 료마의 그런 기개를 이어가리라는 뜻을 세웠습니다. 지금 큰 벽에 직면한 전 세계의 문제를 해결하기 위해선 정보혁명을 통해 '세계를 다시 한 번 깨끗이 세탁해야 한다'라고 생각합니다. 우리 회사는 기술과 금융에 관한 폭넓은 지혜와 경험을 지니고 있습니다. 게다가 작년에는 암이라는 멋진 동지를 얻었습니다. 앞으로는 '소프트뱅크 비전펀드'를 활용해, 함께 정보혁명을 이끌어갈 기업들에 투자해 동지적 결합을 이루어 많은 사람들이 행복해질 수 있는 세계를 위한 변혁을 일으킬 것입니다. 물론 그와 동시에 주주가치를 더욱 끌어올리는 일에도 힘쓸 것입니다."(2017년 소프트뱅크 그룹 연간 보고서 '사장이 전하는 메시지' 중에서)

이 글만 보아도 2017년 손정의는 경영자로서 새롭게 결심을 다진 것을 알 수 있다.

⊙ 사업회사에서 전략적 지주회사로

2018년 11월 5일 소프트뱅크 그룹의 2018년도 2분기 결산설명회에서 손정의가 강조한 것은 다시 한 번 '소프트뱅크 2.0'이었다. 그리고 이번에는 '전략적 지주회사'가 되겠다고 선언했다.

아로라를 초빙했을 때는 순수 지주회사였다. 하지만 그로부터 한발

더 나아가 전략적 지주회사가 된다는 것은 쉽게 말해 '소프트뱅크 그룹은 투자회사가 되겠다'라고 선언한 것이나 마찬가지다. 이 일이 있고 나서, 같은 해 12월 19일 통신사업 회사인 소프트뱅크가 상장했다. 필자는 신사업회사인 소프트뱅크의 상장이야말로 하나의 큰 분기점이라고 생각한다.

이 상장 때까지는 당연한 일이지만, 분기마다 행해진 결산설명회에서 손정의 본인이 통신사업을 포함한 사업 전반에 대해 직접 설명했다. 하지만 소프트뱅크 상장 이후부터는 전략적 지주회사인 소프트뱅크 그룹의 결산과 방침만 손정의가 직접 설명한다. 그 외의 결산 내용을 자세히 설명하는 일은 대표이사 겸 CEO인 미야우치 겐이 맡고 있다.

그렇다면 손정의는 소프트뱅크 그룹의 결산설명회에서 주로 어떤 내용을 설명하고 있을까? 2019년 2월 6일 전략적 지주회사로서는 처음인 소프트뱅크 그룹의 2018년도 3분기 결산설명회가 있었다. 이 자리에서 손정의는 가장 처음에 도표7과 같은 '25-4=9?'라는 슬라이드를 보여주었다. 이 뺄셈의 일반적인 답은 21인데, 9라는 답이 나온 것은 이상하지 않은가. 그래서인지 답 뒤엔 빨간색으로 물음표(?)를 붙여 놓았다.

사실, 이것은 주주가치를 나타내는 수식이다. 이 식에서 25는 소프트뱅크의 주주가치를 나타낸다. 상장 혹은 미상장에 관계없이 투자처의 기업가치 합계가 25조 엔이란 뜻이다. 그리고 4는 소프트뱅크 그룹이 직접적으로 책임져야 하는 순이자부담부채 4조 엔을 나타내고, 9는 소프트뱅크 그룹의 시가총액이다(모두 결산 발표 때의 금액). 즉, 보유주식 25조 엔으로부터 순이자부담부채 4조 엔을 뺀 21조 엔이 원래 주주가치이지만, 실제 시가총액은 9조 엔밖에 되지 않는다는 뜻이다. 손정의는 이로써 소프트뱅크 그룹의 주가가 아직 지나치게 저평가되었다는 말을 하고 싶었던 듯하다(오랫동안 금융업계에서 일해온 필자의 관점에서 보자면 계산에 다소 문제가 있어 보이나, 이에 대해선 나중에 기회를 봐서 제대로 다루어보고자 한다).

이외에도 매출액, 영업이익, 당기순이익에 대해서는 물론이고, 소프트뱅크 비전펀드에 대한 설명도 있었다. 엔비디아의 주가가 281달러에서 134달러로 반토막 났는데도 다양한 금융 파생상품에 의한 헤지hedge를 해둔 덕분에 주식 매각을 통해 33억 달러(3,624억 엔)를 현금으로 회수한 상태라고 했다. 이는 최초 투자액인 출자분 7억 달러의 약 4.5배에 해당하는 금액이다.

도표7

25-4=9?

출처·소프트뱅크 그룹 2019년 3월기 3분기 결산 발표 프레젠테이션 자료를 기초로 작성

⊙ 왜 야후를 소프트뱅크 자회사로 삼은 걸까

2019년 5월 8일에 열린 사업회사 소프트뱅크의 2018년도 결산 설명회에선 통신사업의 연결 실적, 새로운 통신요금 플랜 등과 같은 성장전략의 진척 상황, 야후의 연결 자회사화, 차기 연결 실적 예상이 발표되었다.

이 중 사람들이 가장 많이 놀란 부분은 야후를 자회사로 만든다는 발표였다. 이 자리에는 야후의 대표이사 겸 사장을 맡고 있는 가와베 겐타로(川邊 健太郎: 현 Z홀딩스 대표이사)도 미야우치와 함께 단상에 섰다. 이날 발표된, 야후를 자회사로 만들려는 3가지 목적은 '새로운 영역(비통신) 강화', '전략서비스 리소스 통합', '야후의 성장 가속화 및 시너지 극대화'였다.

소프트뱅크와 야후의 시너지가 목적이라면 차라리 합병하는 것이 낫지 않을까 의아해하는 사람들도 있다. 하지만 이 방법은 소프트뱅크에 금전적으로 이익을 가져다주지 않는다. 이미 전문가들도 지적했듯이 앞의 방법을 사용하면 절세라는 장점을 놓칠 수 있기 때문이다.

합병한 상태에서 소프트뱅크 그룹이 야후 주식을 매각하면, 배당 이익을 올렸다고 보기 때문에 과세 대상이 된다. 하지만 자회사로 두면, 소프트뱅크 그룹이 야후의 주식을 3분의 1 이상 가지고 있어도 비과세 대상이다. 지주회사는 자회사에서 받은 배당금은 수익으로 잡지 않기 때문이다. 자회사에서 배당금을 지급하기 전 회사에서 발생한 소득에 법인세를 냈으므로, 지주회사에 또 세금을 물리는 것은 이중과세로 보는 것이다.

이런 절세 대책은 현시점에서 적법한 행동이지만, 절세를 위한 편법 행위에 지나지 않는다고 비판하는 사람들도 있는 것이 사실이다.

손정의가 전술적 목적으로 이러한 거래를 추진했다는 것도 중요한 대목이다. 야후를 자회사로 만드는 목적 중 하나는 아마도 소프트뱅크 비전펀드 제2탄을 위한 자금조달일 것이라고 필자는 생각한다.

소프트뱅크의 결산설명회 직전, 4월 25일에 열린 야후 결산설명회에서 가와베 사장은 성장전략에 대해 설명한 적이 있었다. 이때 온라인 생활을 더 편리하게 만들어 오프라인상 생활 부문으로 진출하겠다고 밝혔다. 스마트폰 결제 시스템인 '페이페이'가 그 핵심을 노린 사업이고, 이를 위해 지주회사인 'Z홀딩스'를 설립해 야후를 그 아래에 둔다고 했다. Z홀딩스를 기반으로 LINE과 경영통합을 이루겠다는 계획은 이때부터 이미 정해진 것인지도 모르겠다. 더욱 다양한 업종의 다양한 기업들을 업계로 불러들이기 위해 Z홀딩스를 설립했다면, 정말 멋진 기업 구조조정이라 할 수 있을 것이다.

다시 이야기를 소프트뱅크의 결산설명회로 돌려보겠다. 이즈음 소프트뱅크에는 역대 최고 수익 갱신이라는 굿 뉴스도 있었다. 하지만 앞으로는 휴대전화 요금의 가격 경쟁이 본격적으로 시작되기 때문에 본업인 통신사업이 상당히 어려워질 것이 분명했다. 미야우치 사장도 '(본업에서는) 더 이상 성장전략은 없다'고 담담히 말했다.

필자가 주목한 것은 소프트뱅크와 야후의 합작품인 페이페이에 대해 소프트뱅크 그룹이 50퍼센트를 출자하고, 소프트뱅크와 야후가 각각 25퍼센트씩 출자한다고 발표했다는 점이다. 이것은 손정의가 결제

서비스인 페이페이를 소프트뱅크 그룹 전체에서 가장 중요하게 생각한다는 증거다. 이에 대해선 2019년 11월 중순 이루어진 '야후와 LINE'의 통합에 대한 이야기와 함께 2장에서 다루어보겠다.

⊙ AI의 명확한 정의에 대해 최초로 언급

소프트뱅크가 야후를 연결 자회사로 만들겠다고 발표한 다음날인 2019년 5월 9일은 소프트뱅크 그룹의 2018년도(2019년 3월기)의 결산설명회 날이었다. 이날 획기적이었던 점은, AI의 의의와 무료 서비스를 통한 수익사업화 구조에 대해 손정의가 처음으로 구체적인 설명을 했다는 사실이다. 그는 'AI=추론'이라고 정의하며, AI가 수요를 예측해 공급을 최적화할 수 있다고 했다. 즉, AI는 수요와 공급을 매칭해 수익사업화 하는 것이라고 명확하게 정의했다.

도표8 | 비즈니스에서 AI의 의미
출처·소프트뱅크 그룹 2019년 3월기 결산 발표 프레젠테이션 자료를 기초로 작성

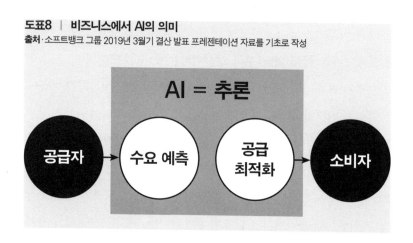

지금까지 일본의 대부분 경영자는 빅데이터 활용법을 추상적으로 밖에 설명하지 못했다. 기껏해야 마케팅 데이터로서 활용하는 정도에 그쳤다. 어떻게 수익화할지는 아무도 구체적으로 설명하지 못했다. 하지만 손정의는 AI가 실제 비즈니스에서 사업화, 현금화가 가능하다는 사실을 이 설명회에서 분명히 밝혔다.

미국에서는 원래 택시를 부르고 도착할 때까지 15분 정도 걸린다. 그런데 우버 등의 배차 앱을 이용하면, 호출하고 3분 안에 자동차가 달려온다. 빅데이터를 AI로 최적화하면, 몇 분 후 사람들이 어디에 많이 모이는지를 예측할 수 있기 때문이다. 따라서 우버는 사람이 많이 모일 듯한 장소에 차를 미리 보내 주문이 들어오면 바로 배차하는 것을 통해 수익사업화에 성공했다.

결산설명회에서 손정의는 'AI=추론 → 수익화'에 대한 사례로, 중국에서 2016년에 창업한 온라인 중고자동차 판매회사 '과쯔Guazi'의 이야기를 했다. 과쯔는 AI로 자동차를 검사해 가치를 판단하고, 고객의 행동을 온라인상에서나 오프라인상에서 분석해 가격을 결정하고, 언제까지 팔릴지도 예측한다.

차를 파는 쪽과 사는 쪽을 직접 이어주기 때문에 중개업자가 필요 없어 매우 효율적이고 가격이 싸다. 이런 이유로 2018년도 과쯔에서 거래된 자동차 수는 약 70만 대였고, 지금도 매출은 몇 배씩 쑥쑥 치솟고 있다. AI 활용으로 수익률도 성장률도 급속히 늘어난 좋은 예라 할 수 있다.

손정의가 AI에 대해 'AI=추론'이라 정의하며, 구체적인 비즈니스를 연결시켜 설명한 것은 이때가 처음이었다고 생각한다. 'AI=추론'으로 많은 투자처의 수익화가 실현되는 것을 깨닫게 해주는 아주 명쾌한 설명이었다.

⊙ **시가총액 세계 1위에 대한 야심**

　　소프트뱅크 그룹의 결산설명회에서는 다음과 같은 수치 자료도 볼 수 있었다. 인터넷의 대두는 확실히 혁신적이지만, 사실 큰 영향을 받은 업계는 소매와 광고뿐이다. 미국 GDP에서 차지하는 비율은 광고가 1퍼센트, 소매가 6퍼센트에 지나지 않는다. 그 외에 업계에서는 인터넷을 현금화할 수 있는 방법이 좀처럼 발견되지 않았다.

　　다음 페이지의 도표9에는 인터넷 트래픽 증가와 인터넷 기업의 시가총액 사이의 상관관계를 나타낸 그래프가 있다. 1995년 인터넷 트래픽은 180TB(테라바이트)였다. 그것이 2018년에는 156EB(엑사바이트 = 100만 테라바이트)가 되었다. 그에 따라 시가총액은 1994년의 약 1,000배까지 급성장해 둘 사이에 확실한 상관관계가 있다는 것을 알 수 있다.

　　이처럼 지금까지는 인터넷 트래픽이 중요했다. 하지만 앞으로는 AI가 만들어내는 넷트래픽, 즉 'AI 트래픽'이 중요해질 것이기 때문에 AI 트래픽과 AI 기업의 시가총액이 서로 상관관계를 보이며 급격하게 성장하리라는 것이 손정의의 예측이다(도표10).

도표9 │ 인터넷 트래픽과 인터넷 기업의 시가총액

출처·소프트뱅크 그룹 2019년 3월기 결산 발표 프레젠테이션 자료를 기준으로 작성, **주·**EB = 엑사바이트 (=10억 기가바이트). 인터넷기업의 시가총액은 1994년을 1로 보았을 때의 지수(소프트뱅크 그룹이 추계)

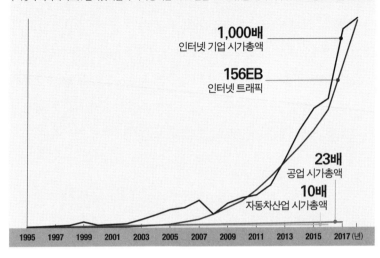

도표10 │ AI 트래픽과 AI 기업의 시가총액

출처·소프트뱅크 그룹 2019년 3월기 결산 발표 프레젠테이션 자료를 기준으로 작성, **주·**AI 트래픽 = AI가 만들어내는 인터넷 트래픽

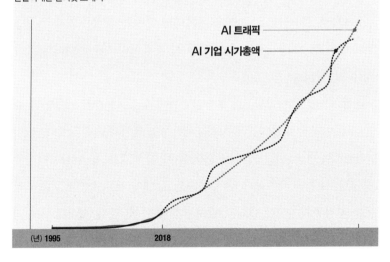

즉, 손정의의 예측에 따르면, AI는 단순한 디지털 트랜스포메이션 Digital transformation이 아니다. AI 발달에 맞추어 모든 산업에 혁신이 일어나 본질적 구조전환을 불러일으키게 될 것이다. 또한 "소프트뱅크 그룹이 시가총액에서 글로벌 톱 10에 들어가지 못하는 것은 부끄럽다", "2등은 싫다. 이왕 하려면 1등이 되어야만 직성이 풀린다"라고 강조했다. 결국 손정의는 AI 트래픽이 새로운 게임 룰이 되어가는 세상에서 시가총액 세계 1위에 오르고야 말겠다는 결의를 다진 것이라고 필자는 생각한다.

⊙ 유이자부채 4조 엔은 지나치지 않은가?

지금까지는 소프트뱅크 그룹의 긍정적인 측면에 대해 살펴보았다. 그럼 이제부터는 부정적인 면에 대해서도 살펴볼까 한다.

소프트뱅크의 리스크 요인에 대해서는 마지막 장에서 자세히 설명하고 있지만, 이 장에서는 우선 이 회사의 유이자부채에 대해서만 이야기하려 한다.

손정의는 2019년 2월 6일 결산설명회에서 소프트뱅크 그룹이 실제로 직접 이자를 지불하는 유이자부채는 4조 엔이라고 주장했다. 2019년 5월 9일 결산설명회에서는 '23(주주가치) = 27(보유주식) − 4(순부채)'라는 수식을 제시했다. 손정의는 23조 엔이 소프트뱅크 그룹의 정당한 시가총액이어야 한다고 말하고자 했던 것 같다. 보유주식 시가평가액 27조 엔에서 순부채액 4조 엔을 빼면 23조 엔이 소프트뱅크 그룹의 기업가치다. 기업가치가 23조 엔이나 되므로, 순부채가 '4조 엔이나' 된다고 보지 않고, '4조 엔밖에 안 된다'고 보고 싶은 듯하다.

하지만 금융계에서 오랫동안 일해온 필자가 보기에, 이런 계산방식에 대해선 해설이 좀 더 필요하다. 먼저 손정의는 결산설명회에서 소프트뱅크만의 계산방식으로 '순부채'가 4조 엔이라고 간단하고 명쾌하게 설명했다. 하지만 사실상 소프트뱅크 그룹의 연결 유이자부채는 모두 합해 16조 엔 이상이란 것이 정설이다.

손정의는 '논리코스 론Non Recourse Loan(구상권 범위를 담보물로 한정하기 때문에 담보물 이외에는 채무가 면제되는 융자 - 역자 주)'*(4장에서 상세히 설명)처럼 모회사에 소송 청구를 할 수 없다는 계약 조건을 단 부채는 소프트뱅크 그룹의 부채 계산에서 빼는 방식을 취하고 있다. 즉, 소프트뱅크, 스프린트, 야후 등의 자회사가 지닌 부채는 각 회사가 책임지고 갚아야 하는 부채이므로, 모회사인 소프트뱅크 그룹이 반제할 의무는 없다. 따라서 소프트뱅크 그룹의 부채는 아니라는 것이다.

하지만 어떤 이유로든 시황이 무너지면, 은행 측에서는 계약상 직접 반제의무가 없는 모회사에 '대출을 갚으시오'라고 요구한다. 필자 또한 그런 경우를 버블 붕괴 때 몇 번이나 목격한 적이 있다. 이때 모회사가 '갚을 수 없다'라고 맞서면, '그렇다면 기업 대출을 갚으시오'라며 모회사의 부채를 반제하도록 압박한다. 결국, 버블 붕괴 때는 계약 조건보다는 거래 관계가 더욱 중요해진다.

그런 일도 있고 하니 일본 내 신용평가회사는 소프트뱅크를 '투자적격'으로 보고 있어도, 세계적인 신용평가회사인 S&P와 무디스는 '투자 부적격'이라는 판단을 내리고 있다. 이는 채무에 대한 시각 차이에서 비롯된 것이다.

실제로 '위워크 문제'가 드러났을 때, 소프트뱅크 그룹은 추가 자금을 투입했다. 또한 손정의는 2019년 11월에 있었던 2020년 3월기 2분기 결산설명회에서 앞으로 "구제형 투자는 절대 하지 않겠다"라고 하며, 시장에서 가장 우려하는 요소를 불식시키려 했다. 이것은 필자가 앞에서 지적한 부분을 의식한 발언으로 보인다.

손정의는 같은 결산설명회에서 지금까지 늘 주장해왔듯이, 같은 분기 결산 시점의 보유주식 27.9조 엔에서 소프트뱅크 그룹에 반제의무가 있는 순부채 5.5조 엔을 뺀 22.4조 엔이 소프트뱅크 그룹의 주주가치라고 말했다. 이렇게 주주가치가 전기보다 1.4조 엔 증가했으므로, 이것이 나름의 성과라 평가하기도 했다.

한편, 결산보고서에 올라온 재무상태표에 따르면, 소프트뱅크 그룹의 연결 유이자부채는 소프트뱅크 그룹에 소프트뱅크, 야후, 스프린트, 소프트뱅크 비전펀드를 더해 모두 16조 엔 이상에 이른다. 5.5조 엔은 어디까지나 소프트뱅크 그룹의 계약 조건에 따른 것이고, 거래 관계의 실태가 반영되지 않은 상태다. 그리고 소프트뱅크, 스프린트, 암, 알리바바, 소프트뱅크 비전펀드 등의 보유 주식 '총액'에서 소프트뱅크 그룹 '단체'의 유이자부채만을 뺀 뒤에 주주가치를 계산하는 것은 지나치게 자신만의 편리한 방법으로 스스로를 평가한 것이다. 때문에 현재 소프트뱅크 그룹의 재무제표 설명 방법에 대해 많은 사람들이 비판을 제기하고 있다.

마지막으로 〈교도통신〉은 2019년 11월 21일 자에서 이렇게 보도했다.

'소프트뱅크 그룹이 주거래 은행인 미즈호은행 등에 63억 달러의 융자를 요청했다는 사실이 20일 밝혀졌다. 소프트뱅크가 운영하는 펀드의 투자처 중에서, 거액 손실을 계상한 '위컴퍼니(공유 오피스 '위워크'를 운영하는 기업)'의 재건자금으로 쓰려 한다는 설명이 있었다. 소프트뱅크 그룹은 은행단과 3,000억 엔 정도의 융자로 협의 중이라고, 다수의 금융관계자가 밝혔다.'

소프트뱅크 그룹은 실질적으로 자회사나 마찬가지인 구제 대상 기업을 함께 묶어 연결 결산하고 있지 않았다. 나는 이점이 그룹의 신뢰도를 크게 떨어뜨렸다고 생각한다. 왜냐하면 구제 대상 기업의 거액 부채를 연결하면 11월 6일 결산 결과는 완전히 다른 양상이 되기 때문이다. 그리고 회계의 질적인 문제도 놓쳐서는 안 된다. 구제 대상 기업이 법무, 회계, 세무상 연결대상이 아니라 해도 전문 투자자는 이미 연결 대상으로 보고 분석에 들어간다. 명쾌하고 심플한 투자 스토리의 뒷면에 읽어내기 어려운 거래가 늘어나고 있다는 사실도 신경이 쓰이는 부분이다.

또한 금융기관에는 '실질동일체'라는 사고방식이 있다. 이번 구제 대상 기업도 소프트뱅크 그룹과 실질동일체로 판단되면 대출 가능 기업이 될 것이다. 하지만 소프트뱅크 그룹에 채무 이행을 요구할 수 없는 논리코스 조건이라면 대출 곤란한 기업이 되고 말 것이다. 위워크 관련 대출 거래는 형식이야 어찌 되었든 사실상 소프트뱅크 그룹과 위워크를 실질동일체로 보는 차원에서 이루어졌을 것이다. '논리코스란 무엇인가'를 다시 한 번 묻지 않을 수 없는 사건이었다.

⊙ 중요한 것은 큰 허풍, 즉 빅 비전

2019년 6월 19일 주주총회에서 손정의는 "지금까지 큰 허풍을 떨며 살아왔습니다"라고 했다. 그러면서 2004년 당기순손실이 1,070억 엔이나 되는데도 "매출액이 아니라, 이익을 1조, 2조 셀 수 있는 규모가 되고 싶다"라고 말했던 것을 예로 들었다. 그런데 현재 소프트뱅크는 정말 그의 허풍대로 이익을 1조, 2조로 세는 규모가 되었다.

더 나아가 그는 두부가 나란히 늘어선 슬라이드를 보여주면서 10모, 20모, 나아가 100모, 200모 늘어선 두부처럼 이익을 100조, 200조까지 실현해 보이겠다고 큰 허풍을 떨었다. 그런데 손정의처럼 어마어마하게 큰 허풍을 떨기 위해서는 대단한 용기가 필요하다. 보통 사람들은 자기 안의 용기를 최대한 쥐어짜낸다 해도 큰 목표를 세우고 그것을 많은 사람들 앞에서 공언하기란 쉬운 일이 아니다.

바로 그런 이유 때문에 손정의란 경영자가 떠는 '큰 허풍'은 중요한 의미를 지닌다. 스스로도 자신의 '큰 허풍'을 가리켜 '빅 비전Big Vision'이라 했고, 지금 일본에 필요한 것은 큰 허풍, 즉 빅 비전이라고 강조했다.

그리고 2010년 6월 25일에 발표한 〈소프트뱅크 새로운 30년 비전〉의 표지까지 비추며, 다시금 그 내용을 강조했다. 새로운 30년 비전에서는 2040년까지 시가총액을 200조 엔으로 끌어올려 세계 톱 10에 들어가는 것을 목표로 하고 있다. 2010년 당시 시가총액은 2.7조 엔으로, 세계 200위 정도였다. 하지만 2019년 6월 시점에서 시가총액은 약 10조 엔으로 세계 108위가 되었다. 손정의는 이 사실을 근거로 소프트뱅크 그룹이 '순조롭게 성장'하고 있다고 자신만만하게 주장하고 있다(도표11).

도표11 | 2040년 시가총액 목표
출처·소프트뱅크 그룹 제39회 정기주주총회 사업전략설명회 자료를 기초로 작성

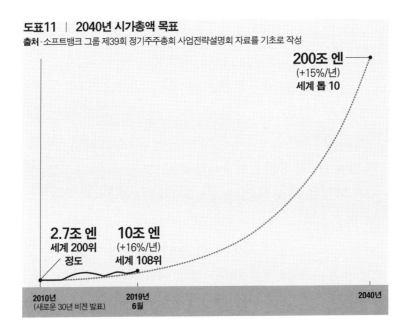

⊙ '새로운 30년 비전'은 300년 기업을 향한 이정표

새로운 30년 비전을 만든 사람들의 증언에 따르면, 300년 동안 성장할 기업이 되기 위한 비전을 설계할 때 손정의가 염두에 둔 것은 〈스타워즈〉의 아홉 가지 에피소드였다고 한다. 그는 창업 후 초기 30년에 이어질 270년을 30년씩 9개로 나누었고, 그중 첫 30년에 대한 비전을 에피소드1로 삼았다.

창업 직후 30년 비전은 당연히 손정의 혼자 만들고, 혼자 실행했다. 그가 이때 내건 두 가지 비전은 '마이크로프로세서가 인간의 미래를 크게 바꾸어놓는다'와 '매출을 두부 1모, 2모 세듯이 1조, 2조 세는 기업이 된다'였다. 하지만 이것은 본편이 시작되는 프롤로그에 지나지 않았고, 2010년부터 시작된 '새로운 30년 비전'이 에피소드1인 셈이다. 여기에서부터 300년 동안 성장할 기업, 소프트뱅크 그룹의 본격적인 이야기가 시작된다.

새로운 30년 비전은 이념, 비전, 전략이라는 3가지 부분으로 나뉜다.

첫 번째, 이념은 '무엇을 위해 사업을 하는가'다. 소프트뱅크 그룹의 이념은, '정보혁명으로 사람들을 행복하게 해주고 싶다'이다. 이것은 창업 후 30년 동안에도, 또 그 후 30년 동안에도 전혀 바뀌지 않았다.

두 번째, 비전은 '30년 후 사람들의 라이프 스타일은 어떻게 되는가'와 '30년 후 사회에서 소프트뱅크 그룹은 어떤 사업을 벌이고 싶은가'를 그려보는 것이다. 30년 후 컴퓨터의 진화는, 인간 뇌기능의 10만 배가 될 것으로 보인다. 구체적으로 CPU트랜지스터 수와 메모리 용량은 2010년보다 100만 배, 통신 속도는 300만 배가 될 것으로 예상된다. 그

때쯤에는 3만 엔 정도 하는 스마트폰에 저장할 수 있는 노래가 6,400곡에서 5,000억 곡 정도로, 신문 정보는 4년치 분량이 3억 5,000만 년치로, 동영상은 4시간 분량에서 3만 년 분량으로 늘어날 예정이다.

이런 30년 후의 세계에서 소프트뱅크 그룹은 무언가 하나의 물건을 만드는 것도 아니요, 특정한 하나의 서비스를 제공하는 것도 아니요, 단 하나의 비즈니스모델만을 가진 회사도 아니게 될 것이다. 대신 '전 세계에서 가장 뛰어난 기술과 가장 뛰어난 비즈니스모델을 가진 동료들과 함께 동지가 되어 사업을 펼치고 싶다'는 것이 손정의의 바람이다.

세 번째, 전략이란 '소프트뱅크 그룹이 어떻게 비전을 실현해가는가'다. 이 부분과 관련해 앞으로 30년 후인 2040년에는 소프트뱅크 그룹의 시가총액이 200조 엔 규모가 될 것이라고 선언하고 있다. 그리고 '손정의는 무엇을 발명했는가'라는 질문에 대해 '300년 동안 계속 성장할지도 모르는 조직구조를 만들었다. 그런 구조를 발명했다'라는 평가를 받고 싶다고 했다. 그리고 이를 위해 중요한 것이 '전략적 시너지그룹'이라는 구상이다.

전략적 시너지그룹이란, 피라미드 구조에 중앙집권적이었던 20세기형 기업 조직과는 달리, WEB형으로 집권과 분권이 균형을 이룬 기업 조직을 말한다. 다시 말해 소프트뱅크 그룹은 각 조직이 자율적으로 움직이는 분산형 구조 안에서 서로 협력하며 자기진화와 자기증식을 거듭하는 기업이자, 조직이자, 그룹을 목표로 하고 있다. 이런 전략적 시너지그룹이 더욱 진화한 것이 3장에서 자세히 다루는 'AI 군전략'이다.

또한 새로운 30년 비전을 이야기할 때는 후계자 육성에 대해서도 다루고 있다. 손정의는 열아홉 살 때 다음과 같은 '인생 50개년 계획'을 세웠다고 한다.

20대에 사업에 이름을 내건다.

30대에 사업 자금을 모은다.

40대에 사업에 큰 승부를 건다.

50대에 사업을 완성시킨다.

60대에 사업을 다음 세대에게 물려준다.

손정의의 이런 계획은 원래 목표대로 대부분 진행되어왔다. 이제는 60대가 된 만큼 후계자를 정해 사업을 물려주기 위한 작업에 들어가야 할 때다. 그래서 이를 위해 '손정의 2.0'을 만드는 작업에 들어갔고, 우선 '소프트뱅크 아카데미'부터 설립했다.

이런 일련의 과정이 자세히 서술된 것이 새로운 30년 비전이고, 발표 후 10년이 지난 지금도 소프트뱅크 그룹에선 이를 아주 중요시하며 그 뜻을 이어가고 있다.

손정의는 새로운 30년 비전을 발표할 때 "제 인생에서 가장 중요한 연설이 될 것입니다"라고 하며, "제 현역시대 마지막으로, 30년에 한 번 떨어보는 큰 허풍입니다"라고 말했다.

소프트뱅크 제국의 에피소드2 이후는 후계자들에게 맡길 작정이지만, 적어도 앞으로 이루어질 새로운 30년 비전의 실현에는 스스로 모든 것을 걸어보겠다는 것이 손정의의 진심이 아닐까? 주주총회 등에서 가끔 새로운 30년 비전의 진척 상황을 보고하는 것도 그런 이유 때문은 아닐까?

손정의는 큰 허풍을 떨며, 빅 비전에 대해 이야기할 줄 아는 경영자다. 그런 만큼 앞으로 그 능력을 유감없이 발휘해 세계를 이끌어가는 경영자가 되어주길 바라 마지않는다.

2장

'미국과 중국에 이은 제3극'을 노린 싸움의 시작

⊙   야후와 LINE 경영통합의 충격

2019년 11월 13일 밤, '야후 운영사인 Z홀딩스와 일본을 대표하는 SNS 운영사인 LINE이 경영통합을 위해 교섭에 들어간다'라는 빅뉴스가 날아들었다. 다음 날 아침 Z홀딩스는 '협의 중인 것은 사실이지만, 현시점에서 결정된 것은 없다', LINE은 '기업가치 향상을 위한 시책 중 하나로 검토 중이지만, 보도된 내용과 관련해 결정된 사항은 아직 없다'라는 보도자료를 내놓았다.

Z홀딩스의 모회사인 소프트뱅크 측에서도 '본 건을 포함해 다양한 사항들에 대해 협의 중이지만, 현시점에서 결정된 사실은 없다'라는 평을 내놓았다. 그런데 이런 평만으로도 3사의 주가는 올랐고, 시장이 이런 움직임에 대해 호의적이라는 것을 보여주었다.

그리고 이날부터 4일 후인 11월 17일, 정식으로 양사의 경영통합이 발표되었다. 같은 날 오후 5시부터 개최된 공동기자회견에서는, Z홀딩스의 가와베 겐타로 사장과 LINE의 이데자와 다케시(出澤 剛) 사장이 함께 등장해, 경영통합에 대한 개요와 목적 등을 설명했다.

> "경영통합의 형태는 야후와 LINE이 신생 Z홀딩스 산하로 들어가는 방식이다. 통합 후 도쿄 1부 상장기업인 Z홀딩스의 주식은, 'LINE의 모회사인 한국의 NAVER와 소프트뱅크가 50퍼센트씩 출자해 설립하는 조인트 벤처'와 일반 주주가 보유하게 된다. 이에 따라 LINE은 비상장회사가 된다. 법률상 필요한 인허가 과정을 거쳐 2020년 10월을 목표로 경영통합을 마무리하게 될 것이다."

이 두 기업의 통합 배경에는 강한 위기감이 자리 잡고 있다. 미국과 중국을 중심으로 높은 지명도, 자본력 및 기술력을 보유한 글로벌 인터넷 기업들은 물론이고, 새로운 가치창조에 적극적으로 도전하려는 스타트업 기업들과 치러야 하는 경쟁이 나날이 격심해지고 있기 때문이다. 그리고 아직도 일본 사회에 '기술로 해결할 수 있는 사회문제'가 쌓여 있다는 인식도 중요한 역할을 했다. 예를 들어 노동인구 감소, 생산성 개선, 자연재해에 대한 대응 등과 같은 문제들이 있다. 두 기업은 이런 문제에 대해 '일본에 사는 사람들에게 최고의 사용자 경험을 제공하면서 사회문제를 해결해 나간다'는 큰 뜻을 품고 있다.

LINE은 일본 내에서만 8,200만 명이 넘는 월간 이용자 수를 보유하고 있으며, 스마트폰 결제와 앱을 통한 통합적 금융서비스에도 힘을 기울이고 있다. 한편 야후는 검색과 뉴스 제공 등의 서비스를 받는 월간 이용자 수가 약 6,700만 명에 이른다. 두 기업이 통합하면 검색,

SNS, 온라인 판매, 금융 등 다양한 인터넷서비스를 모두 다루는 거대 그룹이 될 것이다.

원래 야후 회원은 야후 ID 하나로 '만나다(미디어, 광고)', '조사하다(검색, 미디어 컨버전, 커머스)', '사다(쇼핑)', '지불하다(월렛)', '이용하다(서비스, 콘텐츠)'라는 일련의 유저 액션에 대해 100가지가 넘는 서비스를 제공받을 수 있는 장점을 누려왔다. 그런데 여기에 LINE의 각종 서비스가 더해지면, 동일한 ID로 이용 가능한 일본 최대의 빅데이터 플랫폼이 형성될 것이 확실하다.

손정의는 평소 "IT세계는 승자독식의 세계다"라는 말을 자주 하며 업계의 1위가 되는 것이 중요하다고 강조해왔다. 이번 경영통합은 일본 내 IT업계의 패권을 잡을 뿐 아니라, 관련 업계의 재편도 촉구할 것이다. 그리고 이런 움직임은 일본발 글로벌 플랫폼 기업 탄생으로 이어질 만큼 시장에 충격을 줄 수도 있을 것이다.

실제로 11월 18일 공동기자회견 자리에서, 공동 CEO가 될 예정인 양쪽 기업의 사장들은 '미국과 중국에 이은 제3극을 노린다'라는 대담한 비전을 제시했다.

⊙ 경영통합으로 발휘되는 시너지

경영자원을 집약해, 양사 각각의 사업 영역에서 시너지를 추구한다. 또한 직접적인 고객접점이 되는 중요한 서비스 기반들을 서로 매끄럽게 연계시켜 상호 보완한다. 이것이 가와베 사장과 이데자와 사장이 내건 경영통합의 기본 전략이다.

야후와 LINE, 두 기업이 가진 미디어, 광고, EC(전자상거래), SNS, 메신저, 핀테크 등의 서비스 기반에는 일본 내에서만 약 1억 명에 이르는 이용자가 있다. 기자회견 자료에서는 이에 따를 시너지가 기대되는 영역으로서 마케팅 사업, 집객, 핀테크 사업, 신규 사업 및 시스템 개발을 거론하고 있다.

마케팅 사업에서는 인터넷 광고 시장에서의 시장점유율 확대와 마케팅솔루션서비스 확충을 노릴 수 있다. 집객에서는 이용자를 야후 쇼핑, 페이페이 플리마켓, 조조타운ZOZOTOWN 등과 같은 EC 사이트로 보내는 효과로 온라인 판매 규모를 더욱 확대할 수 있다. 핀테크 사업에서는 출입구로서의 '페이페이'와 'LINE 페이'를 확대시켜, 은행, 증권/FX, 보험, 신용카드 등의 금융사업 강화로 연결시키게 될 것이다.

신규 사업 및 시스템 개발에선 야후와 LINE의 모든 서비스를 지지해주는 AI기반 개발을 강화하고 가속시킬 것이다. 더 나아가 소프트뱅크와 NAVER 각각의 그룹 사업, 인재, R&D(연구개발) 투자라는 영역에서도 시너지 효과를 만들어내게 될 것이다.

두 기업의 사장은 이런 시너지로 인한 매출 증대는 물론이고, '일본 및 아시아를 벗어나 전 세계를 리드하는 최강의 AI테크 기업을 목표로 한다'고 강조했다. 이들이 강조하는 목표의 기축은 AI다. AI가 현재의 서비스 기반은 물론이고, 스마트시티, 자율주행, 재난방지, 교육, 근무 방식 등 중·장기적 투자를 행하는 부분에 연결되면, 이용자 기반으로 통합적 서비스를 제공하는 기축이 될 것이다. 그리고 이것은 '최고의 이용자 체험과 새로운 가치를 만들어낸다'는 목표를 달성하는 과정으로 이어질 것이다.

⊙ 결제 앱에서 슈퍼 앱으로, 스마트폰 결제서비스 페이페이

　야후와 LINE의 진정한 통합 목적은 무엇일까. 이에 대한 이야기를 좀 더 자세히 해보려 한다. 그전에 우선 다루어보고 싶은 것이 있다. 바로 야후 산하의 페이페이가 제공하는 스마트폰 결제서비스 페이페이와 LINE이 제공하는 스마트폰 결제서비스 'LINE페이'다.

　2018년 4월 경제산업성이 내건 '현금 없는 사회 비전'에 따르면, 2015년 기준 일본의 비현금 결제비율은 한국의 89.1퍼센트와 중국의 60.0퍼센트에 비해, 겨우 18.4퍼센트에 머물고 있다. 정부는 이것을 '2025년 오사카·간사이 만국박람회에 맞추어, (중략) 비현금 결제비율 40퍼센트를 목표로 앞당겨 시행하고', '앞으로 세계 최고 수준의 비현금 결제비율 80퍼센트를 목표로 필요한 환경을 정비하겠다'고 밝혔다. 2019년 10월 1일부터는 소비세 증세에 더해 '비현금 포인트 환원사업'을 전개해 현금 없는 사회로 거듭나기 위해 박차를 가하고 있다.

　이런 사회 분위기 속에서 일본의 비현금 결제화를 견인하고 스마트폰 결제서비스를 비약적으로 늘리고 있는 것이 페이페이다. 페이페이는 2018년 6월, 소프트뱅크와 야후(2019년 10월 1일에 회사 분할을 통해 지주회사 체제로 이행, 상호를 Z홀딩스로 변경)가 각각 50퍼센트씩 출자해 설립했다.

하지만 2019년 5월 소프트뱅크 그룹이 페이페이에 대해 추가 출자해 소프트뱅크 그룹 50퍼센트, 소프트뱅크 25퍼센트, 야후 25퍼센트의 자본 구성으로 변경했다. 소프트뱅크 비전펀드가 출자하는 인도 페이티엠도 기술을 협력해, 그룹의 모든 힘을 페이페이에 쏟아붓는 사업체제를 갖추게 되었다.

페이페이는 깜짝 놀랄 만한 시책을 두 번이나 시행했다. '100억 엔 캠페인'과 '비현금 결제 포인트 환원 사업'이다. 이런 이벤트를 통해 등록 이용자 수는 약 1,900만 명(2019년 10월 말 시점), 월차 결제 횟수로는 약 8,500만 회(2019년 10월)에 이르게 되었다. 스마트폰 결제서비스의 이용자들의 사용 의향에서도 페이페이는 1위를 차지했다.

통신사업에서 더 이상 성장전략을 세울 수 없게 된 소프트뱅크에서 페이페이가 새로운 영역으로 자리매김한 셈이다. 초기에는 시스템 불안정도 있었지만, 소프트뱅크는 등록 이용자 수와 가맹점 확대에 강력한 공세를 펼쳤다. 그 결과 페이페이 앱을 출시하고 겨우 13개월도 지나지 않아 현재의 회원 수와 인지도에 도달할 수 있었다.

페이페이는 온라인 판매와 오프라인 판매의 각종 결제는 물론이고, 공공요금과 세금 납부에도 대응할 수 있다. 또한 송금, 더치페이, 기프트, 세뱃돈 등 P2P peer to peer(개인 간) 금융기능도 감당할 수 있다. 페이페이 구좌에서 출금하는 형식의 자금 이동은 이미 가능하다. 그리고 여기에서 그치지 않고 앞으로는 론, 소액융자, MMF, 투자, 보험, 후불 등 본격적인 금융서비스도 제공할 계획이다.

소프트뱅크의 미야우치 사장은 2019년 11월 결산설명회에서, 중국 알리바바의 금융사업회사 앤트파이낸셜이 제공하는 결제서비스 알리페이의 비즈니스모델을 인용하면서 이 금융서비스 분야야말로 '앞으로 가장 성장할 수 있는 핀테크 영역'이라고 강조했다. 그리고 등록 이용자 수가 계속해서 늘어난다면 페이페이는 결제 앱에서 슈퍼 앱으로 진화할 수 있기 때문에, '이 슈퍼 앱을 기초로 여러 가지 비즈니스를 전개할 수 있다'고 높이 평가했다.

⊙ 소프트뱅크란 생태계의 입구, 페이페이

야후를 산하에 거느린 Z홀딩스는 2019년 11월 온라인 패션 쇼핑몰 조조타운 운영사인 ZOZO를 연결 자회사로 만들었다. 또한 10월에는 야후가 전자상거래 사이트인 '페이페이 몰'과 플리마켓 사이트인 '페이페이 후리마'를 열었다. 이는 확대되는 페이페이를 고객접점으로 해서, 원래 해오던 광고사업에 핀테크 등 금융 관련 사업과 전자상거래 소매 등을 더한 것이다. 즉, 온라인과 오프라인을 장벽 없이 넘나들며 다양한 서비스를 제공한다고 볼 수 있다.

미야우치 사장은 결산설명회에서 "알리바바에 T몰과 타오바오가 있는 것처럼 우리에겐 야후쇼핑, 페이페이 몰, 페이페이 후리마가 진영을 꾸리고 있다"고 단언하기도 했다.

필자는 미야우치 사장의 말에서, 소프트뱅크 그룹을 이끄는 손정의의 전략상 의도 2가지를 읽을 수 있었다. 첫 번째는 전자상거래 소매사업을 더욱 발달시켜 광범위한 생활서비스 전반으로 확장한 뒤, 페이페이라는 입구를 통해 고객을 그 안으로 유도하는 것이다. 두 번째는 전자상거래를 소프트뱅크의 중심핵으로 만들 필요를 느끼고 이에 따라 사업을 전개하려 한다는 사실이다.

⊙ 중국의 텐센트를 벤치마킹하는 LINE의 대전략

지금부터는 LINE의 대전략에 대해 살펴볼까 한다.

LINE페이는 경쟁사들보다 훨씬 앞서 스마트폰 결제를 출시하면서, 적자를 전제로 한 대공세로 장안의 화제를 불러일으켰다. '가맹점 도입비용 제로, 앞으로 3년간 결제 수수료 무료'라는 LINE페이의 전략은 비현금 결제가 도입되지 않은 중소 매장에 중점을 둔 것이다. 그동안 이런 매장들이 비현금 결제를 도입하지 않은 가장 큰 원인은 비용이었는데, LINE페이는 당분간 그것을 없애주는 방법을 택했다. 이 전략은 좋은 반응을 얻어 2018년이 지날 때까지 100만 가맹점을 확보하겠다는 목표를 세울 정도가 되었다.

LINE페이는 LINE 앱에 기본적으로 설치되어 있다. 따라서 이미 LINE 앱을 사용하는 일본 내 이용자 8,200만 명은 LINE페이 전용 앱을 새로 설치하지 않아도 된다. 이것은 큰 강점이라 할 수 있다. 이 상황에서 LINE페이를 받겠다는 매장이 늘어나기만 하면, LINE 앱 이용자는 자신이 늘 쓰던 앱을 열어 사용할 수 있는 LINE페이의 고객이 될 확률이 높다. 시작하기도 쉽고, 사용하기도 쉬울 뿐만 아니라 괸리하기도 쉬운 LINE페이가 고객을 사로잡는 것은 시간문제다.

LINE은 커뮤니케이션 앱을 통해 생활서비스 전반, 더 나아가 금융사업마저도 수직 통합하려 하고 있다. 이런 움직임을 통해 LINE이 중국 텐센트를 벤치마킹하고 있다는 사실을 명백히 알 수 있다. 텐센트의 결제 앱 위챗페이가 중국 시장을 석권한 과정을 보면, LINE의 잠재성을 실감할 수 있을 것이다.

중국의 스마트폰 결제시장에서는 알리바바의 알리페이가 먼저 출시되었다. 위챗페이의 등장은 알리페이보다 9년이나 늦은 2013년이었다. 처음엔 알리페이의 아성이 결코 흔들리지 않을 것처럼 보였다. 그러나 위챗페이는 알리페이를 능가하려는 기세로 시장을 파고들고 있다. 이미 위챗페이가 알리페이를 앞질렀다는 기사도 보인다. 필자가 보기에, 이런 기세의 차이는 알리페이가 전자상거래 사이트와 연동되는 데 비해 위챗페이는 커뮤니케이션 앱과 연동되는 데서 온 것으로 보인다.

우리는 대부분 무언가 구입하고 싶을 때만 전자상거래 사이트에 들어간다. 하지만 커뮤니케이션 앱은 다르다. 친구나 지인에게서 연락이 올 때마다 혹은 내가 연락할 필요가 있을 때마다 '매일, 몇 번이나' 열어보게 된다. 커뮤니케이션 앱을 열어보는 빈도는 전자상거래 사이트에 들어가는 빈도의 몇 배에 이를 것이다.

텐센트는 이처럼 이용 빈도 면에서 절대적 강점을 지닌 커뮤니케이션 앱을 플랫폼으로 각종 금융서비스를 수직 통합하고, 더 나아가 그 외의 생활서비스도 통합해가고 있다.

⊙ 핀테크 사업에 대한 기대

LINE은 지금 기존 핵심 사업인 광고에 핀테크와 AI를 합친 '전략 사업'의 강화를 도모하고 있다. 투자에도 적극적이다. 2018년 9월, LINE은 제3자 배정 유상증자(발행 회사가 주주 이외의 제3자 중 특정한 자에게 신주인수권을 주는 방법 - 역자 주)를 했다. 이를 통해 조달한 자금은 핀테크 사업과 AI사업에 쓰인 깃으로 보인다.

2018년 9월 4일 자 〈IR뉴스〉에 따르면, LINE은 '새로운 인프라 확립을 목표로 하는 모바일 송금 및 결제서비스 LINE페이의 결제 장소 확대, 이용자 수 및 송금액과 결제액 확대를 위한 광고 선전비 및 판촉활동비', '앞으로 전개하려는 금융기관 설립 및 운영에 관한 운전자금, 시스템 투입, 인건비, 각 영역별 일본 내외 전략적 융자'로서 약 1,000억 엔(2021년 12월까지)을, 그리고 '자사 제품인 LINE Clova와 관련된 서비스의 개발을 위한 인건비, 외주비, 광고 선전비'에 약 480억 엔(2021년 12월까지)을 할당했다고 한다.

이처럼 LINE은 광고사업을 지속 성장시키면서 핀테크 사업과 AI사업에도 전략적 투자를 하고 있다. 이는 앞으로 포스트스마트폰이라 전망되는 AI스피커에 대한 인프라를 강화할 의도로 보인다. 그리고 LINE 앱상에서 전개하는 핀테크 사업을 강화할 것으로도 보인다. LINE은 이것을 '스마트 포털' 전략이라 정리하고 있다.

이쯤에서 새삼스럽게 확인해두고 싶은 것은 LINE페이가 이런 핀테크 사업의 중심에 있다는 점이다. LINE페이를 기점으로, 자산운용과 보험, 론 등의 금융사업을 종합적으로 전개하는 것이 LINE의 핀테전략이라 할 수 있다.

LINE페이는 LINE상에서 송금 및 결제를 하는 서비스로서 2014년 12월에 출시되었다. 그 후 프리페이 카드, 스마트폰 결제, 퀵페이와 같은 기능을 추가로 확장시켜왔다. 앞에서 언급했듯이, 이런 추가 기능을 사용하기 위해 일부러 전용 앱을 각각 설치할 필요가 없다. 모든 기능이 LINE 앱 안에 있기 때문이다. 사용하기 편리한 정도만 보자면, 군계일학이라 할 수 있다. 지금도 8,200만 명이나 되는 사람들이 LINE페이를 사용할 수 있는 상태라 할 수 있다. 그리고 이런 강점을 배경으로, LINE은 미즈호은행과 공동으로 온라인 은행업을 시작했고, 노무라홀딩스와 함께 증권 업무도 시작하는 등 각 분야의 걸리버 기업과 제휴를 맺고 있다.

텐센트를 벤치마킹해온 LINE이 앞으로 해결해야 할 과제라면, 커뮤니케이션 앱이라는 입구로 들어온 고객들을 핀테크와 EC 등 그 외의 서비스로 유도하는 것이다. 지금까지 LINE은 고객접점에 있어서는 압도적 우위에 섰으면서도, 광고 이외의 서비스 성장은 기대만큼 이루어지지 않은 상태였다. 경제권 규모 면에서도 라쿠텐과 야후-소프트뱅크 연합보다 뒤처졌다. 그런 LINE이 야후와의 경영통합을 통해 각종 서비스를 함께 전개하게 되면, 그 의미가 상당히 크다고 생각한다.

◉ **슈퍼 앱 경제권 구축**

최첨단 핀테크 대국인 중국에서는 알리바바가 출시한 결제 앱

'알리페이'와 텐센트가 출시한 메신저 앱 '위챗'의 월렛 기능 '위챗페이'가 격렬한 싸움을 벌이며, 시장을 넓혀가고 있다. 알리바바의 비즈니스모델을 보면, 알리페이는 입구다. 그리고 그로부터 알리바바의 전자상거래 소매 및 금융서비스, 각종 생활서비스 등으로 고객을 유도하는 구조다.

이런 알리바바의 사업 구조야말로 손정의가 무엇을 노리고 있는지를 알아내는 데 핵심적인 힌트를 제공한다. 이것은 결코 결제 빅데이터를 취득한다든가, 더 나아가 디지털 광고수익을 성장시키려 한다든가 하는 '작은' 이야기가 아니다. 알리바바의 대표주주이자 이사회 멤버이기도 한 손정의는 알리바바의 비즈니스모델에 대해선 누구보다 잘 알고 있다. 그리고 지금까지 알리바바와 텐센트가 벌인 격렬한 싸움도 가까이서 지켜보았다. 상당한 각오를 하고 뛰어들지 않으면 이 시장에서 패권을 쥐기 어렵다는 냉엄한 진실을 이미 깨달았을 것이다.

중국은 알리바바에 맡긴다 해도, 일본에선 소프트뱅크 그룹 스스로 개척해야 한다는 생각이 들었을 때, 가장 중요한 입구는 알리바바의 알리페이 같은 역할을 할 수 있는 서비스인 페이페이다. 따라서 소프트뱅크 그룹이 페이페이의 최대 출자자가 된 것은 자연스럽고 당연해 보인다.

손정의가 이런 투자를 통해 얻으려는 성과는 다음과 같아 보인다. 먼저 페이페이를 고객접점의 중요한 입구로 만들어 야후 쇼핑, 조조타운, 페이페이 몰, 페이페이 후리마, LOHACO 등 전자상거래 소매업의 발달로 연결시킨다. 그리고 여기서 더 나아가 은행, 증권, 보험 등의

금융서비스, 차량공유 등과 같은 모빌리티, 통신, 전력 에너지, 여행 등
생활 전반에 걸친 다양한 서비스로 고객을 유도하는 것이다. 그리고
이를 위한 굳건한 생태계를 구축하고 싶은 것이다.

이를 추진하는 중에 분명히 밝혀진 사실이 LINE과 야후의 경영통합
이다. 이 조합은 알리바바를 철저히 벤치마킹해온 야후, 그리고 텐센
트를 철저히 벤치마킹해온 LINE의 경영통합이라고도 할 수 있다.

나는 이 두 회사의 경영통합으로 생겨날 거대한 생태계를 이 책에서
'슈퍼 앱 경제권'이라 부르려 한다. 이 생태계의 전체 구조는 도표12와
같다.

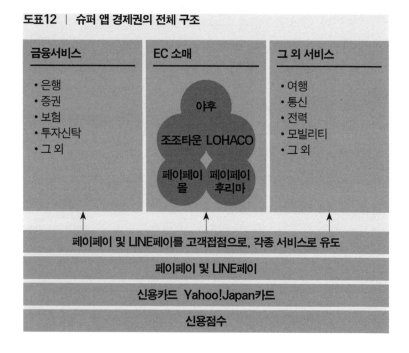

도표12 | 슈퍼 앱 경제권의 전체 구조

금융서비스	EC 소매	그 외 서비스
• 은행 • 증권 • 보험 • 투자신탁 • 그 외	야후 조조타운 LOHACO 페이페이 몰 페이페이 후리마	• 여행 • 통신 • 전력 • 모빌리티 • 그 외

페이페이 및 LINE페이를 고객접점으로, 각종 서비스로 유도

페이페이 및 LINE페이

신용카드 Yahoo!Japan카드

신용점수

소프트뱅크 그룹 전체의 입장에서 보자면, 두 기업의 경영통합을 통해 페이페이와 LINE을 기점으로 하는 '슈퍼 앱 경제권'이 구축한다는 시나리오에 따라 움직이는 셈이다. 이에 대해선 마지막 장에서 '시나리오2'라는 제목으로 자세히 다루어보려 한다.

두 기업의 조합에 따른 효과는 우선 뛰어난 고객기반과 고객접점을 들 수 있다. 디지털 전환 시대의 고객기반은 스마트폰 속에서 친밀한 고객접점을 어떻게 찾아내는가에 집약된다. 그런 가운데 LINE이라는 커뮤니케이션 앱과 각종 서비스를 전개하는 소프트뱅크의 연합은 일본에서 가장 뛰어난 고객기반을 마련한 것이라 해도 지나치지 않다. 그리고 이 뛰어난 고객접점을 기초로 LINE페이와 페이페이로부터, 각종 금융서비스, 전자상거래 소매, 더 나아가 여행, 통신, 전력, 모빌리티 쪽으로 고객을 유도하는 거대한 플랫폼이 형성될 것이다.

알리바바의 결제 앱 알리페이의 실제 이용자 수는 연간 전 세계적으로 12억 명에 이른다(2019년 9월 23~24일 '2019 Invest Day' 자료). 현재 66개국 이상의 나라와 지역에서 서비스 이용이 가능하다. 한편, 텐센트의 위챗페이는 커뮤니케이션 앱 위챗의 월렛 기능을 하고 있다. 한 달 동안 위챗을 실제로 이용하는 사람들 수는 약 11억 5,100만 명으로 집계되고 있다(2019년 9월 30일 시점, '2019년 9월기 결과보고' 자료). 이 2가지 앱을 축으로, 중국 비현금 결제비율은 60퍼센트 이상까지 치솟고 있다.

이용자 수 면에서 보면, 이번 야후와 LINE의 경영통합으로도 맞설 수 없음이 명백하다. 하지만 마치 알리바바와 텐센트가 경영통합하는 것과 같은 큰 효과를 가져올 서비스 전개가 가능하다는 점이 세간의 큰 주목을 받고 있다. 알리바바와 텐센트는 이용자 한 사람 한 사람이 생활서비스 플랫폼에서 상거래, 금융, 배송서비스 등을 거쳐가며 남긴 빅데이터를 축적하고 있다. 그리고 이 데이터를 새로운 서비스 개발에 사용해 다음 사업과 연계시키는 방법으로 사업 전개를 해왔다.

규모에선 압도적으로 뒤지지만, 야후와 LINE의 경영통합이 낳을 효과는 중국 2대 플랫폼 기업을 넘어설 정도로 뛰어나다. 그런 만큼 고객 가치를 제공하는 파괴적 이노베이션을 불러일으킬 것으로 기대된다.

⊙ 두 기업 연합과 GAFA의 비교

이 책의 6장에서는 소프트뱅크 그룹과 GAFA×BATH를 비교 분석하고 있다. 그런데 이번 장에서는 슈퍼 앱 경제권 구축이라는 관점에서, GAFA(구글, 아마존, 페이스북, 애플)와 비교 분석을 하고자 한다.

먼저 아마존과 비교해보자면, 두 기업의 연합이 얼마나 고객제일주의를 잘 실현해낼 수 있을지를 보게 된다. 이것은 AWS(아마존 웹서비스)처럼 클라우드 컴퓨팅 인프라를 구축할 수 있는지와도 관련된 문제다. 또한 아마존 프라임 회원의 유료 구독과 같은 비즈니스모델을 전개할 수 있는지, 동영상서비스에서 보다 매력적인 오리지널 콘텐츠를 제작할 수 있는지 여부도 중요하다.

애플과 비교하자면, 뛰어난 하드웨어와 그에 맞는 OS 및 앱, 각종 서비스를 갖춘 생태계 전반을 구축해나갈 필요성이 부각된다. 5G 시대를 맞아 새로운 하드웨어와 그에 걸맞은 새로운 생태계 시스템이 기대되고 있다.

페이스북과 비교하자면, SNS서비스를 전 세계적으로 전개할 필요성이 있어 보인다. 두 기업 연합은 5G 시대에 맞는 새로운 커뮤니케이션 툴을 만들어 전 세계에 보급하는 공격적인 사업도 전개할 수 있을 것이다.

마지막으로 구글과 비교하자면, 사원의 가치와 쾌적한 근무환경을 가장 중시하는 구글 특유의 기업 DNA에 주목하고 싶다. 야후 같은 경우엔 최근 다른 기업과의 경영통합이 이어지고 있다. 그런데 이런 변화 속에서 경쟁 제일주의와 기업 중심 논리만으로는 진정한 시너지 효과를 내기 어렵다. 테크놀로지 분야야말로, 지속적인 이노베이션을 만들어내기 위해선 사원 가치와 기업 DNA를 무엇보다 중요시해야 한다.

◉ '미국과 중국에 버금가는 제3극'이 되기 위해 필요한 것

GAFA와 신생 Z홀딩스를 비교하면, 시가총액이 전자는 50조 엔 이상인 데 비해, 후자는 3조 엔이 좀 넘는다. 한 자릿수가 다르다. 연구개발비에서는 전자가 2조 엔인 데 비해 후자는 3사 모두 합쳐 200억 엔이다. 두 자릿수가 다르다. 연구개발비가 기업의 튼튼한 체력을 좌우하고 있음을 알 수 있다.

야후와 LINE이 그저 경영통합을 한 정도에만 머물면, 일본 내에서는 강력한 거대 기업 연합이 된다 해도 해외에선 별로 큰 효과를 보지 못할 것이다. LINE이 이미 큰 시장점유율을 가진 태국과 대만 등지에서만 강력한 기업 연합이 될 뿐이고, 중국과 인도 시장까지 파고들기는 어렵다고 본다. 그렇게 약한 영향력으로는 '제3극'이라 부를 만한 존재가 될 수 없다.

그렇다면 '미국과 중국에 버금가는 제3극'이 되기 위한 조건은 무엇일까?

나는 이런 미션을 실현하는 열쇠야말로, 전 산업계에 큰 재편을 불러일으킬 '손정의식 대전략'에 있다고 본다. 예를 들어, 이번 야후와 LINE의 경영통합은 다양한 산업에 영향을 주고, 마치 구슬치기하듯 여러 분야에서 잇달아 재편이 일어나게 만드는 효과를 낳지 않을까 예측해본다. 아주 강력한 두 기업의 연합이기 때문에, 경쟁 회사가 '도저히 한 회사로는 이길 수 없다'는 위기감을 느낄 것은 틀림없는 일이다. 따라서 스마트폰 결제와 전자상거래 등에서 업종을 넘어선 연대와 재편이 잇따를 것으로 보인다.

이에 더불어 주목해야 할 분야는 금융산업이다. 스마트폰 결제서비스에 다양한 업종이 진입하고 있기 때문에, 이번 두 기업의 경영통합으로 인해 금융회사들도 재편에 들어갈 가능성이 높다. 예를 들어, 이번 야후와 LINE의 경영통합이 이루어기 전에 LINE은 이미 노무라증권과 힘을 합쳐 LINE증권을 설립하고, 미즈호은행과 힘을 합쳐 LINE은행을 설립하려는 움직임을 보이고 있었다. 당시 야후는 SBI 측과 금융사업에서 제휴를 맺으려 할 때였다. 이제 이들 기업은 전략을 다시 짜고 강화하게 될 것이다. 그리고 이런 움직임은 이후 일어날 변화에 따라

더 큰 재편이 이어질 가능성이 크다.

그리고 이에 보다 직접적으로 영향을 받을 것 같은 대표적인 기업이 있다. 바로 라쿠텐이다. 경영통합을 이룬 야후와 LINE처럼 라쿠텐은 일본 내에서 전자상거래와 금융사업을 하면서 통신사업에도 본격적으로 뛰어들고 있다. 앞으로는 라쿠텐을 중심으로 다양한 분야에서 합종연횡이 일어나리라 예상된다.

무엇보다 중요한 사실은 이번 두 기업의 경영통합을 계기로 일어나는 업계 재편이 전자상거래 소매와 금융에만 머물지 않는다는 점이다. 모든 산업 질서와 영역을 새롭게 정의하는 싸움으로까지 발전할 것으로 보인다. 예를 들어, 소프트뱅크와 도요타자동차가 제휴한 차세대 자동차산업은, '자동차×IT×전기전자'가 결합한 거대 산업이다. 그리고 여기에는 클린에너지 생태계를 이루는 전력 및 에너지 사업도 더해진다. 반도체 소비가 급격히 늘어난 것과 함께 통신 소비가 늘어나는 것도 차세대 자동차산업의 특징이다. 자동차가 IoT 기기의 중요한 일부가 되는 근미래에는 통신량 역시 어마어마한 규모로 늘어날 것으로 보인다.

지금까지 분석한 상황을 모두 고려하면, '도쿄전력 같은 전력회사와 NTT도코모 같은 통신회사가 자동차를 판다'거나 '도요타 같은 자동차회사가 전력과 통신을 제공한다'거나 '자율주행이 보급된 후에는 차량 공유업체가 자동차의 최대 소비자가 된다'는 예측을 해볼 수 있다. 그리고 MaaSMobility as a Service(서비스로서의 운행 수단)라는 분야로 눈길을 돌리면, 항공회사나 철도회사와 같은 기업도 신생 모빌리티 산업의 새로운 주역으로 떠오를 수 있다.

이런 가운데 중요한 것은 소프트뱅크와 도요타자동차의 제휴라 생각한다. 도요타 입장에서는 차세대 자동차산업 레이어 구조 하층부에 슈퍼 앱인 페이페이와 LINE페이가 자리 잡게 되면 아주 강력한 생태계를 구축할 가능성이 커진다. 자동차산업에서 EV화, 자동화, 서비스화와 나란히 4대 조류 중 하나인 커넥티드화(스마트화)라는 중요한 요소에서 차별화 요인을 만들어 경쟁 우위에 서게 될 것이다.

이제는 IoT, 클라우드 기술의 진화, 통신 속도 향상, 대용량화 등을 배경으로, 자동차가 모든 것과 연결되는 시대다. 이런 시대에 만약 슈퍼 앱이 이들 기업 연합의 레이어 구조 중 일부로 자리 잡게 되면, '미국과 중국에 버금가는 제3극'으로 성장해갈 기점을 만들 수 있을 것으로 보인다.

무엇보다도 지금은 '서비스가 소프트웨어를 정의하고, 소프트웨어가 하드웨어를 정의하는' 시대다. 이런 때에 연구개발비의 양과 질에서 세계 상위 수준 기업인 도요타자동차는 자사 그룹 안에 있는 강력한 서비스를 기점으로 새로운 소프트웨어와 하드웨어를 만들어낼 기업연합체를 가지게 된다. 이 연합체는 GAFA에도 필적할 만한 거대 플랫폼이란 결과물을 만들 수 있을 것이다.

커넥티드 카. AI가 운전하고, 핸들이 없는 자동차. 공유할 수 있는 자동차. EV화된 자동차. 이것들이 실현된 차세대 자동차산업의 모습을 상상해보라. 좁은 의미에서 자동차산업 자체는 축소될지도 모른다. 하지만 넓은 의미의 자동차산업은 지금까지의 산업규모를 훌쩍 뛰어넘게 될 것이다. '자동차×IT×전기전자×금융×그 외'가 서로 융합되어 거대한 산업이 되고, 여기에 서비스 외에 주변의 관련 산업까지 더해지면, 산업계 전체를 아우르는 새로운 공룡이 탄생한다 해도 지나친 말이 아니다.

3장

10조 엔 펀드와 AI 군전략

⊙ 군전략이란 무엇인가?

'손정의는 무엇을 발명했는가?'라는 질문에 대해, 손정의 본인이 가장 듣고 싶은 대답은 무엇일까? 그것은 '300년 동안 성장을 지속하는 조직을 만들었다'라고 한다. 그런데 이처럼 300년 동안 성장을 지속하는 조직을 만들기 위해 필요한 것이 바로 군전략이다. 후세 사람들에게 군전략을 발명한 인물로서 기억되고 싶다는 말에서도 알 수 있듯이, 손정의에게 군전략은 아주 중요한 키워드다.

그렇다면 과연 군전략이란 무엇일까. 1장에서 소개한 '새로운 30년 비전' 중에 '전략적 시너지 그룹'이 나오는데, 그것이 업데이트되고 진화한 것이 군전략이다.

도표13은 손정의가 생각하는 기업과 기업그룹의 특징을 20세기형과 21세기형으로 나누어 각각 비교해본 것이다. 이중에서 21세기형은 군전략을 활용한 사례라고 볼 수 있다.

20세기형 기업은 대량생산, 대량판매를 위한 '저렴한 가격'과 '기술'
이 경쟁력의 원천이었다. 하지만 21세기에는 '다양함'과 '만족'이 경쟁
력의 원천이 된다.

도표13 | 20세기형 기업과 21세기형 기업
출처·〈소프트뱅크 새로운 30년 비전〉(〈소프트뱅크 새로운 30년 비전〉 제작위원회 편)

20세기형		21세기형
저렴한 가격, 기술	경쟁력	다양함, 만족
싱글브랜드	브랜드	멀티브랜드
피라미드형	조직	WEB형
중앙집권	의사결정	집권·분권 균형
관리·지배형	매니지먼트	자율·협조형
51퍼센트 이상	출자 비율	20~40퍼센트 중심
스스로 부담하는 연구개발	기술전략 방향성	파트너 전략(조인트 벤처)

21세기형 기업에서 '싱글브랜드'는 '멀티브랜드'로, '피라미드형'이
었던 회사 조직은 'WEB형'으로, '중앙집권적'이고 '관리·지배형'이었
던 매니지먼트는 '집권·분권 균형'을 취하면서 '자율·협조형'으로 변
하고 있다. 그룹기업에 대한 모회사의 출자 비율은 20세기형에서는
'51퍼센트 이상'이었다. 그에 비해 21세기형에서는 '20~40퍼센트'가
중심이 된다. 그만큼 자본적 결합이 아니라 동지적 결합으로 연결된
그룹을 이상으로 삼고 있다. 뿐만 아니라 기술전략의 방향성에 대해서
도 손정의는 '스스로 부담하는 연구개발'로부터 '파트너 전략(조인트

벤처)'으로 관심을 옮기고 있다.

새로운 30년 비전을 발표할 때 손정의는 이런 자율·분산·협조형 전략적 시너지 그룹에 속하는 회사를 약 800개(2010년 당시)에서 30년 후에는 5,000개로 늘리고 싶다고 선언했다.

군전략의 기본 사고방식은, 원래 손정의의 머릿속에 있던 것이다. 손의 제곱 법칙 중에도 '군(群)'이란 문자가 있다. '일(一)', '류(流)', '공(攻)', '수(守)'라는 네 문자와 함께 전략의 중요 요소로서 '군(群)'을 넣고 있다. 300년 동안이라는 오랜 기간에 걸쳐 계속 성장하려면 단독이 아니라 집단을 이루어 싸우는 것, 즉 '군(群)'으로서 싸우는 것이 중요하다는 생각을 바탕으로 하고 있다.

30년 정도로 절정을 맞이할 기업이라면, '싱글브랜드 = 싱글비즈니스모델'이 가장 효율이 좋을 것이다. 그러나 그것으로는 50년을 지속하는 기업이 되기도 어렵다. 때문에 손정의는 멀티브랜드, 멀티비즈니스모델을 목표로 하는 군전략을 생각해낸 것으로 보인다. 군전략이라는 조직전략은 세계적으로 보아도 유례를 찾아볼 수 없는 독특한 것이라 할 수 있다.

⊙ 자기증식과 자기진화가 필수적이다

손정의는 프레젠테이션에서 군전략에 대해 설명할 때 도표14를 담은 슬라이드를 보여주었다. 소프트뱅크 그룹이 중심에 있고 여기서 퍼져나가는 여러 개의 선 끝에는 각각 No.1이 붙어 있다. 이 No.1들은

도표14 ┃ 군전략과 정보혁명 플랫폼
출처·소프트뱅크 그룹 제38회 정기주주총회의 사업전략설명회 자료를 기초로 작성

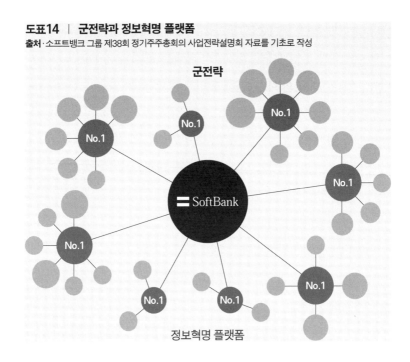

소프트뱅크 그룹에 속한 야후, 알리바바, 암과 같은 그룹회사들이다. 그리고 이 회사들로부터 다시 선이 뻗어나가고, 그 끝에 각각 여러 개의 원들이 붙어 자회사를 거느리고 있음을 보여준다.

이처럼 소프트뱅크 그룹과 관계 있는 그룹회사들을 소프트뱅크 패밀리라고도 한다. 이 패밀리의 규모가 점점 커져 정보혁명의 플랫폼이 될 '군(群)'을 형성하는 것이 군전략이다.

손정의는 군전략을 생각해낼 때 생명의 기원을 참고했다고 한다. 지구상에 처음 생명체가 태어난 것은 약 40억 년 전이고, 최초의 생명체는 박테리아였다. 박테리아는 세포분열을 통해 또 다른 박테리아를 낳

는다. 하지만 이런 '자기증식'만으로는 그저 그 수만 늘어날 뿐이다. 그런데 다행히도 생명체에는 자기증식 외에도 또 하나의 중요한 기능이 있다. 바로 '자기진화'다. 요약해 말하자면 박테리아가 무수한 자기진화를 거듭한 끝에 곤충과 동물이 되고, 결국 인간으로까지 진화했다. 물론 이런 진화가 이루어지는 40억 년 동안 지구의 자연환경에는 다양한 변화가 있었다. 운석이 떨어지기도 하고, 빙하기가 찾아오기도 했다. 이런 급격한 변화에 적응하며 자기진화를 거듭해온 종만이 지금 이 지구상에 살아남았다고 볼 수 있다.

비즈니스 세계는 환경변화가 심한 곳이다. 특히 테크놀로지의 세계에서는 하루가 다르게 새로운 것들이 쏟아져 나온다. 정보혁명과 관련된 기술 발전만 보아도 이 사실은 분명해진다. 처음에 마이크로프로세서의 등장과 함께 PC가 보급되고서 40년이 지나는 동안, 인터넷이 등장해 전 세계의 PC가 연결되기에 이르렀다.

PC 시대의 슈퍼스타는 마이크로소프트와 인텔, IBM, 델, 콤팩과 같은 기업이다. 하지만 주역이 PC에서 인터넷으로 바뀌자, 슈퍼스타 기업도 구글, 아마존, 페이스북, 알리바바로 바뀌었다. 앞으로 AI가 진화해 사회의 주역이 되면, 슈퍼스타는 다시 한 번 새로운 기업으로 교체될 것이다.

이처럼 변화가 심한 정보혁명의 시대에 소프트뱅크 그룹이 살아남으려면 어떻게 해야 할까. 단순히 살아남는 것뿐만 아니라, 더욱 발전하고 번영하려면 어떤 전략이 필요할까. 손정의가 고민에 고민을 거듭하고, 생각에 생각을 거듭한 결과 찾아낸 해답이 바로 군전략이다. 이것은 생명의 기원인 박테리아가 자기증식과 자기진화를 통해 인류로 발전하듯이 조직이 스스로 진화하고 증식하는 방식이다. 이 2가지 기능을 그룹회사가 갖출 수만 있다면, 기업들도 군을 이루어 자기증식과 자기진화를 반복하면서 격심한 환경변화에 대응해 살아남게 될 것이다.

군전략의 첫 번째 포인트가 자기증식과 자기진화라면, 두 번째는 넘버원주의다. 군을 구성하는 그룹회사는 각 분야의 No.1이어야 한다는 것이 손정의의 주장이다. 넘버원주의는 손의 제곱 법칙에서 '일(一)'이라는 문자로 표현된다. 이것은 1등에 철저하게 집착한다는 뜻이다.

No.1에 집착하는 것은 손자의 가르침인 '싸우지 않고도 이긴다'와 란체스터 법칙인 '강자전략'과 관련이 있다. 싸워서 이기는 것은 승리 뒤에도 상처를 남긴다. 따라서 싸우지 않고도 이길 수만 있다면, 그것이 최선의 방법이라는 것은 의심할 여지가 없다. 싸우지 않고도 이기기 위해서, 또 강자전략을 펼치기 위해서도 No.1이 될 필요가 있다.

군전략을 구성하는 그룹기업이 각각의 분야에서 No.1이 되면, 군 자체가 지니는 경쟁력은 어마어마하게 커진다. 뒤집어 말하면, 경쟁력이 낮고 각 분야에서 5위나 10위인 기업을 모아놓으면 그룹으로서의 경쟁력은 높아지지 않기 때문에 군전략도 통하지 않는다.

⊙ 재벌과 다른 이유

손정의는 도표15를 담은 슬라이드를 보여주면서 군전략 측면에서 볼 때 경쟁력이 낮은 그룹으로 재벌을 예로 들었다. 재벌은 각 분야에서 3위, 5위, 10위, 13위인 기업의 그룹이기 때문에 경쟁력이 낮다. 이에 비해 군전략은 No.1 기업의 모임이기 때문에 경쟁력이 높다고 강조하고 있다.

도표15 | 군전략과 재벌의 차이
출처·소프트뱅크 그룹 제38회 정기주주총회의 사업전략설명회 자료를 기초로 작성

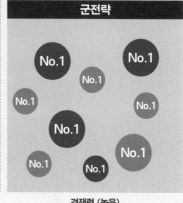

그런데 이 이론에 따라 재벌의 경쟁력이 낮다고 보았을 때 한 가지 의문이 생긴다. 지금 일본 내에서 잘 굴러가고 있는 미쓰비시, 미쓰이, 스미토모 같은 재벌 기업은 100년 이상의 역사를 가지고 있다. 이들이 이처럼 오랫동안 살아남은 비결로부터 배울 만한 것은 없을까?

필자는 몇 백 년 동안이나 성장하며 살아남는 기업이 되려면, 무엇보다 조직력이 중요하다고 본다. 물론 경영자가 중요하다는 것은 말할 필요도 없다. 경영에 따라 기업이 크게 성장하기도 하고, 거꾸로 망하기도 하기 때문이다.

단, 조직력이 있으면 경영자의 역량이 일정 정도의 수준만 되어도 그 기업은 살아남을 수 있다. 불황일 때도 같은 그룹의 기업들끼리 도와줄 수 있는 것도 큰 힘이 된다. 물론 현재 재벌 산하 기업들은 예전처럼 자본 관계상 강하게 얽혀 있지는 않다. 하지만 서로 주식을 나누어 가지고 있기 때문에 안정적인 경영을 하도록 도와줄 수 있는 것만은 사실이다.

필자의 '5요소 방법'으로 접근해보자면, 경영자는 '장(將)'이고, 조직력은 '법(法)'이다. '장'의 리더십과 '법'의 매니지먼트, 즉 톱다운Top down(하향식)과 보텀업Bottom up(상향식)이라는 양방향 요소가 모두 필요하다.

흔히 '조직의 미쓰비시'라 불리는 미쓰비시는 탁월한 기업 조직력을 장점으로 지니고 있다. 미쓰비시 산하 기업들끼리 서로 신뢰하며 강력한 유대관계를 보여주기 때문에 그룹 전체의 조직력이 탄탄할 수밖에 없다. 미쓰비시 그룹에 근무하는 사람들 대부분이 자신이 미쓰비시 직원이란 사실 자체에 높은 자부심을 느끼고 있을 정도이다.

필자 역시 그런 자부심을 느끼면서 미쓰비시은행(현 미쓰비시UFJ은행)에 근무했던 적이 있다. 미쓰비시라는 조직을 단적으로 말하자면, 일상 업무에서는 거의 보텀업 방식을 중시하며, 담당자의 권한이 강하다. 즉, 담당자가 기획을 하고, 조직의 최종 결정권자가 결정하도록 품의를 올려 일을 진행하는 것이 기본이다. 때문에 어떤 일이 결정되기까지는 시간이 걸린다는 단점이 있다. 특히 버블경제가 절정을 이루었을 때는 모든 면에서 다른 은행에 비해 늦은 감이 있었다. 하지만 오히려 버블 붕괴 뒤엔 상처를 덜 받는 결과를 낳았다.

　미쓰비시 같은 경우엔 불문율을 포함해 규칙과 규율이 정해져 있다. 때문에 직원들 각자가 어떤 식으로 일을 진행해야 할지도 명확하게 규정되어 있다. 신입 연수와 일상 업무를 통해 이런 것들이 스며들어, '기업의 DNA'로서 공유되고 있는 것도 큰 장점이다. 사원 한 사람 한 사람이 이런 DNA를 가지고 필요할 경우 서로의 권한을 어떻게 주고받아야 하는지도 저절로 체득하고 있기 때문에, 웬만해선 혼란스러워하지 않는다.

　이에 비해 틀에 박힌 경영을 하는 다른 많은 은행들은 톱다운 방식으로 일처리를 한다. 그래서 은행장이나 임원으로부터 안건이 내려오는 경우가 너무 많다는 지적을 받기도 하는데, 미쓰비시에선 그런 경우가 드물다. 그런 톱다운 방식을 싫어하는 기업문화가 이미 자리 잡혀 제도상으로도 반영되어 있기 때문이다.

　필자는 미쓰비시의 지점과 본사의 심사 부문에서 10년 넘게 근무했다. 그런데 필자의 근무 기간 동안 은행장이나 임원이 친분 있는 사람이나 기업에 관련된 일을 톱다운 방식으로 지시한 적이 단 한 번도 없었다. 물론 미션, 비전, 전략 등은 톱다운 방식으로 내려온다. 하지만 개별 안건에 대해 은행장이나 임원이 이래라저래라 지시하는 것을 용납하지 않는 문화가 있었다. 즉, 미쓰비시은행은 개별 안건에 대해 보텀업 방식을 기반으로 하는 조직이다.

　이런 방식은 사실싱 조직력을 다지는 결과로 이어지기 때문에, 보텀업 조직은 강할 수밖에 없다. 보텀업 조직에서 무엇이 중요한가를 다시 한 번 짚어보자면, 중심핵이 되는 기업 DNA와 사원의 자부심이다. 이 두 요소를 갖추었기 때문에 사원 한 사람, 한 사람은 책임감을 느끼며, 마지막까지 임무를 완성해낼 수 있게 된다.

기업의 영속성(永續性)이란 면에서 볼 때, 경영자도 물론 중요하지만, 그와 동등하게 중요한 것이 바로 조직력이다. 미쓰비시 그룹은 그 조직력 덕분에 100년 이상 재벌 기업으로서 존속해왔다. 그렇다면 재벌의 조직력을 인정하지 않는 손정의의 분석은 경험을 기반으로 한 통찰은 아니라고 할 수 있을 것이다.

확실히 지금 이 시점에서는 미쓰비시 그룹보다는 소프트뱅크 그룹 쪽이 더 잘나가는지도 모르겠다. 하지만 이미 100년 이상 지속해온 재벌 기업과 지금부터 그 자리를 목표로 커나가는 기업으로서 둘 사이에 격차가 있는 것도 사실이다.

소프트뱅크 그룹이 300년 동안 성장을 계속하며 살아남기 위해서는 손정의가 물러난 뒤에 어떻게 할지를 고민해야 한다. 손정의를 뛰어넘을 정도로 카리스마 있는 천재 경영자를 후계자로 내세우기가 쉽지 않기 때문이다. 그런 만큼 우선은 그룹으로서 조직력을 갖추는 것이 중요하다고 필자는 생각한다.

⊙ 자본적 결합×동지적 결합

손정의가 군전략의 세 번째 포인트로 내세운 것이 집중전략과 차별점이다. 보통 모회사는 그룹기업의 주식 100퍼센트, 혹은 51퍼센트 이상을 가지고 지배력을 높여 자회사를 조종하려 한다. 보통은 이런 방식이 그룹기업의 좋은 경영방식으로 여겨졌다.

하지만 이런 상식에 대해 손정의는 '정말 그럴까'라는 의문을 제기했다. 예를 들어, 알리바바에 최초로 투자했을 때 51퍼센트 이상의 주식을 가지려 했다면, 과연 그 투자가 받아들여졌을까. 손정의는 마윈이 이미 큰 비전과 뜻을 가지고 있기 때문에 단칼에 'No'라고 대답했을 것으로 보았다. 즉, 뜻과 프라이드가 높은 기업가나 창업자에게 '주식의 과반수 이상을 살 테니 우리 그룹으로 들어오라'라고 제안하면, 대부분은 거절할 것이다. 즉, 전체 주식의 20퍼센트나 30퍼센트 정도이기 때문에 투자자본을 받아들이는 경우가 많다.

군전략 안으로 끌어들이려는 기업은 그 분야의 No.1이기 때문에, 상대를 지배하려들기보다는 스스로 자기증식하고 자기진화하도록 맡겨두는 것이 바람직하다. 군전략은 바로 이러한 점에서 모회사가 모든 것을 관리하려는 집중전략과 큰 차이를 보인다.

어찌 보면, 군전략은 단순한 자본결합이라기보다는 동지적 결합을 의미한다고 볼 수 있다. 높은 뜻을 공유하는 동지 같은 기업들끼리 함께하면 그룹 결속력이 더 강화될 것이라는 생각을 바탕으로 한 전략이라 볼 수 있다. 또한 한 회사를 완전히 지배하에 두기보다는, 완전히 지배하지는 못해도 No.1 기업들을 그룹 안에 넣어두고, 그룹 자체의 위험성을 낮추려는 계산이 엿보인다. No.1 기업이라 해도 대부분 벤처기업이므로 한 회사에 집중 투자하기보다는, 분산 투자하는 편이 리스크가 낮은 것은 지극히 당연하다.

⊙　　**성숙한 스타를 위한 출구**

　　아무리 No.1 기업이라 해도 영원히 그 자리를 유지할 수는 없을 것이다. 새로운 업종, 업계에서도 격한 경쟁으로 인해 어느 틈에 2위나 3위로 처져버리는 기업도 나온다. 또한 그 분야, 그 시장, 그 업계 자체가 성숙해버려 성장이 멈추는 경우도 있다. 그럴 때는 그룹에서 졸업시키는 것이 군전략의 네 번째 포인트다.

도표16 ｜ 저성장인 기업은 주식을 매각
출처·소프트뱅크 그룹 제38회 정기주주총회의 사업전략 설명 자료를 기초로 작성

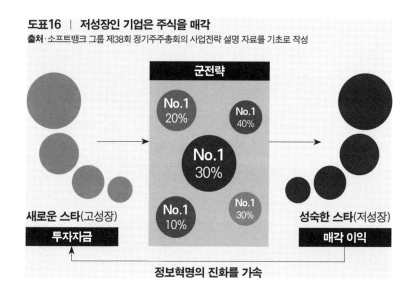

　　도표16을 보면 알 수 있듯이, 고성장하는 새로운 스타를 발견하면 군전략의 동료로서 투자하고, 그룹으로 편입시킨다. 하지만 성숙 단계로 접어들어 저성장하게 된 스타는 주식을 매각하는 방식으로 그룹에서 졸업시킨다. 이상이 손정의가 생각하는, 정보혁명의 진화를 가속시

키는 방법이다.

실제로 손정의는 2019년 2월 6일 열린 2018년도 3분기 결산설명회에서, 2016년 12월에 약 3,000억 엔으로 취득한 엔비디아의 주식을 전부 매각했다고 발표한 적이 있다. 그때 기자로부터 질문을 받자 그는 다음과 같이 대답했다.

"계속 성장하는 회사는 한창 무르익은 절정기가 아직도 찾아오지 않은 상태입니다. 하지만 어느 정도 성숙하게 되면, 충분히 스스로가 일반적인 기관 투자가나 개인 투자가의 지지를 받을 수 있기에 독자적으로 걸어갈 수 있게 됩니다. 어떤 의미에서든 졸업은 언젠가 찾아오게 마련입니다."

그룹기업의 주식을 51퍼센트 이상 가지고 있다거나 'SB○○'이라는 사명을 붙이거나 하면, 그룹에서 졸업시킬 때 주식을 매각하기 쉽지 않다. 앞에서도 말했듯이, 그룹기업들 대부분이 벤처이기 때문에 실패하는 기업도 나온다. 하지만 그럴 때도 출자가 20~40퍼센트라면 큰 손해를 보지 않고 철수할 수 있다. 경우에 따라 적지 않은 매각 이익을 얻을 수도 있다. 결국 출자비율이 낮은 쪽이 그룹에 참여하도록 만들기도 쉽고, 퇴출하기도 쉽다.

◉ 유니콘 기업 중심 투자

No.1 기업만 그룹에 들어오도록 만들어 세계를 무대로 싸울 수 있는 강한 그룹으로 키우는 군전략을 외친 경영자는 손정의가 처음이다. 그리고 실제로 이런 전략을 적용해 그룹 조직을 구축해나간 경영자도 손정의 외에는 지금까지 없었다. 간혹 '소프트뱅크 그룹은 단순한 투자회사가 아닌가'라는 비판에 대해서도 손정의는 지금까지 없었던 군전략을 실행하려는 전략적 투자회사라고 명백히 밝혔다.

새로운 발명이나 독특한 사고방식을 세상 사람들에게 인정받으려면 시간이 걸린다. 때문에 손정의는 이해받기 위해서가 아니라, 이기기 위해서, 성공하기 위해서, 300년 동안 계속 성장하기 위해서 기업을 이끌어간다고 이야기한 바 있다.

"나는 지난 십수 년 동안 몸도 마음도 시간도 생각도 97퍼센트 정도는 통신사업 운영에 바쳤습니다. 나머지 3퍼센트 정도의 시간과 머리는 투자 쪽에 사용해 20조 엔 정도의 성과를 냈습니다. 생각해보면 3퍼센트로 그만큼 성과를 거둘 수 있었던 만큼, 오히려 97퍼센트를 투자에 썼더라면, 하는 생각이 듭니다. 그래서 더욱 소프트뱅크 그룹의 군전략을 중요시하게 됩니다."(2018년 6월 20일 소프트뱅크 그룹 제38회 정기주주총회의 사업전략 설명 자료 첫머리 부분에서)

이처럼 손정의는 지금부터는 통신사업이 아니라, 군전략을 실행하는 전략적 투자사업에 자신의 시간과 능력 97퍼센트를 사용하겠다고 선언했다. 그리고 이를 위해 설립한 것이 소프트뱅크 비전펀드다(출시는 2017년 5월).

전 세계적으로 투자되는 벤처캐피털의 투자 총액은 6조 엔이라고도

하고, 8조 엔이라고도 한다. 그런데 소프트뱅크 비전펀드는 자본금이 약 10조 엔이나 되므로, 압도적인 세계 No.1 규모의 벤처펀드라 할 수 있을 것이다. 보통 벤처캐피털은 한 회사당 평균 5억 엔에서 10억 엔 정도까지 투자를 하고 있다. 그런데 소프트뱅크 비전펀드는 이들과 자릿수가 다른 규모인, 한 회사당 평균 1,000억 엔 정도를 투자한다.

소프트뱅크 비전펀드가 투자하는 벤처기업들은 시가평가액 10억 달러 이상의 '유니콘' 기업들이 중심이 된다. 성공할지 여부를 알 수 없는 스타트업 기업이 아니라 꽤 성장해 성공할 것으로 보이는 유니콘 기업에 투자해 후발자 이익을 노린다는 점은 1장에서 미리 밝혀두었다.

⊙ 군전략에서 AI 군전략으로

2019년 들어 소프트뱅크 그룹은 군전략에 AI라는 관을 씌운 'AI 군전략'이라는 말을 사용하기 시작했다. 1장에서도 말했듯이, 손정의는 AI가 전 세계 모든 산업 구조를 크게 바꾸고, AI 트래픽과 AI 기업의 시가총액이 서로 상관관계를 보이며 급격히 늘어날 것이라고 예측했다. 그는 AI가 인류 최대의 혁명을 불러일으킬 것이라고도 강조하고 있다.

AI 군전략이란 말을 사용하는 이유는 소프트뱅크 비전펀드가 앞으로는 AI 관련 기업을 중심으로 투자하겠다는 의사를 밝히려는 의도로 보인다. 예를 들어, 차량공유 사업엔 AI가 필수다. 그런데 이와 관련해 소프트뱅크 비전펀드는 미국의 우버, 중국의 디디만이 아니라, 싱가포르에 본사를 두고 동남아시아로 사업을 확대 중인 그랩, 인도에서 배차서비스 '올라'를 전개하는 ANI테크놀로지스에도 투자하고 있다.

이런 차량공유기업들은 앞으로 분명히 자율주행 기술을 도입할 것이다. 소프트뱅크 비전펀드는 이와 관련해서도 미국 최대 자동차 제조사인 GM의 자회사이자, 자율주행 기술을 개발하고 있는 GM크루즈에도 출자하고 있다. 교통기관 플랫폼을 목표로 하는 이와 같은 산업전략에 대해서는 5장에서 자세히 설명할 것이다.

AI가 어떻게 모든 산업 구조를 바꾸어나가는지를 이해하는 데 '다이내믹 프라이싱Dynamic pricing'이 좋은 예가 될 수 있다. 다이내믹 프라이싱이란 AI가 수요와 공급을 예측해 수요가 공급을 웃돌 것 같으면 높은 가격을 책정하고, 반대로 수요가 공급을 밑돌 것 같으면 낮은 가격을 책정하는 방법이다. 즉, 인간이 판매 가격을 정하는 것이 아니라, AI가 시장 상황에 따라 제품이나 서비스 가격을 가장 적절하게 정한다.

호텔의 경우를 예로 들어보자. 호텔 방에 대한 수요는 근처에서 열리는 행사에 크게 좌우된다. 특히 인기 아이돌 가수의 콘서트라도 열리면, 호텔 방에 대한 수요는 폭발적으로 늘어난다. 다이내믹 프라이싱으로 이를 예상해 가격을 2배나 3배로 올려도 예약은 일찌감치 꽉 차버린다.

콘서트와 스포츠 관전 티켓에도 이미 다이내믹 프라이싱이 도입되었고, 부동산 매매 가격과 임대 가격 조정에도 도입되기 시작했다. 한마디로 말해 다이내믹 프라이싱은 빅데이터를 분석해 수요를 예측하고, 그때그때 최적 가격을 결정하는 방법으로, AI가 어떻게 모든 산업에 영향을 끼칠지를 확실히 보여주고 있다.

⊙ **펀드의 비즈니스모델**

　　지금부터는 소프트뱅크 비전펀드의 비즈니스모델이 어떤 구조로 이루어졌는지를 알아보려 한다(도표17).

　소프트뱅크 비전펀드는 영국 런던에 거점을 둔 투자펀드다. 그리고 그 주체가 되는 것이 'GP General Partner'인 SBIA SB Investment Adviser UK다. 이 회사는 소프트뱅크 그룹이 100퍼센트 지분을 가지고 있는 자회사다. 이 GP가 운영하는 것이 '리미티드 파트너십(펀드)'이다. 소프트뱅크 그룹과 외부 투자자는 이 리미티드 파트너십(펀드)에 출자함으로써 투자처에 투자할 수 있다.

　SBIA US와 SBIA JP는 SBIA UK에 대해 투자를 조언하는 회사다. 모두 소프트뱅크 그룹의 100퍼센트 자회사다. 결국 GP인 SBIA UK, 리미티드 파트너십(펀드), SBIA US, SBIA JP의 집합체가 소프트뱅크 비전펀드라고 볼 수 있다.

　소프트뱅크 그룹은 리미티드 파트너십(펀드)을 지배하고, 소프트뱅크 비전펀드를 연결대상으로 삼고 있다. 소프트뱅크 비전펀드의 비즈니스모델은 우선 LP Limited Partner투자가를 모으는 것이다. LP투자가는 책임 권한이 어느 정도 한정된 외부 투자자이다.

　최대 출자자는 사우디아라비아의 국부펀드인 PIF Public Investment Fund로, 450억 달러를 투자했다. 소프트뱅크 그룹도 LP투자가로서 250억 달러를 투자하고 있다. 이외에도 애플, 퀄컴, 대만의 폭스콘 등이 출자해 합계 10조 엔의 자금을 모았다.

　사우디아라비아가 450억 달러, 약 5조 엔을 출자한 이유에 대해서는

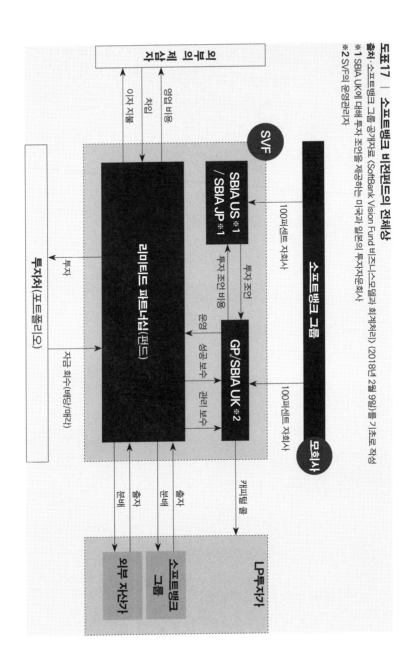

도표 17 | 소프트뱅크 비전펀드의 전체상

출처: 소프트뱅크 그룹 공개자료 〈SoftBank Vision Fund 비즈니스모델과 회계처리〉 (2018년 2월 9일)를 기초로 작성

※1 SBIA UK에 대해 투자 조언을 제공하는 미국과 일본의 투자자문회사

※2 SVF의 운영관리자

외부의 제삼자

소프트뱅크 그룹

100퍼센트 자회사

SVF

SBIA US ※1 / SBIA JP ※1

100퍼센트 자회사

모회사

투자 조언

투자 조언 비용

운영

성공 보수

관리 보수

GP/SBIA UK ※2

영업 비용

차입

이자 지불

리미티드 파트너십(펀드)

투자처(포트폴리오)

투자

자금 회수(배당/매각)

캐피털 콜

분배

출자

분배

출자

분배

소프트뱅크 그룹

외부 지산가

LP투자가

다양한 의견이 있다. 하지만 지구환경 문제의 진전으로 인해 탈화석연료화가 진행되는 것과 관련 있어 보인다. 그렇게 되면 재정이 불안해질 것이므로, 석유 의존에서 탈피하기 위해 글로벌 투자대국으로 방향을 전환한 것이다. 다시 말해 사우디아라비아 경제개혁 계획인 '비전 2030' 방침을 기초로 한 투자로 이해할 수 있다.

소프트뱅크 비전펀드가 투자자들을 모은 뒤 해야 할 일은 투자처를 찾는 것이다. 그런 만큼 다양한 정보를 바탕으로 투자처를 선정하고, 실제로 투자를 집행한다. 투자 후에는 투자처를 다양하게 지원해 업적을 개선하고 향상시킨다. 투자처의 업적이 개선 향상되면, 배당을 받거나 주식을 매각해 캐피털 게인(자본이득, 투자한 원자본의 가격 상승에 따른 이익 - 역자 주)을 얻은 뒤, 그것을 LP투자가에게 배분한다.

중요한 것은 투자성과를 최대화하고, 수익성을 높이는 것이다. 소프트뱅크 그룹 내에서는 이것을 IRRInternal Rate of Return(내부수익률)이라는 지표로 나타내 투자 성과를 측정한다. IRR은 투자금액과 장래 얻어질 현금 흐름의 현재 가치의 합계가 같아지도록 할인하는 이자율을 가리키는 말이다. IRR이 높을수록 좋은 투자라 할 수 있다. 소프트뱅크 비전펀드는 IRR을 높이기 위해 투자처의 경영에 관여해 업적을 개선하고, 향상시키는 시책 등을 실시하고 있다.

⊙ **수익성을 높이는 3가지 방법**

소프트뱅크 비전펀드는 IRR을 높이기 위한 방법으로 다음과 같은 3가지를 들고 있다.

❶ 싸게 사서 비싸게 판다.
❷ 투자기간을 단축한다.
❸ 차입을 이용한다.

첫 번째, '싸게 사서 비싸게 판다'. 너무도 당연한 말이지만, 투자할 때 적은 금액을 들였는데, 매각할 때 얻는 금액이 크다면, 많은 수익을 얻을 수 있으므로 IRR도 높아진다. 예를 들어, 투자기간이 똑같이 5년이라 해도, 100을 투자해 200에 매각한 경우 IRR은 약 15퍼센트인 데 비해, 50을 투자해 250에 매각한 경우 IRR은 약 38퍼센트로 높아진다.

두 번째, '투자기간을 단축한다'. 같은 금액으로 사서 같은 금액으로 팔 경우엔 투자기간이 짧을수록 IRR이 높아진다. 즉, 50에 사서 100에 팔 경우 10년 후보다는 5년 후 100에 파는 것이 수익률이 높다. 100을 투자해 200에 매각한 경우 투자기간이 10년이라면 IRR은 약 7퍼센트인 데 비해, 3년이라면 IRR은 약 26퍼센트로 높아진다.

세 번째, '차입을 이용한다'. 이것은 이른바 레버리지 전략이기도 하다. 값어치가 100인 것을 사는 데 자신이 100을 다 지불하고 이것을 150에 팔면 수익은 50이다. 한편, 자신은 20밖에 내지 않고, 80을 빌린 자본으로 충당해 지불한 뒤, 150에 팔았다고 가정해보자. 20을 투자해 150을 벌었으므로 수익은 '150-20=130'이다. 여기서 빌린 80을 갚고 나면, 50의 수익이 남는다. 100이라는 자금으로 얻은 수익과 같은 금액의 수익을 100의 5분의 1인 20을 투자해 얻었으므로, 수익률도 높아지고 IRR도 높아진 셈이다. 물론 차입금엔 이자가 들어간다. 하지만 그것은 몇 퍼센트로 정해져 있고, 높은 수익이 났다고 은행에서 더 요구할 수 있는 것도 아니다. 빌린 만큼 리스크는 높아지지만, 리턴도 커지는 전형적인 레버리지 투자라 할 수 있다.

소프트뱅크 비전펀드는 지금까지 알아본 3가지 방법으로 수익성을 높이는 길을 찾고 있다.

⊙ 중요시하는 재무지표 'LTV'는 무엇인가?

소프트뱅크 비전펀드SVF를 운영하는 전략적 지주회사인 소프트뱅크 그룹SBG의 재무상황이 어떻게 운영되는지를 살펴보자.
먼저 소프트뱅크 그룹이 재무지표로 중요시하는 것은 'LTVLoan To Value ratio(담보인정비율)'다.

LTV의 L은 론Loan, 즉 채무를 가리키고, V는 밸류Value, 즉 가치를 뜻한다. 그러므로 LTV는 가치에 대해 채무가 어느 정도인지를 나타내는 재무지표다. 퍼센트로 나타내는데, 수치가 클수록 채무비율도 높아지고, 수치가 작을수록 채무비율은 낮아진다.

소프트뱅크 그룹의 보유주식 가치는 27.3조 엔(2019년 5월 9일 시점)이고, 순이자부담부채는 4.44조 엔이므로, LTV는 약 16퍼센트다. 보유주식 가치 내역은 도표18과 같은데, 약 절반이 알리바바 주식임을 알 수 있다.

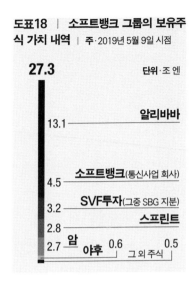

도표18 | 소프트뱅크 그룹의 보유주식 가치 내역 | 주·2019년 5월 9일 시점

27.3 단위·조 엔

13.1 ──── **알리바바**

4.5 **소프트뱅크**(통신사업 회사)
3.2 **SVF투자**(그중 SBG 지분)
2.8 **스프린트**
2.7 **암** **야후** 0.6 0.5
그 외 주식

그러면 약 16퍼센트라는 LTV 수치는 높은 것일까 낮은 것일까. 손정의는 LTV가 25퍼센트 미만이 되도록 운영하고, 돌발적인 일이 있어도 35퍼센트를 넘지 않도록 상한을 정해두었다고 한다. 그러므로 약 16퍼센트는 적절한 수치라 생각하고 있을 것이다. 소프트뱅크 그룹이 이렇게 LTV를 관리하는 목표는, 레버리지를 활용한 투자와 회수를 유연하게 하고 기업가치의 최대화를 도모하기 위한 것이다. 투자자산 가치를 높인 상태에서, 채무가 같든가 내려가면 LTV는 내려가고, 재무상황은 개선된다.

LTV는 해외 금융기관에서도 일반적으로 사용되는 재무지표인데, 가치의 대상이 되는 자산에 따라 이 수치가 나타나는 사정이 달라진다. 예를 들어, 부동산 등 안정성이 높은 자산에 대해서는 LTV 수치가 높은 경우, 즉 가치에 비해 채무비율이 높은 경우에도 그다지 문제가 없다. 왜냐하면, 자산가치가 급격히 감소할 일이 없기 때문이다.

한편, 소프트뱅크 그룹의 LTV 대상이 되는 가치는 변동 가능성이 높은 주식자산이다. 게다가 그날그날 가격을 매기기 어려운 비상장 주식을 포함하고 있다. 즉, 가치가 급격히 감소할 가능성이 있기 때문에, 낮은 수치라 해도 안심해선 안 된다. 부동산처럼 안정성 높은 자산가치에 비해 주식은 변동 가능성이 높은 만큼, 리스크도 높다.

⊙ 논리코스 론에도 리스크는 있다

또한 1장에서도 말했듯이 LTV의 산출에 사용되는 소프트뱅크 그룹의 순이자부담부채가 실태를 정확히 나타낸다고는 할 수 없다. 그런 점에서도 LTV 수치를 그대로 믿을 수는 없다.

다음 페이지 도표19는 소프트뱅크 그룹이 투자자를 대상으로 한 2018년 결산설명회에서 사용한 슬라이드다. 이를 보면 알 수 있듯이, 연결순이자부담부채는 12.06조 엔이고, 그로부터 독립채산 자회사인 통신사업 회사 소프트뱅크의 부채 2.93조 엔과 스프린트 사업의 부채 3.65조 엔 등을 빼고, 그 외의 조정을 행한 순이자부담부채가 4.44조 엔이다.

소프트뱅크와 스프린트의 순이자부담부채는 논리코스 론(4장에서 자세히 기술)이고, 확실히 소프트뱅크 그룹이 채무보증을 하고 있지 않기 때문에, 반제의무도 없다. 돌려줄 필요가 없는 것을 돌려주면, 오히려 소프트뱅크 그룹이 주주소송을 당할 염려가 있다.

필자는 금융 중에서도 특히 부동산 파이낸스를 9개국 이상에서 담당해본 적이 있고, 여러 나라에서 버블 붕괴가 일어나는 것을 목격해온 경험이 있다. 이에 비춰보면 아무리 반제의무가 없다 해도 은행은 결국 반제할 수밖에 없도록 압박을 가해온다. 대부분의 관계 회사나 자회사의 부채를 반제하지 않는 경우엔 모기업 자체의 부채를 빨리 갚으라고 압박을 가한다.

즉, 중요한 것은 계약보다는 거래관계다. 아무리 계약서상 자회사의 부채라 해도 어떤 형태로든 모회사가 책임을 지게 된다는 것이 지난 과거가 남긴 교훈이다.

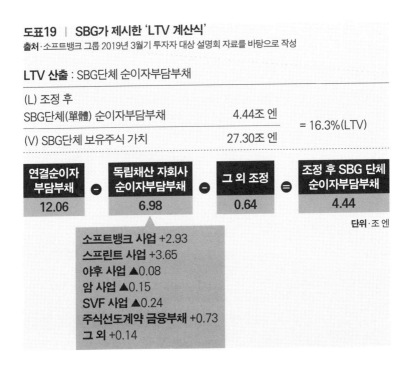

도표19 | SBG가 제시한 'LTV 계산식'
출처·소프트뱅크 그룹 2019년 3월기 투자자 대상 설명회 자료를 바탕으로 작성

LTV 산출 : SBG단체 순이자부담부채

(L) 조정 후
SBG단체(單體) 순이자부담부채   4.44조 엔
                                   = 16.3%(LTV)
(V) SBG단체 보유주식 가치   27.30조 엔

| 연결순이자
부담부채
12.06 | − | 독립채산 자회사
순이자부담부채
6.98 | − | 그 외 조정
0.64 | = | 조정 후 SBG 단체
순이자부담부채
4.44 |

단위·조 엔

소프트뱅크 사업 +2.93
스프린트 사업 +3.65
야후 사업 ▲0.08
암 사업 ▲0.15
SVF 사업 ▲0.24
주식선도계약 금융부채 +0.73
그 외 +0.14

물론 원칙적으로는 자회사의 부채를 모회사가 책임져야 하는 것은 아니지만, 과거 버블 붕괴와 같은 유사시엔 실제로 그렇지 않았음을 감 안해야 한다. 그러면 연결순이자부담부채 12.06조 엔을, 단일 사업체 부채로서는 4.44조 엔이라고 표현하는 것은 이론상 계산일 뿐, 실제와

는 다르다고 할 수밖에 없다.

앞에서 말했듯이, JCR(일본 신용평가회사)의 신용평가가 'A-'인 데 비해, S&P는 'BB+', 무디스는 'Ba1'인 것도 유이자부채를 바라보는 방법이 다르기 때문이다. 따라서 부채가 과대하다는 점을 소프트뱅크 그룹의 재무상황이 지닌 리스크 요인으로 지적해둘 필요가 있다.

⊙   왜 암을 3조 3,000억 엔에 인수했을까?

지금부터는 소프트뱅크 비전펀드가 투자하는 기업을 몇 개 살펴보고자 한다. 그중 하나가 2016년 9월 3조 3,000억 엔(243억 파운드)에 소프트뱅크 그룹이 매수한 암이다(2020년에 매각-역자 주). 손정의가 왜 암을 3조 3,000억 엔이나 주면서 매수했는지 궁금해하는 독자도 많을 것이므로 간단히 설명해보고자 한다. 손정의는 이 일과 관련해 2016년 7월 18일에 '암과의 제휴에 대해'라는 제목으로 기자회견을 열기도 했다.

이 자리에서 손정의는 모바일 인터넷으로부터 다음 패러다임 시프트가 일어날 것이고, 모든 사물이 인터넷에 연결되는 IoT가 이 시대의 특징이라고 설명했다. 그리고 IoT 시대에는 암의 테크놀로지가 꼭 필요해져, 암이야말로 '키 드라이버 업체'가 될 것이라고도 했다. 그의 말대로라면, 암의 기술 없이는 IoT 시대가 올 수 없다.

암을 한마디로 정의하자면, 반도체 테크놀로지로 세계를 리드해가는 기업이다. 암의 마이크로프로세서 기술은 전 세계 스마트폰과 디스크 드라이버 등의 시장에서 90퍼센트 이상의 점유율을 자랑하고 있다. 2017년에 세계적으로 새롭게 출시된 스마트폰은 약 15억 대이고, 현재 전 세계에서 사용되는 스마트폰은 그 몇 배에 이른다. 그런데 이 기기들 거의 대부분이 암이 설계한 칩을 사용하고 있다. 이때 암의 칩이 하는 역할은 자동차로 비유하자면 엔진에 해당한다. 때문에 스마트폰의 심장부를 설계하는 회사가 바로 암이라고 볼 수 있다.

손정의는 TV, 드론, 그 외의 다양한 전자기기는 물론이고, 앞으로 시장 규모가 급신장할 IoT와 자율주행 등에도 고도로 정밀한 암의 프로세서 디자인이 다수 채용될 것이라고 내다본다. 소프트뱅크 그룹이 계산한 바에 의하면 지금까지 출시한 암의 칩은 약 1,000억 개(누계)이고, 2030년에는 이 수치가 약 1조 개에 이를 것으로 계산하고 있다.

암의 비즈니스모델은 다음과 같다. 먼저 암은 파트너 반도체 기업에 테크놀로지의 라이선스를 공유하고, 라이선스 요금을 받는다. 이어서 파트너 반도체 기업은 암이 제공한 설계를 기반으로 칩을 개발해 거래처에 납품한다. 거래처는 칩을 탑재한 제품을 판매하고, 파트너 반도체 기업은 칩의 대금을 받는데, 이때 암도 파트너 반도체 기업으로부터 칩에 제공된 기술에 대한 로열티(사용료)를 받는다.

암은 라이선스 수입뿐만이 아니라, 칩마다 부가된 로열티 수입도 가져간다. 이 로열티 수입이 25년 이상 계속 들어오는 경우도 있다. 때문에 대단히 높은 수익을 남기는 비즈니스모델이라 할 수 있다. 이와 관련해, 손정의는 제공되는 기술이 뛰어날수록 로열티 요금 비율이 더욱 높아지고, 앞으로 판매될 칩의 개수도 몇 배로 증가할 가능성이 크다고 내다보고 있다.

앞으로는 모든 칩에 AI 기능이 탑재될 것이다. AI 연산처리는 에지(단말 장치와 디바이스)와 클라우드 양방향에서 시행되는데, 에지 쪽에서 AI 연산을 할 때 꼭 필요한 것이 암의 칩이다. 자율주행 차의 센서 혹은 신호등과 같은 인프라에 들어간 센서 하나하나는 물론이고, 디지털 가전과 드론 등에도 암이 설계한, AI가 탑재된 칩이 사용될 가능성이 크다.

그리고 지금까지 각각 기능을 행하던 에지 쪽 디바이스에 AI가 탑재된 칩이 들어감으로써, IoT로 연결된 네트워크를 이루게 될 것이다. 이런 네트워크가 활성화되면 예를 들어 전력 수급의 매칭 효율도 훨씬 올라간다. 왜냐하면 날씨, 습도, 기온, 요일, 시간, 이벤트, 교통량 등 다양한 정보를 실시간으로 분석해 수요를 예측하고, 그에 따라 발전량을 조절할 수 있기 때문이다.

암은 소프트뱅크 그룹에 매수될 때까지 자사의 수입에 맞는 연구개발을 하고 있었다. 하지만 매수된 이후에는 지금까지 해오던 것 이상으로 많은 자금, 인력, 시간 같은 자원을 연구개발에 쏟아부을 수 있게 되었다. 지금은 일시적으로 수익이 악화된 상태이지만, 앞으로 기술개발이 열매 맺기 시작하면 한층 더 급성장할 가능성이 크다고 볼 수 있다.

2018년 8월 암 일본법인은 일본인이 2011년 미국에서 창업한 '트레저 데이터Treasure Data'를 매수했다. 트레저 데이터는 CDP(커스터머 데이터 플랫폼)라 불리는, 마케팅 테크놀로지에 뛰어난 기업이다. 다양한 디바이스로부터 데이터를 수집하는 기술, 수집한 데이터를 통합하고 서로 연결시키는 기술, 그것을 마케팅 등과 같은 아웃풋에 활용하는 기술이 뛰어나다.

간단히 말하자면, 이 회사는 앞으로 암의 약 1조 개 칩으로부터 데이터를 모은 뒤 이를 통합하고 연결시켜 분석하고자 한다. 그리고 그것에 새로운 부가가치를 붙여 마케팅과 물류 및 업무 시스템의 최적화 등에 제공하려 하고 있다. IoT 통합 플랫폼 제공을 목적으로 하고 있는 것이다.

⊙ 위워크 문제를 철저히 분석하다

손정의는 2019년 11월 결산설명회에서 당면한 문제가 '위워크 문제'와 '큰 폭의 이익 감소'라고 정의했다. 그의 말대로 위워크는 소프트뱅크 그룹이 당면한 '2대 문제' 중 하나를 차지하는 중대한 투자처다. 과연 '위워크 문제'란 무엇이고, 그것이 소프트뱅크 그룹의 경영에 어떤 영향을 끼칠까.

소프트뱅크 그룹이 그룹 전체에서 91.5억 달러를 투자하는, '위워크'를 운영하는 '위컴퍼니'는 2019년 9월 30일, 미국 증권거래위원회에 신청했던 신규주식공개IPO의 연기를 발표했다.

같은 해 1월 시점에서 위워크의 상정 시가총액은 470억 달러(약 5조 엔)로 산정되었다. 하지만 그 후 2017년과 2018년에는 영업손실이 전년도에 비해 거의 배나 증가함에 따라, 흑자화의 전망이 보이지 않는 문제가 발생했다. 상정 시가총액을 반 이하로 떨어뜨려도, 투자자들을 모으기 어려울 것으로 보이자, IPO 연기 발표에 앞선 9월 24일, 창업자

중 한 명인 애덤 뉴먼이 사임을 발표했다.

위워크의 IPO 철회로, 소프트뱅크 그룹의 대응에 시선이 쏠렸다. 10월 23일 소프트뱅크 그룹은 주식과 채권 취득, 융자 범위 설정 등 최대 95.5억 달러의 '대규모 자금 지원 약속'과 소프트뱅크 그룹의 마르셀로 클라우어Marcelo Claure COO를 위워크의 새 이사회 의장으로 선임한다는 대책을 발표했다. 위워크의 IPO 연기 이후 더욱 강력하게 경영에 관여하겠다는 입장을 보인 것으로 판단되었다.

위워크는 어떤 회사?

위워크는 2010년 2월, 애덤 뉴먼에 의해 워크 스페이스를 제공하는 회사로서 설립되었다. 2019년 2분기 시점에서 위워크의 워크 스페이스는 세계 111개 도시에서 528거점, 회원 수는 52만 7,000명을 넘어서고 있다. 매출액만을 보면, 2018년 18억 2,100만 달러(전년도 대비 105퍼센트 증가)를 보이다가, 2019년에 이르러서는 상반기 6개월 동안에만 15억 3,500만 달러라는 매출을 올리게 된다.

위워크의 기본 비즈니스모델을 살펴보면 다음과 같다. 먼저 위워크가 소유주와 부동산 관리자로부터 빌딩이나 그 외의 공간을 장기 리스한다. 그리고 그곳을 위워크 특유의 세련되고 멋진 공간(개인 사무실, 회의실, 라운지, 공용 부분 등)으로 다시 꾸민다. 이곳에 고속 인터넷, 사무용품 및 비품, 커피나 맥주 등을 갖추어둔다. 그리고 나아가 회원에게 인맥과 정보를 제공해줄 만한 커뮤니티 형성을 촉진하는 '커뮤니티 매니저'도 상주시킨다.

그리고 워크 스페이스를 1석 단위로 하든, 한 층 전체를 쓰든, 최단 1개월짜리 계약으로 개인 기업가, 프리랜서, 스타트업 기업, 대기업 등을 회원으로 받아들여 임대해주고 있다.

위워크 회원은 사업 상황에 따라 워크 스페이스를 유연하게 확장하거나 간편한 수속을 밟고 손쉽게 계약 해지도 할 수 있다.

'위워크 문제'란 무엇인가?

위워크의 IPO 연기와 관련된 '위워크 문제'란 무엇일까. 필자는 위워크 스스로의 문제, 소프트뱅크 그룹의 문제, 그리고 시장에 가하는 문제, 이렇게 3가지 관점에서 볼 필요가 있다고 생각한다.

먼저 위워크 자신의 문제를 살펴보자. 첫 번째, 창업경영자 애덤 뉴먼의 문제다. 투자자들은 그의 기이한 언동과 공사를 구별하지 못하는

도표20 | '위워크 문제'란

❶ 창업 경영자의 문제

❷ 법률 준수와 기업 지배 문제

❸ 서브리스sublease 채무 문제, 채무 초과 문제

❹ 부동산 리스크 vs 사업 리스크

❺ 신성화 → 채산 도외시의 확대 노선 → 과잉 리스크 감수

❻ SVF의 매니지먼트와 컨트롤 문제

❼ '논리코스', '리미티드리코스' 문제 현재화(顯在化)

❽ 부동산 시장 문제

❾ CMBS 문제

것처럼 보이는 행동을 회의적으로 바라보았다. 또한 IPO를 목표로 하는데도, 보유한 '위컴퍼니'의 지분 매각과 주식담보 대출 등을 통해 7억 달러를 현금화했다는 사실도 보도되었다.

두 번째는 법률 준수와 기업 지배 문제다. 위컴퍼니가 미국 증권거래위원회sec에 신청했던 IPO계획서 'FORMS-1(2019년 8월 14일 자)'의 내용에서 의결권 문제, 'We' 상표권 문제, 복잡하고 불투명한 그룹 구조의 문제 등이 지적되었다.

세 번째는 서브리스 채무 문제, 재무상태표(밸런스시트) 문제다. 이 문제는 위워크를 서브리스 회사로 볼 때 생기는 문제이기도 하다. 위워크 측에서 어떤 공간을 빌려 계약을 맺으면, 그 기간 동안에는 임대료를 내는 채무를 지게 된다. 그런데 그 공간을 전대받으려는 사람이 줄어 가동률이 나빠지면 수입이 줄어 채무를 이행하기가 어려워진다.

특히, 위워크는 장기로 공간을 리스해 그것을 꾸미고 부가가치를 붙인 뒤 최단 1개월 단위로 빌려주는 비즈니스모델이다. 그런 만큼 경기가 나빠지는 상황에선 채권채무의 미스매치(만기 불일치) 문제와 이용자가 줄어들 위험이 커질 염려가 있다.

2019년 6월 말 시점에서, 위워크의 모회사인 '위컴퍼니'의 재무상태표에는 약 15억 달러의 리스 자산과 약 179억 달러의 장기 리스 부채가 계상되어 있었다. 사실상 채무초과 상태로 분석될 정도로 아주 취약한 재무상태표였다.

네 번째는 부동산 리스크 vs 사업 리스크다. 위워크는 테크놀로지 기업으로서 성장 중시 확대노선을 취했고, 주위에서도 그렇게 받아들였다. 소프트뱅크 그룹도 '위워크는 테크놀로지 기업'이라며 AI 군전략을 바탕으로 자금을 투하했다. 그리고 그것을 '사업 리스크'로 받아들였다.

하지만 실제로 위워크는 서브리스 회사로서의 성격이 강하다. '부동산 리스크'를 동반해 성장하고 확대되어왔다는 면에서 일반적인 서브리스 회사와 큰 차이가 없다. 필자는 그런 시장 정서(심리)가 위워크의 IPO 연기를 불러온 큰 원인이었다고 생각한다.

다섯 번째는 '신성화 → 채산 도외시의 확대 노선 → 과잉 리스크 감수'다. 소프트뱅크 그룹에서는 손정의 자신이 신성화되어 있다. 손정의가 '이 회사는 근사해', '이런 경영은 훌륭해'라고 일단 높이 평가하면, 그 회사와 경영자도 신성화되고 만다.

그 결과 그곳에 자금이 대량으로 투입되고, 그 자금을 바탕으로 부동산 투자와 대규모 사업이 전개된다. 이런 과정은 채산 도외시가 확대되는 결과를 낳고, 과잉 리스크 감수를 불러온다. 위워크에 대해서도 이런 흐름이 문제를 만들어왔다는 것을 부정하기 어렵다. 더 나아가 이처럼 채산을 중시하지 않는 태도가 어느 정도 받아들여지는 정서는 테크놀로지 기업에게만 해당된다. 위워크는 서브리스 회사의 색채가 강하기 때문에 그만큼 시장에서 바라보는 눈도 달라질 수 있다.

그다음 소프트뱅크 그룹의 문제는 '논리코스' 혹은 '리미티드리코스' 문제의 현재화(4장에서 자세히 설명)이다. 소프트뱅크 그룹은 위워크에 투자할 때 주식을 사들이는 방법을 사용했다. 의사결정권의 과반수 이상을 차지하거나 회사의 지배권을 가져간 것이 아니므로, 소프트뱅크 그룹이 위워크를 구제할 의무는 없다.

하지만 실질경제 문제로 들어가면 소프트뱅크 그룹은 위워크에 상당한 지배력을 행사하고 있다. 따라서 위워크를 지원할 수밖에 없는 상황이고, 실제로 대규모 추가 지원을 하고 있다. 즉, 비소급인 논리코스 혹은 리미티드리코스 투자이지만, 실제로는 추가 리스크 부담을 질 수밖에 없는 상황에 처해 있다. 이는 넓은 의미에서 소프트뱅크 그룹의 논리코스 혹은 리미티드리코스 문제가 불거진 경우라 볼 수 있다.

시장에서 바라본 위워크 문제

부동산 리스크 관점에서 위워크 문제를 바라볼 필요도 있다. 현재 위워크의 임대계약 금액은 472억 달러다. 페트로브라스의 952억 달러, 시노펙의 513억 달러에 뒤이어 세계 제3위 임대 기업이라 할 수 있다(2019년 9월 2일 자 〈블룸버그〉 영문 기사).

만약 위워크가 사업을 지속할 수 없게 되면, 부동산 소유주, 세입자, 투자자 등 부동산 시장 전체가 심각한 영향을 받게 될 것이다.

보스턴 연방준비은행의 에릭 로젠그렌Eric S. Rosengren 총재는 "공유 사무실 사업모델 등장으로 금융안정성에 새로운 리스크가 발생할 수 있다"고 부동산 사업에 경종을 울렸다(2019년 9월 21일 자 〈블룸버그〉 기사). 위워크에 대해 직접 언급하지는 않았지만, "저금리 속에서 진화하는 시장모델인 상업용 부동산 분야는 금융안정성에 새로운 타입의 잠재적 리스크를 불러오고 있다. 그런 시장모델 중 하나가 세계 주요 도시의 오피스 시장에서 발전 중인 공유 사무실 사업이다. 부동산 시장에서 계속 성장 중인 이런 사업모델로 인해 다음 불황에 상업용 부동산이 입을

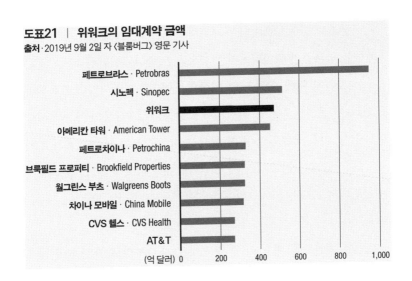

도표21 | 위워크의 임대계약 금액
출처·2019년 9월 2일 자 〈블룸버그〉 영문 기사

손실이 더욱 커질까 봐 걱정된다"(앞의 기사에 이어)라고 말하고 있다.

또한 에릭 총재는 이런 공유 사무실 사업모델이 소규모 임차인들을 대상으로 한 단기 리스에 의존하는 것도 지적했다. 이에 대해 "공유 사무실 사업이 침투한 도시에서는 부동산 소유주 대상 은행 융자가 지금까지와는 비교도 안 될 정도로 많은 디폴트(채무불이행) 사안과 높은 '부도 시 손실률$_{LGD}$'을 경험할 수밖에 없다"(앞의 기사에 이어)라고 금융 질서상 문제를 제기하고 있다.

CMBS 문제, 위워크 위기는 무시할 수 없는 수준

CMBS 문제에 대해서도 살펴보고 지나가겠다. CMBS란 상업용 부동산 담보 증권으로, 호텔이나 사무실 등 상업용 부동산에 준 융자 등을 정리해 증권화한 금융상품이다.

부동산 담보증권 데이터베이스 회사인 트렙Trepp은 위워크가 관련된 부동산 계약에 대해 38억 달러 이상의 CMBS가 발행되었다고 분석하고 있다. 이 분석에 따르면, 위워크가 보증하는 CMBS 론의 약 78퍼센트가 2016년 이후 발행되었다. 이 회사는 지금도 모든 론을 반제하고 있고, 그중 25퍼센트는 2019년에 증권화된 론이라고 한다. 또한 신용이란 관점에서 보자면, 위워크의 론은 LTV가 56.18퍼센트, DSCRDebt Service Coverage Ratio(원리금 지불 여유도를 보는 지표)이 1.97배가 되었다.

트렙은 위워크에 대한 이 같은 정보와 투자자의 불안은 신규 발행 론 가격에 이미 반영되었으며, 상황이 완화될 때까지는 시간이 꽤 걸릴 것으로 보고 있다(트렙 홈페이지에 2019년 10월 3일 게재, 7일 갱신된 내용 참고).

위워크의 IPO 연기 발표 전인 2019년 9월 11일 진행된 라디오 인터뷰에서 트렙의 매너스 클랜시Manus Clancy 전무는 "위워크가 안고 있는 30억 달러나 되는 CMBS 론은 2010년 이후 CMBS 시장 전체의 1퍼센트, 오피스물건 론에 대해서는 약 4퍼센트를 차지할 정도가 되었다. 위워크가 리스크에 노출된 정도는('1개 회사가 관련'이라는 시점으로 보면) 무시하기 어려운 수준이 되고 있다"라고 말했다. 즉, 위워크가 안고 있는 문제는 IPO 연기에 머물지 않고, 부동산, 금융, 부동산 담보 증권 등에 이르기까지 넓은 범위로 주변 시장에 영향을 끼치고 있다.

위워크는 테크놀로지 기업인가?

위워크는 전통적인 서브리스 회사와 무엇이 다를까? 정기 임대계약 조건과 내부 수리 및 장식에 드는 비용 등 세세한 부분은 다르지만, 기본적으로 전대(轉貸)를 통해 수익을 내는 비즈니스모델인 것은 마찬가지다. 즉, 소유주로부터 빌린 물건에 부가가치를 붙여 보다 높은 임대료를 받아 시세차익을 거두는 모델이다.

1989년 창업해 런던시장에 상장한 뒤, 세계 120개국 1,100개 도시에 3,300개의 거점을 갖추고, 250만 명 이상의 회원을 두고 있는 리저스 Regus와 비교해보자. 리저스는 비교적 중소형 규모 공간을 여러 곳에 만드는 데 비해, 위워크는 세련되고 시설이 좋은 빌딩을 골라 거대한 공간을 통째로 빌린다. 리저스가 빌리는 공간이 1거점당 수백 평 규모라면, 위워크는 1,000평 이상이다. 이것이 두 회사의 전략상 가장 큰 차이점이라 할 수 있을 것이다.

위워크의 가장 큰 특징은 스스로를 '공간, 커뮤니티, 서비스, 테크놀로지를 통합한 글로벌 플랫폼'이라고 자리매김하는 데 있다. IPO계획서 'FORM S-1'에 따르면, 글로벌 플랫폼이란 부동산 이용서비스인 'Space as a Service'를 토대로, 제3자와 함께 계획하는 생태계를 이루어, 라이프 스타일, 건강, 가족서비스, 음식, 교육, 보험, 테크놀로지, 인적자원, 엔터테인먼트 등의 영역에서 회원에게 원스톱서비스를 제공하는 것이다. 이곳에서는 빅데이터를 수집해 AI가 해석한 뒤, 이곳에서 일하는 사람들이 어떤 행동 흐름을 보이는지를 심층적으로 파헤친다. 그리고 이 분석을 통해 얻은 새로운 데이터를 바탕으로 플랫폼을 강화하고, 외부에 오피스 솔루션을 제공하는 'Powered by We'를 전개하는 등 다양한 방법으로 제품과 서비스 발전을 도모하고 있다.

또한 '위워크 앱'은 커뮤니티 형성의 기점 역할도 하고 있다. 회의실 예약 및 계정 관리 등 사무적인 서비스는 물론이고, 매칭, 검색, 정보 발신, 공유, 소프트웨어 등 다양한 서비스를 온라인과 오프라인상에서 회원에게 제공하고 있다. 즉, 위워크는 '빅데이터×AI'를 통해 새로운 업무 방식과 오피스 솔루션을 제안하고, '리얼×버츄얼'로 커뮤니티를 만든다. 이처럼 글로벌 플랫폼이란 점에서 위워크는 일반적인 서브리스 회사와는 다르다.

게다가 M&A를 통해 상승효과를 기대할 수 있는 기술과 서비스를 가진 기업들을 산하에 두고 있는 것도 위워크의 특징이다(도표22). IPO 연기 후 사업을 재구축하면서 어쩔 수 없이 선택과 집중을 하게 될 가능성도 있지만, 글로벌 플랫폼을 좀 더 강력하고 단단하게 다지기 위해 이들을 적절하게 사용하려 들 수도 있다.

'위워크는 테크놀로지 기업'이라고 주장하는 소프트뱅크 그룹은 2020년도 '다케시바(竹芝) 지구 개발계획'을 발표하며 스마트빌딩으로 본사를 이전하겠다고 밝혔는데, 새로운 사무실의 디자인은 위워크가 담당하게 된다. 소프트뱅크 그룹은 "위워크가 디자인한 새로운 오피스에서 부서를 뛰어넘는 오픈 이노베이션을 이루고, 전국 위워크의 거점을 최대한 활용해 장소와 공간, 커뮤니티에 얽매이지 않는, 보다 혁신적이고 창조적인 근무 방법을 만들어가기 위해 전력을 다하고 있습니다(2019년 1월 29일 자 소프트뱅크 그룹, 소프트뱅크, WeWork

도표22 | 위워크(위컴퍼니)가 매수했던 21개 회사

출처·위워크의 홈페이지와 언론 보도자료. 각 매수 회사의 홈페이지 등을 참고로 작성
주·국가 표기가 없는 기업은 모두 미국 기업

No	회사명	상품·서비스 등	사업 영역	매수 시기
1	CASE	빌딩 IT 컨설팅, 건축 디자인, 설계 및 시공, BIM	빌딩 관련	2015년 8월
2	Welkio	오피스 입주 등 매니지먼트&솔루션	빌딩 관련	2016년 3월
3	Fieldlens	건설 현장 매니지먼트를 위한 스마트폰용 앱 개발	빌딩 관련	2017년 6월
4	Spacemob	협업 근무 공간 운영(싱가포르)	공간 대여	2017년 8월
5	Unomy	세일즈&마케팅·인텔리전스·플랫폼(이스라엘)	마케팅 지원	2017년 8월
6	FLATIRON SCHOOL	온라인 에듀케이션 플랫폼, 프로그래밍, 소프트웨어 등 학습	교육	2017년 10월
7	Wavegarden	서핑용 인공 파도 발생 시스템, 기획·제조·설치·오퍼레이션 등(스페인)	그외	2016년
8	Meetup	SNS 앱 개발, 커뮤니티 플랫폼	커뮤니티 관련	2017년 11월
9	Conductor	마케팅 소프트웨어, SEO 솔루션 등	마케팅 지원	2018년 3월
10	LTB	오피스 디자인, 오피스 Fit-out(UK)	빌딩 관련	2018년 4월
11	Naked Hub	협업 근무 공간 운영(중국)	공간 대여	2018년 4월
12	MissionU	대안교육 소프트웨어 개발	교육	2018년 5월
13	Designation	디지털 디자인·에듀케이션 프로그램, 스쿨 운영	교육	2018년 8월
14	Teem	SaaS 워크스페이스 매니지먼트 클라우드형 워크스페이스 분석 툴의 개발	빌딩 관련	2018년 9월
15	Euclid Analytics	지역별 소매점 대상 마케팅 분석 툴 개발	마케팅 지원	2019년 2월
16	Managed by Q	오피스 관리서비스, 워크플레이스 매니지먼트 플랫폼	빌딩 관련	2019년 4월
17	Islands Media	지역별 학생 대상 메시지 앱	커뮤니티 관련	2019년 6월
18	Prolific Interactive	스마트폰 특화형 브랜딩 지원, 모바일 앱 개발	커뮤니티 관련	2019년 6월
19	Waltz	입주·액세스컨트롤·솔루션, 클라우드 기반 관리 포털	빌딩 관련	2019년 6월
20	SpaceIQ	부동산 플래닝 플랫폼, 클라우드형 오피스 관리 소프트웨어 개발	빌딩 관련	2019년 7월
21	Spacious	레스토랑 빈 공간을 활용한 프리랜서 대상 협업 공간	공간 대여	2019년 8월

Japan, 도큐 부동산의 공동 보도자료)"라고 발표했다.

위워크는 테크놀로지 기업인가? 소프트뱅크 그룹과 위워크가 어떤 관계를 유지해갈지를 예측하기 위해선 이 점을 주의 깊게 살펴볼 필요가 있다. 이와 관련해 2019년 11월 결산설명회에서 손정의는 '테크놀로지 기업으로서의 측면은(위워크가 이익체질로 개선되어) 응용 단계로 접어들고 나서'라고 설명했다. 말하자면, 현시점에선 테크놀로지 기업이 아니란 점을 인정하는 듯한 발언이다. 지금까지 테크놀로지 기업이라고 주장해왔던 설명에 대해 책임감 있게 해명하지 않아 유감스러운 기분이 들었다. 어쨌든 위워크는 소프트뱅크 비전펀드에서 계속 큰 자금을 지원하는, 주목받을 만한 투자처임에는 변화가 없다.

⊙ 호텔업계의 뉴 스타, 오요OYO

소프트뱅크 비전펀드의 투자처인 오요는 2013년 인도에서 설립된 호텔운영 플랫폼이다. 운영하는 호텔 객실 수로 보면, 전 세계 80개국에서 약 110만 실을 소유할 정도로 급성장했다. 메리어트의 약 131만 실에 이어 세계 제2위 규모를 자랑하고 있다.

창업자이자 CEO인 리테시 아가왈Ritesh Agarwal은 스물일곱 살의 청년이다. 젊은 나이에도 창업 6년 만에 현재의 호텔 네트워크를 쌓아올릴 정도로 경영에 비범한 재능을 보이고 있다.

오요는 기존의 호텔 소유주와 프랜차이즈 계약을 맺고, 호텔을 운영한다. 즉, 오요 자체는 호텔 시설을 소유하지 않고, 기본적으로 호텔 소유주에게 여전히 호텔의 핵심 운영권을 주는 방식을 취한다. 대신 개개의 호텔을 프랜차이즈화해, 일부 자금 제공과 대출로 오요만의 기준과 디자인으로 호텔을 다시 꾸미도록 하고, 인터넷 환경과 같은 부가가치를 더하도록 만든다. 그리고 이렇게 변신한 호텔은 '오요' 브랜드를 내세워 '오요' 앱이나 각 예약 사이트에서 숙박 예약을 받는다. 각 호텔들은 방의 디자인, 비품, 설비, 종업원서비스 수준도 오요의 기준을 따른다. 또한 오요가 제공하는 '호텔 컴퓨터 자산관리 시스템'과 '자산관리 앱' 등을 이용해 일상 업무를 한다.

오요는 프랜차이즈 호텔에 대해 객실이 차든 말든 계약에 따라 월정액을 객실료로 지불하고 최저 매출도 보증한다. 한편, 프랜차이즈 호텔의 수입 일부는 수수료라는 형식으로 오요에 돌아간다. 오요가 레버뉴 셰어revenue share(계약관계에 따라 매출액을 일정한 비율로 나눈 몫-역자 주)를 가지게 되는 구조다.

오요에 속한 호텔들의 경영상 특징은 AI와 같은 높은 테크놀로지의 활용이다. 숙박 공급 데이터 등을 AI가 분석해 숙박 수요를 예측한다. 객실 요금은 이 결과에 따라 변동된다. 그러므로 사업을 전개하는 지역에서 객실 수급을 최적화하고, 오요의 가동률을 최대화하는 다이내믹 프라이싱이 실현된다고 볼 수 있다. 그리고 이를 위해 AI의 머신러닝에 기초한 알고리즘으로, 시간당 약 14만 건의 데이터를 분석해 실시간으로 1일에 약 5,000만 건, 1초당 730건의 가격 최적화를 실시한다. 게다가 가구, 침대, 방의 색조 및 벽지, 그림 등도 AI에 의한 디자인 알고리즘에 따라 선택해 인테리어 디자인 최적화를 실현함으로써 가동률을 2배로 높이고 있다. 어떤 인테리어 디자인이 가동률을 높이는지 알아내는 데 AI가 큰 도움을 주고 있다고 한다.

이처럼 오요는 다이내믹 프라이싱, 디자인, 공급 목표 설정, 수익 예측, 이미지 평가, 감사에 이르기까지, 호텔 운영의 다양한 현장에서 AI를 활용하고 있다. 그리고 AI를 활용한 호텔 운영과 수익관리 노하우를 프랜차이즈 호텔에 제공해 경영 효율화와 수익 개선에도 공헌하고 있다. 오요 본사 홈페이지에 들어가면, '6개월에 매출이 100퍼센트 증가한다', '매일 가동률을 80퍼센트로 한다', '법인 고객의 비율을 50퍼센트로 한다'라는 문구들이 보인다. 호텔 소유주에겐 기분 좋은 문구다.

전 세계적으로 이용 가능한 객실 수는 약 1억 6,000개인데, 리테시 아가왈은 그중 90퍼센트 이상이 오요의 플랫폼에 가입할 가능성이 있다고 호언하고 있다. 세계 90퍼센트 이상의 호텔은 객실이 150실 미만으로, 각각 거대한 호텔 체인과 힘겨운 경쟁을 하고 있다. 만약 이런 중소 호텔들이 오요의 플랫폼에 가입하게 되면, 각자의 경쟁력은 현격하게 높아질 수 있을 것이다.

일본에서는 소프트뱅크와 합병한 회사, '오요 호텔스 재팬'이 사업을 전개하고 있다. 미야우치 사장에 따르면, 2019년 4월 사업 개시부터 겨우 7개월 만에 객실 수가 5,200실에 이르렀고(2019년 10월), 평균 가동률은 프랜차이즈 가맹 후 약 3개월 만에 80퍼센트를 넘어서게 되었다. 2019년 10월에는 리테시 아가왈과 소프트뱅크 비전펀드 등의 출자에 의해 15억 달러의 자금을 조달했다고 오요는 발표했다.

한편, 오요의 사업에 대해 걱정하는 목소리가 들리기 시작한 것도 사실이다. 호텔 소유주와 프랜차이즈 계약의 자의적인 변경, 높은 수수료, 숙박료 할인, 대규모 구조조정에 대한 비난도 있고, 오요가 주장하는 프랜차이즈 계약의 높은 갱신율이 진실인지에 대한 지적도 있다. 이런 뉴스는 주로 성장세가 두드러지는 중국과 인도에서 흘러나오고 있다.

급성장을 위해 무리한 비용을 들여 객실을 확보하고, 공격적인 영업 활동을 벌이는 것이 수지상 정당화될 수준인가. 재무상태표는 적정한 수준인가. 위워크 문제로 일기 시작한 걱정처럼 '오차→신성화→과잉 리스크 감수'라는 일련의 흐름이 시작된 것은 아닌가. 급성장 속 기업 지배력은 적절한 것인가. 호텔 소유주 등 프랜차이즈에 과도한 대출 변제 리스크를 부담시켜, 은행 융자의 채무불이행, 즉 금융시장에 대한 악영향으로 이어지게 하는 것은 아닌가. 이러한 의문을 불러일으키는 모습이 어딘지 '위워크 문제'와 닮았다는 불안감을 떨쳐내기가 쉽지 않다.

메리어트를 제치고 세계 최대 객실 수를 자랑하는 호텔 네트워크를 만들려는 오요의 영향력은 상당히 크다. 때문에 앞으로의 사업 전개를 주의 깊게 살펴볼 필요가 있다.

⊙ 아로라의 역할은 무엇이었는가?

지금부터는 암 매수와 소프트뱅크 비전펀드의 투자에 큰 영향을 끼친 니케시 아로라에 대해 잠깐 살펴보고자 한다. 아로라가 소프트뱅크에 입사한 것은 2014년 9월이다. 부사장에 취임한 것이 다음 해 2015년 6월, 퇴임한 것이 2016년 6월이므로 2년이 좀 안 되는 기간 동안 소프트뱅크 그룹에 적을 두고 있었던 셈이다.

손정의가 '소프트뱅크 2.0'을 말하기 시작했을 때부터 소프트뱅크보다 큰 규모의 기업 경영에 관여한 사람이 아니면 후계자로 정하지 않으려고 생각했을 것이다. 그런 의미에서 아로라는 어느 정도까지 진정한 의미에서 경영에 관여했는지 모르겠으나, 어쨌든 구글의 경영자 출신인 것만큼은 확실하다.

손정의가 아로라를 처음 만난 것도 아로라가 구글에 근무할 때였다. 소프트뱅크와 구글의 협력 안건을 다루기 위해 두 사람은 처음으로 얼굴을 마주했다. 소프트뱅크 장래의 비전과 전략에 대해 논의하던 중에 손정의는 아로라의 능력과 사람됨을 꿰뚫어보게 되었다. 그래서 아로라에게 '소프트뱅크로 오지 않겠는가'라고 먼저 제안했다고 한다.

아로라의 약력을 간단히 소개하자면, 1968년 인도 출생이다. 1989년에 미국으로 건너가 보스턴 칼리지에서 이학사과정을 마치고, 노스이스턴대학교에서 MBA(경영관리학 석사)와 CFAChartered Financial Analyst(미국 투자관리 및 연구협회인 CFA Institute에서 자격을 부여하는 공인재무분석사)를 취득했다. 그리고 피델리티 인베스트먼트와 퍼트넘 인베스트먼트에서 통신 관련 애널리스트로 활약한 뒤, 1999년에 도이치 텔레콤에 입사했다. 이어 T모바일 관련 회사를 거쳐, 2004년 구글에 입사했다. 그리고 2009년부터 수석부사장과 CBOChief Business Officer(최고사업책임자)로서 영업, 마케팅, 제휴 전략의 최고 관리자로 근무했다. 세계의 통신사업에 정통한 것은 물론이고, 구글에서 투자를 통한 제휴전략을 담당했던 점이 손정의의 눈에 들었던 것일지도 모른다.

또한 아로라가 인도인인 점도 중요했다. 인도라는 거대한 시장이 하늘의 때를 맞이하고 있을 때 '지리적 이점'을 얻기 위해선 인도인인 아로라가 안성맞춤이었다. 실제로 아로라는 인도 온라인 쇼핑몰을 운영하는 '스냅딜'과 인도의 배차 앱 '올라'를 운영하는 ANI테크놀로지스 등의 투자에 깊게 관여했다.

이외에도 소프트뱅크 비전펀드가 많은 인도 기업에 투자할 때, 이곳 기업가들과 인맥을 만드는 최초의 실마리가 되어준 사람이 아로라다. 아로라가 이끄는 투자 팀은 사내에서 '팀 니케시'라 불렸다. 주요 멤버들은 아로라 자신이 불러들인 사람들이었다. 암 매수 때 손정의의 오른팔로서 함께했던 인도 출신 아록 사마도 그중 한 사람이다. 인도인으로 현재도 소프트뱅크 그룹의 투자전략을 맡고 있는 라지프 미스라 부사장도, 아로라가 직접 스카우트해오지는 않았지만, '팀 니케시'의 중심인물이었다. 그것만으로도 아로라가 소프트뱅크 그룹, 나중에는 소프트뱅크 비전펀드에서 큰 역할을 감당했다는 것을 알 수 있다.

더 나아가 소프트뱅크 그룹은 투자처를 분석하고 평가하는 방법, 이런 일을 신속하게 처리하는 방법, 세계적인 투자전문가들의 투자 방법을 아로라로부터 배웠다. 아로라는 한 인터뷰에서 '투자할 때 어떤 점을 판단 기준으로 삼는가'라는 질문에 다음과 같이 답했다.

"새롭게 투자 검토를 할 때에는 3가지 기준이 있습니다. 첫 번째로 제품과 서비스에 큰 잠재시장이 있어야 합니다. 두 번째로, 그 사업에 어울리는 기업가를 발견해야 합니다. 좋은 아이디어를 가진 사람들은 많지만, 그것을 실행해 성과를 내는 사람은 극히 일부니까요. 세 번째, 비즈니스모델을 체크해 성공 가능성을 봅니다. 아이디어가 지나치게 시대를 앞서가는 경우도 있고, 특정 시장을 위한 적절한 인프라가 갖추어지지 않아 성장성이 없는 경우도 있습니다."

그리고 투자의 세계에서 '엑시트Exit'라 불리는 매각 수법의 실천적 견해 다수도 아로라에게 얻은 것이라 필자는 보고 있다. 아로라가 직접 손정의에게 매각을 제안했는지 어떤지는 알 수 없다. 하지만 2016년 6월 소프트뱅크 그룹은 알리바바의 주식을 일부 매각하고, 경호 온라인 엔터테인먼트의 주식도 매각해 약 1조 엔 정도의 현금을 확보했다. 또한 아로라의 퇴임 발표 직전 핀란드에 본사를 둔 세계적인 스마트폰 게임 기업 슈퍼셀을 중국 텐센트에 약 73억 달러에 매각한다고 발표했다. 이 일로 배당금을 합쳐 약 8,800억 엔의 현금이 소프트뱅크 그룹으로 들어왔다. 모두 합하면 약 2조 엔 정도인데, 이 자금은 3조 3,000억 엔이 들어간 암의 매수에 사용되었다. 다시 말해 이런 매각 자금이 있었기 때문에 암을 매수할 수 있었다. 그 외에 세계적인 전문가인 아로라로부터 매수에서 매각까지 투자 비법을 배운 것도 암 매수에 큰 도움이 되었다. 이 비법은 그 후 소프트뱅크 비전펀드의 투자에도 활용되었음은 말할 필요도 없다.

아로라가 퇴임한 이유에 대해선 여러 가지 보도가 뒤따랐다. 내부자 거래 등, 투자와 관련된 의혹도 있었지만, 그 진위야 어찌 되었든 손정의가 진심으로 아로라를 지키려고 했다면 퇴임을 막았을 것이다. 적어도 그렇게 불명예스러운 의혹 속에서 그만두게 만들지는 않았을 것으로 보인다.

필자가 수집한 정보에 따르면, 당시 손정의는 "경영자로서 오랫동안 일하고 싶어졌다"고 말했다 한다. 처음엔 아로라에게 몇 년 내에 사장 자리를 물려주려 했지만, 곧 마음이 변해 경영자 자리에서 물러나기가 싫어진 것이다. 그렇다면 아로라는 언제 그의 뒤를 이어 경영자가 될지 알 수 없게 되었다. 입사할 때 받은 제안과 이야기가 달라졌으므로 떠날 수밖에 없었을 것이다.

손정의와 아로라는 이 문제를 두고 이야기를 나누었고, 아로라는 88억 엔이라는 퇴직금을 받고 물러나기로 했다. 2년이 좀 안 되는 기간 동안 아로라가 소프트뱅크 그룹에서 받은 총액은 350억 엔이라 한다. 이 액수가 많은 것인지 적은 것인지는 앞으로 소프트뱅크 그룹의 성장세에 따라 다르게 판단될 것이다.

⊙ **"AI 혁명의 지휘자가 되고 싶다"**

손정의는 'AI 군전략'이라는 말과 함께 'AI 기업가집단'이란 말도 자주 사용한다. AI 기업가집단이란, 소프트뱅크 비전펀드의 투자처인 82개 회사의 경영자들을 가리키는 말이다.

2019년 6월 19일에 열린 제39회 정기주주총회에서 손정의는 소프트뱅크 그룹이 AI 혁명의 지휘자가 되고 싶다며, 연주자와 같은 기업가들을 모아 오케스트라를 이루고 멋진 하모니를 만들어내고 싶다고 말했다. 이들 연주자들이 이끄는 기업들은 모두 AI 관련 기업이면서, 교통, 물류, 의료, 부동산, 금융, 법인서비스, 소비자서비스, 최첨단 테크놀로지 등 8개 분야로 나뉜다.

그리고 그런 투자성과로서 714억 달러의 누계투자액에 대한 투자이익은 202억 달러라고 밝혔다. 또한 2018년도의 결산발표회에서 소프트뱅크 비전펀드의 수익성을 나타내는 지표로 중시되는 IRR은, 관리보수와 성공 보수 등의 수수료가 지불된 뒤, 보통 출자지분에 연결되는 'LP Net Equity IRR'이 45퍼센트, 보통 출자지분과 우선 출자지분을 합친 실질적 'LP Blended IRR'은 29퍼센트라고 보고되었다.

손정의는 "1호 펀드는 5년 동안 투자할 작정이었지만, 2년 만에 대부분 자금을 다 투자해 높은 이익을 거두었습니다. 2호 펀드 투자처도 앞으로 얼마든지 찾을 수 있습니다. 유니콘 기업들이 늘어나고 있기 때문입니다"라고 〈니혼게이자이 신문〉(2019년 7월 28일 자)과의 인터뷰에서 밝혔다.

⊙ 사분기에 사상 최대 7,000억 엔 적자

서장에서 언급했듯이, 소프트뱅크 그룹은 2020년 3월기 제2분기에 사분기로서는 최대인 약 7,000억 엔의 영업적자를 보았다. 그 주요 원인은, 소프트뱅크 비전펀드에서 우버 등 상장투자 기업의 주가 급락, 위워크와 같은 투자 기업의 기업가치 감소 등으로 약 9,700억 엔의 영업손실이 계상되었기 때문이다. 그리고 이것이 약 7,000억 엔의 영업적자로 연결되었다.

이번 결산으로 소프트뱅크 그룹이 투자회사고, 소프트뱅크 비전펀드는 정말 펀드사업임이 확연히 드러났다. 즉, 소프트뱅크 그룹이 이끄는 사업은 주요 분야가 펀드이고, 이 펀드자금 투자처가 유니콘 기업들이기 때문에 모든 투자에서 '완승'을 거두기는 어렵다. 앞으로도 소프트뱅크 그룹의 사업은 시장의 흐름에 따라 큰 폭으로 오르락내리락할 것이다. 사업과 주가라는 측면에서 보자면, 소프트뱅크 그룹은 변동 가능성이 큰 기업이라고 인식해야 할 것이다.

4장

최대 강점 '금융재무전략'

⊙ 금융재무전략이 없으면, 소프트뱅크도 없다

PC용 소프트웨어 유통업으로부터 시작한 소프트뱅크 그룹은 미국 야후에 투자해 야후재팬을 설립하면서 인터넷 기업이 되었다. 그 후 야후-BB를 설립해 브로드밴드 사업에 참가하면서, 니혼텔레콤, 보더폰 일본법인을 매수했다. 그리고 이로써 고정전화와 모바일 양방향 통신사업자가 되었다. 이후 스프린트를 매수해 미국 통신사업에도 참가했고, 2016년 9월에는 약 3조 3,000억 엔에 암을 매수하기에 이르렀다.

이처럼 소프트뱅크 그룹은 요소요소마다 거액을 투자해 신규 사업에 진입하거나 기업을 매수했다. 이런 거액 투자, 거액 매수를 가능하게 한 데는 소프트뱅크 그룹의 금융재무전략이 큰 역할을 했고, 대전환기에도 반드시 이런 금융재무전략이 소프트뱅크 그룹과 함께했다. 소프트뱅크 그룹은 '테크놀로지 금융재무' 기업으로, 금융재무전략 자체가 상당히 독특하다.

그중 특별히 살펴보아야 할 전략은 우선 2001년 야후-BB로 브로드 밴드 사업에 진입할 때 모뎀을 무료로 배포할 수 있게 만들어준 '증권화'다. 그리고 작은 것이 큰 것을 집어삼켰다는 평가를 받는 2004년의 니혼텔레콤, 2006년의 보더폰 일본법인의 매수 때 이용된 '레버리지드 바이아웃LBO : Leveraged Buyout'이다.

어쨌든 이런 금융거래를 하는 곳은 당시 일본에선 소프트뱅크 그룹 외에는 거의 없었다. 소프트뱅크 그룹은 금융재무를 무기로 싸운 일본 최초의 기업이다. 단순한 파이낸스 수법을 넘어선 재무전략을 무기로 삼지 않았더라면, 이 정도 규모의 기업으로 성장할 수 없었을지도 모른다.

지금까지 일본의 금융 역사에 족적을 남길 만한 안건을 몇 개나 만들어왔다는 의미에서 소프트뱅크 그룹은 금융재무의 살아 있는 교과서이기도 하다. 보통 기업에서 그대로 활용할 만한 것은 일부에 지나지 않지만, 발상이나 사고방식만큼은 다른 기업들이 눈여겨보고 배울 만큼 중요하다고 본다.

⊙ **금융재무전략의 7가지 핵심**

소프트뱅크 그룹의 금융재무전략을 살펴보기 전에 우선 금융재무전략이란 도대체 무엇인가를 간단히 설명해보겠다.

도표23 | 도대체 금융재무전략이란 무엇인가

■ **기업가치 향상과 미션·비전·밸류·전략을 실현하는 수단**

■ **주요 내용**

❶ 자본정책

❷ 자금조달

❸ 투자 M&A를 위한 분석·평가와 의사결정

❹ 밸류에이션(기업가치 평가)

❺ 사업구조·수익구조 검토를 위한 수단

❻ 매니지먼트 수단

❼ 부채 및 자본 투자자와의 커뮤니케이션

금융재무전략은 기업가치 향상을 목적으로 한다. 또한 미션·비전·밸류·전략을 실현하기 위한 수단이기도 하다. 필자가 보기에 금융재무전략을 이루는 중요한 핵심 7가지는 자본정책, 자금조달, 투자 M&A를 위한 분석·평가와 의사결정, 밸류에이션(기업가치 평가), 사업구조·수익구조 검토를 위한 수단, 매니지먼트 수단, 부채 및 자본 투자자와의 커뮤니케이션이다.

자본정책이란, 부채와 자기자본으로 구성된 자본과 주주의 구성을 최적화하기 위한 시책이다. 재무상태표를 보면, 가지고 있는 재산을 나타내는 '자산'(왼쪽)과 그 재산을 얻기 위한 자금조달 방법으로서의 '부채'와 '자본'(오른쪽)이 있다. 자산＝부채＋자본이 되어, 좌우의 균형이 같이지기 때문에 재무상태표(대차대조표), 혹은 밸런스시트라 불리는 것이다.

또한 부채는 데트debt, 자본은 에쿼티equity라고도 한다. 부채에는 은행으로부터 돈을 빌리는 론과 투자자로부터 출자를 받는 채권과 증권이 있다. 자본은 출자자, 또는 투자자가 내놓은 출자금이다.

부채가 먼저 언급되고 자본이 나중에 나오는 이유는 반제 우선순위에서 부채가 먼저이기 때문이다. 기업 운영에서도 먼저 언급되는 론과 채권을 우선 반제하도록 계약상 규정하고 있다. 따라서 도산 등으로 기업의 자산을 정리할 때도 우선 론과 채권을 먼저 반제하고, 마지막에 남은 부분을 출자자들이 나누어 갖는다. 이것을 '우선열후(優先劣後)'구조라고도 한다. 금융재무전략에서는 이런 부채와 자본을 어떤 비율로 구성할지가 중요하다. 이상적인 재무 구성을 '최적 자본 구성'이라고 하는데, 이를 결정하는 것이 바로 자본정책이다.

⊙ **자금조달을 가능하게 만드는 3가지 신용**

자금조달은 자본정책에 기초해 행해진다. 기업이 자금을 조달하는 방법으로는 '직접 금융'과 '간접 금융'이 있다(도표 24).

도표24 | 직접 금융과 간접 금융

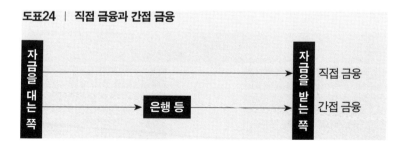

직접 금융이란, 자금을 대는 쪽이 자금을 받는 쪽에게 직접 자금을 건네는 방법이다. 그리고 양측 사이에 은행이 개입해 중개하는 것은 간접 금융이다. 주로 직접 금융에는 증권회사가, 간접 금융에는 은행이 관여한다. 직접 금융에 의한 자금조달 방법에는 주식과 회사채권 발행이 있다. 간접 금융에 의한 자금조달 방법에는 은행으로부터의 대출이 있다.

자금조달을 '파이낸스'라 부르는 경우도 있다. 파이낸스란 말은 일본에서 여러 가지 다양한 의미로 사용된다. 재무 활동 전반을 가리키는 경우도 있는가 하면, 재무전략을 가리키는 경우도 있다. 단, 일반적으로 자주 사용되는 파이낸스란 말은 자금조달을 가리킨다. 따라서 이 책에서도 자금조달이란 의미로 '파이낸스'를 사용할까 한다.

기업은 몇 가지 신용력에 주목해 파이낸스 방법을 선택하는데, 이는 다음 3가지로 나뉜다(도표25).

기업 자체 신용력을 기초로 행하는 파이낸스 방법이 '코퍼레이트 파이낸스'다. 예를 들어, 통신회사로서 소프트뱅크란 기업 전체 신용력을 기초로 자금을 조달하는 것이 코퍼레이트 파이낸스다. 은행 대출이

도표25 | 3가지 신용력과 파이낸스 방법

파이낸스 관점	파이낸스 방법
기업 신용력	코퍼레이트 파이낸스
사업 신용력	프로젝트 파이낸스
자산 신용력	에셋 파이낸스

그 대표적인 예다.

다음으로, 프로젝트만을 잘라내어 그 사업의 신용력을 기초로 자금을 조달하는 것이 '프로젝트 파이낸스'다. 소프트뱅크 그룹이 니혼텔레콤과 보더폰 일본법인의 매수 때 사용한 LBO도 넓은 의미에서 프로젝트 파이낸스라 할 수 있다.

마지막으로, 기업자산에 주목해 이음, 유가증권, 재고, 동산, 부동산 등 특정 자산의 신용력을 기초로 자금을 조달하는 방법이 '에셋 파이낸스'다. 증권화는 이런 에셋 파이낸스에 포함된다. 하지만 소프트뱅크 그룹이 야후-BB 모뎀 증권화를 실시할 때는 브로드밴드 사업 자체의 신용력을 기초로 한 프로젝트 파이낸스의 측면도 있었다.

실제로 이 3가지 방법 중 하나를 선택해 자금조달을 하기보다는, 기업 신용력, 사업 신용력, 자산 신용력을 합쳐 자금조달을 행하는 경우가 많다. 대부분의 경우 자사와 대상 사업의 목적과 성격을 고려한 뒤, 이 3가지를 융합해 가장 부가가치가 높은 쪽으로 자금조달 방법을 구축해간다.

소프트뱅크 그룹은 이 3가지 자금조달 방법을 융합하는 데 아주 뛰어나다.

⊙ 투자와 M&A, 일일 수치 관리에도 금융재무전략은 중요

금융재무전략의 중요한 핵심 중 세 번째는 '투자 M&A를 위한 분석·평가와 의사결정'이다. 투자에는 설비투자 등의 실물투자, 여유

자금을 운용하는 금융투자 등이 있다. M&A는 기업매수를 가리킨다.

네 번째 '밸류에이션(기업가치 평가)' 방법에는, '순자산방식', '디스카운트 현금흐름(현재가치 할인)', '프라이스 멀티플' 등이 있다. 소프트뱅크 그룹은 이처럼 투자 M&A를 위한 분석과 평가를 위해 다양한 방법을 구사하는 데 뛰어나다. 따라서 거액 M&A에도 성공할 수 있었던 것이다.

금융재무전략의 중요한 핵심 중 다섯 번째는 '사업구조·수익구조 검토를 위한 수단'이다. 어떤 사업 포트폴리오로 해나갈지, 어떤 형태로 수익을 올릴지 등 정성적 혹은 정량적인 분석을 행할 때도 금융재무전략이 중요해진다.

여섯 번째는 '매니지먼트 수단'이다. 이것은 매출과 수익 목표 등 회사의 목표 관리를 행할 때 PDCA, 즉 계획Plan, 실행Do, 평가Check, 개선Act의 네 단계를 반복하며 개선하는 것을 의미한다. 이처럼 목표 수치의 진척 상황을 시시각각 관리하는 것도 금융재무전략의 역할이다.

마지막 일곱 번째는 '부채 및 자본 투자자와의 커뮤니케이션'이다. 부채라면 은행 등의 금융기관들이, 자본이라면 주식 투자자들이, 자사의 사업 내용과 전략을 깊이 이해할 수 있도록 커뮤니케이션하는 것이다. 이 역시 금융재무전략의 중요한 핵심이다.

앞에서도 언급했지만, 필자는 현재 '전략&마케팅' 및 '리더십&미션 매니지먼트'를 전문으로 하고 있다. 하지만 원래 출발점은 금융재무 분야로, 지금도 금융기관에 전략 컨설팅을 제공하고 있다. 서장에서 언급했듯이, 2019년 4월에는 금융에 대한 저서도 낸 바 있다.

미쓰비시은행(현 미쓰비시UFJ은행)에 입사한 것은 1987년. 입사 후 1년째에는 신보초 지점에서 중소기업 대상 융자업무와 외환업무를 담당했다. 그러다 3년째에 본사로 이동한 뒤에는 일본 내외 대기업 대형 프로젝트의 자금조달 업무를 담당했다.

프로젝트 개발부/프로젝트 영업부에서는 해외 정유소, LNG(액화천연가스) 기지, 발전소, 호텔과 쇼핑센터, 오피스 등 대형 개발을 위한 자금조달과 미국 공장 진출을 위한 레버리지드 리스 조성 업무 등에 종사했다. 그러고 나서 시카고대학교 비즈니스 스쿨에서 잠시 공부한 뒤, 1997년 7월에는 싱가포르 현지법인으로 발령 나 비일본계 재벌기업의 M&A와 파이낸스 조성 등 투자은행 업무를 담당했다.

그 후 외국 자본이 운영하는 금융기관으로 옮겨 1988년부터는 시티뱅크 자산증권부의 관리자, 뱅크오브아메리카 증권회사의 스트럭처드 파이낸스Structured Finance(구조화금융) 부서장, ABN아무로 증권회사의 오리지네이션Origination(M&A나 자금조달 등의 안건을 발굴하는 부서 - 역자 주) 본부장 등을 거쳤다.

이처럼 필자는 일관해서 금융기관에서 일했고, 프로젝트 파이낸스와 증권화 등 스트럭처드 파이낸스 업무에 오랫동안 종사했음을 먼저 밝혀두고 싶다.

⊙ **왜 대량의 모뎀을 그냥 나누어주었는가?**

지금부터는 2001년, 소프트뱅크 그룹이 야후-BB로 브로드밴드 사업에 참여했을 때 모뎀을 무상으로 나누어줄 수 있게 만든 증권화에 대해 이야기해보고자 한다. 먼저 증권화란, 기업이 가진 자산을 증권이란 형태로 바꾸어 자금을 조달하는 방법이다.

앞에서 소개한 3가지 자금조달 방법에서는 자산 신용력에 주목하는 에셋 파이낸스로 분류된다. 또한 특정 자산을 증권화해 발행된 증권은 자산담보증권ABS : Asset-Backed Securities이라 불린다.

일반적으로 부동산, 현금흐름을 기대할 수 있는 사업, 론 채권 등이 증권화된다. 하지만 소프트뱅크 그룹이 야후-BB의 모뎀을 증권화할 때에는 디지털 통신의 송수신장치인 모뎀 및 모뎀에서 발생하는 현금흐름을 자산으로 보고 행한 것이다.

그럼 왜 소프트뱅크 그룹은 모뎀을 증권화하면서까지 자금조달을 할 필요가 있었을까. 소프트뱅크 그룹은 2000년 전후의 IT버블 시대에는, 도요타를 웃도는 약 20조 엔의 시가총액을 기록했지만, IT버블이 꺼지기 시작하자 주가가 급락했다. 약 100분의 1이 될 때까지 떨어져 시가총액도 2,800억 엔 정도가 되고 말았다.

ADSL에 의한 브로드밴드 사업 진입은 그런 IT버블 붕괴 시대에 이루어진 일이므로, 아마 당시 소프트뱅크 그룹은 자금 여유가 없었을 것이다. 브로드밴드 사업은 인프라 사업이기 때문에, 선행투자가 필요할 뿐만 아니라 가능하면 빨리 많은 이용자를 모집하는 것이 중요하다.

'연말까지 100만 명 회원 모집을 목표로, 일본 인터넷 환경을 바꾼다.'

손정의의 목표는 명확했다. 그리고 이 목표를 달성하기 위해 생각해 낸 것이 거리에서 모뎀을 무료로 나누어주는 것이었다. 모뎀을 대량으로 배포하기 위해서는 대량의 모뎀을 저가로 제작할 필요가 있고 이를 위해선 일정 정도 안정된 자산이 필요했지만, 당장 손안에는 여유자금이 없었다. 그럴 때 생각해낸 것이 모뎀 소유권 증권화 계획이다. 이에 대해선 다음 페이지의 도표26을 통해 설명해보겠다.

❶ 야후-BB 운영회사인 소프트뱅크BB는 ADSL 계약자, 즉 이용자에게 무료로 모뎀을 대여한다. 이용자는 서비스 사용료를 소프트뱅크BB에 지불한다. 일반인들에게 보이는 부분은 이것이 전부다.

❷ 소프트뱅크BB는 케이맨제도 특수목적회사SPC : Special Purpose Company로서 BB모뎀렌털PLC(공개된 상장 주식회사Public Limited Company)를 설립한다. 증권화를 행할 때 SPC를 설립하는 것은 일반적인 방법인데, 이를 케이맨제도에 설립한 것은 이곳이 조세피난처로서 세무회계상 이점이 많기 때문이다.

소프트뱅크BB는 이 BB모뎀렌털PLC에 모든 모뎀 소유권을 매각했다. 만약 그 총액이 100억 엔이라면, 모뎀 소유권을 매각함으로써 100억 엔이 소프트뱅크BB에 들어온다.

소프트뱅크BB는 모뎀 소유권이라는 자산을 매각함으로써 '오프밸런스시트 효과'를 누리게 된다. 오프밸런스시트 효과란 자산과 거래 등을 사업 주체의 재무제표에 기재하지 않고, 자산효율의 개선 등을 기대할 수 있는 효과다.

❸ 소프트뱅크BB는 조달한 100억 엔으로 대만 혼하이 정밀공업 등 제조업체에 모뎀을 대량으로 발주 후 구입해 이용자에게 무료로 배포했다. 대량 구입으로 모뎀 원가가 내려가, 비용을 절감할 수 있었다.

도표26 | 모뎀 무료 배포를 가능하게 해준 증권화

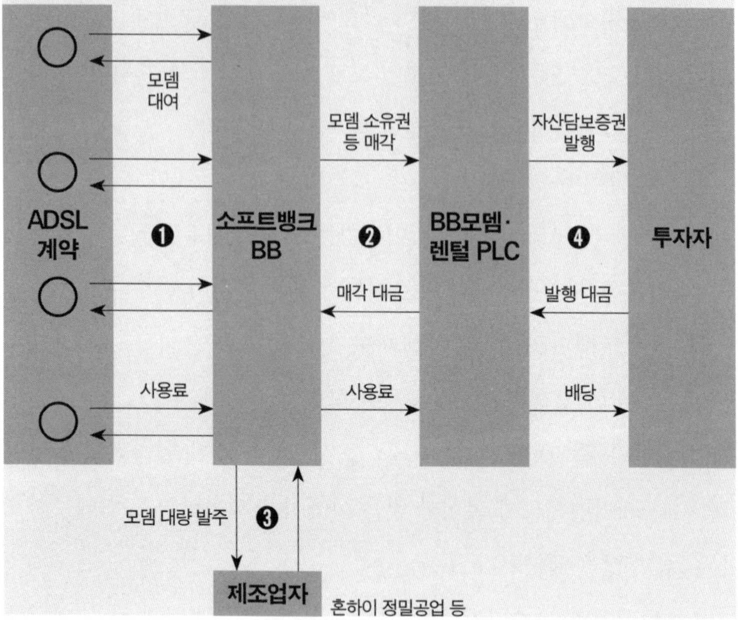

ADSL 계약 ❶ 소프트뱅크 BB ❷ BB모뎀·렌털 PLC ❹ 투자자

모뎀 대여

모뎀 소유권 등 매각

자산담보증권 발행

매각 대금

발행 대금

사용료

사용료

배당

모뎀 대량 발주 ❸

제조업자 혼하이 정밀공업 등

❹ BB모뎀·렌털PLC가 어떻게 자금조달을 했는지 알아보자면, 모뎀 소유권을 담보로 한 자산담보증권을 발행해 투자자에게 판매함으로써 100억 엔의 자금을 조달한 것이다. 물론 투자자에게는 배당금이 지불되었다. BB모뎀·렌털PLC가 투자자에게 지불한 배당의 원천 자금은 소프트뱅크BB가 이용자들로부터 받은 서비스 사용요금이다. 소프트뱅크BB가 받은 서비스 사용요금 일부를 BB모뎀·렌털PLC에게 지불하면, 그것이 배당금으로 투자자에게 돌아가는 구조이다. 즉, 처음부터 서비스 사용요금이라는 현금이 들어올 것을 예측할 수 있는 사업이기

때문에, 모뎀 소유권이라는 자산을 증권화해 판매할 수 있었고, 그 덕분에 사업자금을 미리 조달할 수 있었다.

거꾸로 투자자 측에서 보자면, 모뎀 소유권을 가지고 있기 때문에 서비스 사용요금을 받을 권리가 생긴다. 즉, 소프트뱅크BB는 증권화로 모뎀 소유권과 함께 서비스 사용요금을 받을 권리도 매각했다고 볼 수 있다.

이상이 모뎀을 대량으로 무료 배포할 수 있게 만들었던 증권화라는 파이낸스 구조다.

⊙ 자본, 부채, 메자닌

생명보험회사나 손해보험회사 등 기관 투자가, 은행 등 금융기관, 사업법인 등이 증권화된 자산담보증권에 주로 투자한다. 투자의 종류는 '로리스크 로리턴(저위험 저수익)'에서 '하이리스크 하이리턴(고위험 고수익)'까지 다양하다. 일반적으로 은행이나 기관 투자가는 로리스크 로리턴을 선호하고, 벤처캐피털이나 엔젤 투자가(신생 벤처기업에 자본을 대는 투자자 - 역자 주)들은 하이리스크 하이리턴을 선호한다.

기업이 자금을 조달할 때는 이런 금융기관과 투자자의 선호를 고려해 로리스크 로리턴부터 하이리스크 하이리턴에 이르기까지 구색을 맞추어 투자 기회를 제공해야 한다. 실제로 많은 대기업들이 그런 자금조달정책을 시행하고 있다.

은행과 기관 투자가 등 일반적으로 로리스크 로리턴을 선호하는 투자자들로부터 들어오는 자금이 부채(채권)이고, 하이리스크 하이리턴을 선호하는 투자자들의 자금이 자본(주식)이 된다. 그리고 그 중간에 메자닌mezzanine(채권과 주식의 중간 위험 단계에 놓인 투자 – 역자 주)이 있다.

부채, 자본, 메자닌, 이 3가지를 세로축은 리턴, 가로축은 리스크인 그래프로 나타내면, 도표27과 같이 된다. 왼쪽 아래로 갈수록 로리스크 로리턴인 부채에 가까워지고, 오른쪽 위로 갈수록 하이리스크 하이리턴인 자본에 가까워진다. 그 중간에는 미들리스크 미들리턴인 메자닌이 있다.

투자자와 자금을 대는 기관이나 단체에 따라 각각 원하는 리스크와 리턴이 다르다. 은행은 큰 리스크를 감수할 수 없기 때문에, 보통 스타트업 기업에는 출자하지 않는다. 스타트업에 출자하는 것은 엔젤 투자가나 벤처캐피털이 대부분이다.

메자닌 투자는 사업 투자자나 일부 기관 투자가들이 주로 행한다. 어느 쪽인가 하면, 부채 쪽에 가까운 투자가라 할 수 있다. 이때 사업 투자자란 사업을 행하는 사업 회사가 투자하는 경우를 말한다.

소프트뱅크 비전펀드로 말하자면 애플과 혼하이 정밀공업 등이 사업 투자자다. 이들은 '스트레티직 스폰서strategic sponsor(전략적 후원자)'라고도 불린다. 사우디아

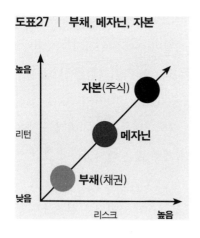

도표27 | 부채, 메자닌, 자본

높음

자본(주식)

메자닌

리턴

부채(채권)

낮음

리스크   높음

라비아 정부가 관여하는 펀드 등은 '파이낸셜 스폰서'로, 제3자에게 매각되거나 주식공개 등이 있을 때 투자자금을 회수해 매각 차익을 얻으려는 것을 목적으로 한다.

⊙ 최적 자금조달을 위해 중요한 것

자금조달을 하려는 기업은 부채, 메자닌, 자본, 이 3가지를 섞어 최적 자본을 구성해야만 최적 자금조달이 이루어지도록 계획을 세울 수 있다. 자본정책이나 자본조달에 뛰어난 소프트뱅크 그룹은 부채, 메자닌, 자본, 이 3가지를 구사해 최적 파이낸스가 이루어지도록 금융재무전략을 짜는 데 뛰어나다.

은행이나 기관 투자가 같은 부채 투자가들은 무엇보다도 안정성을 중시한다. 따라서 신용평가 등급 향상, 경영기반과 재무기반 강화, 자기자본 충실 등을 주로 살핀다. 이에 비해 자본 투자가들은 성장성을 가장 중시한다. 이처럼 양쪽 투자가들이 추구하는 바가 다르기 때문에, 각각의 투자자들에게 맞춘 커뮤니케이션 방법이 중요하다. 부채 투자가들을 대상으로 하는 커뮤니케이션 스토리를 '데트debt 스토리', 자본 투자가들을 대상으로 하는 커뮤니케이션 스토리를 '에쿼티equity 스토리'라고 한다.

데트 스토리는 은행이나 기관 투자가, 채권이나 증권 투자가와 커뮤니케이션하기 위해 전개하는 것이다. 따라서 기업이 얼마나 안정된 상태인지를 보여주기 위해 다양한 경영지표를 제시한다. 에쿼티 스토리는 주로 주주와 커뮤니케이션하기 위한 것으로, 회사의 성장 방향성과 비전을 최대한 구체적인 수치를 바탕으로 제시한다. 이처럼 에쿼티와 데트는 커뮤니케이션의 핵심과 주축이 완전히 다르다.

소프트뱅크 그룹은 이 2가지 커뮤니케이션을 모두 중시하기 때문에, 늘 각종 금융기관과 기관 투자가, 사업 투자가, 벤처캐피털 등과 고루고루 커뮤니케이션하는 데 주력한다. 때문에 자금조달을 위해서 부채와 자본을 모두 능숙하게 다루고 있다.

사업상 중요한 것은 성장성, 수익성, 안정성 3가지다. 하지만 현실에선 3가지를 모두 고르게 높은 수준으로 만족시키기는 쉽지 않다. 예를 들어, 성장성을 중시해 이익을 선행투자로 돌리면, 수익성이 내려간다. 그리고 수익성이 내려가면 안정성도 동반해서 내려간다. 반대로 수익성을 중시해 신규 사업 개발과 신상품 개발, 새로운 서비스 개발 등 미래를 위한 투자를 소홀히 하면 성장성이 떨어지고 만다.

한 부동산 회사가 빌딩 20동을 가지고 있고, 이를 통해 나오는 임대료로 충분한 이익을 확보하고 있다고 하자. 이대로도 수익성과 안정성은 당분간 유지할 수 있지만 빌딩은 시간이 지날수록 노후된다. 그렇기에 언젠가는 보수비용이 필요해지고 임대료도 내려야 한다. 즉, 지금 당장 상황이 좋다고 현상 유지에 머물며 아무것도 하지 않으면 성장성이 전혀 없게 된다. 이는 기업에게 죽음을 의미하는 것이나 마찬가지다.

이때 균형 잡힌 성장성, 수익성, 안정성을 유지하기 위해신 규칙을 만들 필요가 있나. 예를 들어, '차입금은 임대 관계 수익의 5배 이내', '영업이익은 차입금의 10퍼센트 이상', '차입금은 그 시점의 현금흐름에서

15년 이내에 완전히 변제 가능한 금액' 등과 같은 규칙이 필요하다.

소프트뱅크 그룹도 항상 성장성, 수익성, 안정성의 균형을 높게 유지하는 것을 염두에 두고 있다. 그리고 이 3가지를 모두 고려하면서, 데트 스토리에서는 안정성과 수익성에 중점을 둔 설명을 하고, 에쿼티 스토리에서는 성장성과 수익성에 중점을 둔 설명을 한다. 이는 양쪽 모두로부터 언제든 자금을 조달받기 위한 준비 과정이다.

⊙　'레버리지를 활용한다'의 의미

니혼텔레콤과 보더폰 일본법인 매수 때 이용한 '레버리지드 바이아웃'에 대해 설명해보고자 한다. 먼저 레버리지드 바이아웃의 '레버리지'는 '레버 lever, 즉 지렛대로 움직인다'는 뜻으로, 작은 작용으로 큰 효과를 얻는 현상에 폭넓게 사용된다.

레버리지 분야는 크게 3가지로 나뉜다. 생산비 중 고정비 수준이 높을수록 동반되는 이익 증가와 관련된 '영업 레버리지', 경제 효과에 의한 비용 절감에서 생기는 이익 증가와 관련된 '생산 레버리지', 가격 상승과 혁신적인 유통에 의한 이익 증가와 관련된 '마케팅 레버리지'가 있다.

'바이아웃'은 매수를 뜻하므로, '레버리지드 바이아웃'이란 '지렛대 효과를 이용한 매수'라 할 수 있다. 그렇다면 '레버리지를 활용한다'는 것은 어떤 의미일까?

예를 들어, 스타트업 기업을 세우는 데 자금 100이 필요하다고 가정해보자. 처음부터 은행에서 대출을 받는 것은 불가능하다. 아직 기업으로서 실적이 없어 신용력이 바닥이므로, '코퍼레이트 파이낸스'를 받을 수 없기 때문이다. 따라서 필요한 자금을 출자금으로 모을 수밖에 없다. 이런 경우 대부분 자기자금으로 시작한다. 스스로 저축한 돈과 친척이나 가까운 지인 등 자신을 잘 아는 사람들로부터 돈을 빌려 자기자금을 만들고, 자본 100에서 출발하게 된다.

사업 운영이 순조로워 실적이 나오고 새로운 프로젝트에 새로운 자금 100이 필요해질 때쯤이면, 이제 외부 자금조달이 가능해진다. 예를 들어, 자기자금을 20만 투자하고, 남은 80은 은행에서 빌릴 수가 있다. 이것이 '레버리지를 활용'하는 것이다.

좀 과감하게 한마디로 말하자면, '레버리지란 돈을 빌리는 것이다.' 은행으로부터 빌린 원금 80은 결국 돌려주어야 할 돈이다. 하지만 당분간은 금리를 지불하며 쓸 수 있는 돈이고, 지금은 제로에 가까운 금리 시대이기 때문에 이자로 나가는 돈은 소액이다.

만약 새로운 프로젝트에 성공해, 회사 자산이 200으로 늘었다 해도 은행에 갚아야 할 돈이 80에서 100으로 늘어나는 것은 아니다. 은행에는 일정한 이자만 지불하고, 원금은 80만 갚으면 된다. 즉, 200 − 80 = 120이 되고, 이 차액 120은 전부 자사 소유 자금이 된다. 20이란 레버리지 자금을 들여 6배인 120이란 자산을 얻은 결과가 된다. 그러므로 '왜 레버리지를 활용하는가'란 질문에 대해선, '레버리지를 활용히는 쪽이 투자 효과가 훨씬 높아지기 때문'이라고 답할 수 있다.

단, 레버리지에는 정(+)의 레버리지와 부(−)의 레버리지가 있다. 정

(+)의 레버리지란, 앞에서 든 예처럼, 20의 자기자본금으로 120의 리턴을 얻는 것 같은 상황이다. 이에 비해, 부(-)의 레버리지란 20의 자기자본금과 80의 차입금으로 프로젝트를 시작했지만, 실패로 끝나 투자금 100을 모두 잃는 경우를 뜻한다. 이런 경우 스타트업 때 투자했던 자기자금 100에서 80을 끌어와 은행에 반제해주어야 한다. 그리고 만약 이때 자금 융통이 어렵게 되면, 기업은 도산 위기에 처하고 만다. 만약 투자금액 이상으로 손실을 입어 차입금을 반제할 수 없게 되면, 디폴트(채무불이행) 상태가 되어 도산하고 만다.

이처럼 레버리지에는 정의 효과와 부의 효과, 즉 장점과 단점, 양면이 있다. 레버리지를 크게 활용하면 그만큼 더 높은 하이리스크 하이리턴 투자가 된다는 것을 알 수 있다.

⊙ 보더폰 일본법인 매수 계획

레버리지를 활용한다는 것은 곧 돈을 빌린다는 뜻이라고 앞서 밝혔다. 그렇다면 '레버리지드 바이아웃'은 '돈을 빌려 매수하는 것'이라 할 수 있다. 하지만 보더폰 일본법인의 매수에서는 소프트뱅크 그룹이 직접 돈을 빌리러 나서지 않았다. 매수 대상인 기업을 담보로 돈을 빌리는 것이 '레버리지드 바이아웃'이기 때문이다.

다음의 도표28은 보더폰 일본법인을 매수할 때 자금조달 계획을 분석해 그린 것이다. 한동안은 소프트뱅크 그룹의 홈페이지에도 게재되어 있던 것이다. 복잡한 구조로 보이지만, 크게 3가지 자금조달로 나누어 볼 수 있다.

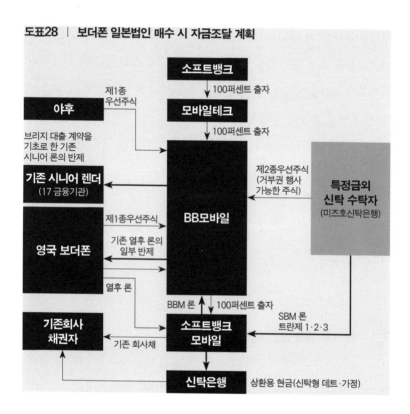

도표28 | 보더폰 일본법인 매수 시 자금조달 계획

소프트뱅크

↓ 100퍼센트 출자

모바일테크

↓ 100퍼센트 출자

야후
제1종
우선주식

브리지 대출 계약을
기초로 한 기존
시니어 론의 반제

기존 시니어 렌더
(17 금융기관)

영국 보더폰
제1종우선주식

기존 열후 론의
일부 반제

열후 론

BB모바일

제2종우선주식
(거부권 행사
가능한 주식)

특정금외
신탁 수탁자
(미즈호신탁은행)

기존회사
채권자

기존 회사채

BBM 론 ↑ 100퍼센트 출자

소프트뱅크
모바일

SBM 론
트란제 1·2·3

신탁은행 상환용 현금(신탁형 데트·가정)

1. 자기자본금

소프트뱅크는 모바일테크란 자회사에 100퍼센트 출자하고, 모바일테크가 BB모바일이란 손자회사에 100퍼센트 출자한다. 출자액은 2,000억 엔. 야후재팬도 제1종우선주식의 매입으로 1,200억 엔을 출자한다. 이상은 모두 에쿼티 투자다. 여기서 BB모바일이 보더폰 일본법인을 매수해 보더폰 일본법인은 소프트뱅크모바일이 된다.

2. 논리코스 론
소프트뱅크모바일이 17곳 금융기관으로 이루어진 '신디케이트(특정금외 신탁 수탁자)'로부터 1조 1,600억 엔의 논리코스 론(비소급형 융자)을 받는다. 이것은 레버리지를 활용한 금액으로 부채에 해당한다.

3. 영국 보더폰에 의한 자금
이외에 BB모바일은 영국 보더폰 본사로부터 제1종우선주식 매수에 의한 3,000억 엔 출자를 받았는데, 이것은 에쿼티를 이용한 자금조달이다. 또한 소프트뱅크모바일은 보더폰 본사로부터 열후 론(다른 채권보다 지불 순위가 뒤로 밀리는 론)으로서 1,000억 엔을 차입했는데, 이것은 메자닌에 해당한다고 볼 수 있다.

이런 식으로 조달한 자금 총액은 1조 8,800억 엔이었고, 보더폰 일본법인 매수 금액은 1조 7,500억 엔이었다. 일반인들은 소프트뱅크가 보더폰 일본법인을 매수했다고 하면, 소프트뱅크 자기자금과 차입금으로 매수했을 것이라고 생각한다. 하지만 사실은 전혀 그렇지 않았던 것이다.

소프트뱅크 그룹은 대형 매수 안건이 있을 때마다 대부분 특수목적 회사를 만든다. 그리고 이 회사에 자기자금을 투입하는 것은 물론이고, 다양한 투자자와 금융기관으로부터 출자와 투자, 융자 등을 끌어모은다. 각각의 리스크 리턴에 응하는 다양한 형태로 자금을 조달한다고 보면 된다. 물론, 이런 일은 소프트뱅크 그룹이 독자적으로 행하는 것이 아니라, 금융기관을 주선자로 삼아 최적의 자금조달 계획을 빈틈없이 세운다.

보더폰 일본법인을 매수할 때 자금조달 구조를 정리해보면, 다음과 같다. 자본은 소프트뱅크(모바일테크) 2,000억 엔, 야후재팬 1,200억 엔, 영국 보더폰 3,000억 엔의 합계인 6,200억 엔이었다. 메자닌은 영국 보더폰으로부터 조달한 1,000억 엔이었고, 부채는 여러 은행 신디케이트로부터 조달한 논리코스 론 1조 1,600억 엔이었다.

야후재팬과 영국 보더폰이 매입한 제1종우선주식이란 보통주식과 비교할 때 의결권이 없고 7년간 배당도 없다. 단, 그 후에는 일정 조건을 충족하면, 영국 보더폰은 10퍼센트의 주식을 취득할 수 있다.

도표29 │ 보더폰 일본법인 매수 시 자금조달 계획

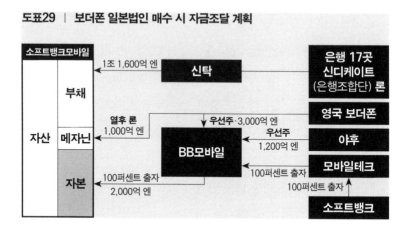

⊙ 1조 7,500억 엔이 비싸지 않았던 이유

여기서 흥미로운 것은 보더폰 일본법인을 매수하는 데 영국 보더폰으로부터 출자를 받았다는 점이다. 영국 보더폰은 우선 주식 매입으로 3,000억 엔을 출자했고, 열후 론으로 1,000억 엔으로 융자해주었다. 이 경우 열후 론은 논리코스 론보다 반제 순위가 낮아 리스크가 늘어나지만, 그만큼 금리도 높아져 리턴도 커진다. 때문에 미들 리스크, 미들 리턴에 가까운 메자닌이라고 볼 수 있다.

당시 1조 7,500억 엔의 매수금에 대해 '너무 비싸다', '고평가되었다'라는 말이 뒤따랐다. 확실히 매수금만 보면 비쌀지도 모르지만, 비싼 값을 지불한 대신 영국 보더폰이 출자하도록 만들었다는 의견도 있다.

실제로 보더폰 일본법인을 매수했던 회사는 BB모바일인데, 매수 교섭에 나선 당사자는 소프트뱅크의 손정의였다. 아마도 백전노장인 손정의가 "조금 비싼 값을 지불할 테니 매수 자금 일부를 출자하시오"라는 조건을 영국 보더폰에 제시하며 교섭을 마무리했을 것으로 보인다.

영국 보더폰에 지불한 1조 7,500억 엔 중 4,000억 엔을 다시 영국 보더폰으로부터 출자 받은 것은 이에 해당하는 리스크도 가져가게 만든 것이다. 따라서 자기자본금이 적었던 소프트뱅크 입장에선 결코 손해 보지 않는 장사였다고 할 수 있다.

보더폰 일본법인 매수에 소프트뱅크가 출자했던 금액은 2,000억 엔이었다. 그룹회사인 야후재팬이 1,200억 엔을 투자했으니 합계를 내면 3,200억 엔이다. 그런데 이보다 큰 금액을 영국 보더폰이 내도록 만든 셈이니, 단순히 '비싸게 샀다'고만은 할 수 없을 것이다. 오히려 '용의 주도하고 훌륭한 거래였다'고 평가할 수 있을 것이다.

기업매수는 단순히 매수금액만으로는 그 속사정을 알 수 없는 경우가 많다. 매수에 나선 기업은 다양하고 복잡한 계산을 거친 각종 시나리오를 미리 그려보고 분석한 뒤 교섭에 나서기 때문이다.

손정의로서는, 보더폰 일본법인에게 높은 가격을 매겨주는 대신 사후에도 영국 보더폰 본사와 거래관계를 이어가며 협력할 필요가 있었을 것이다. 또한 파이낸스상의 리스크를 혼자 감당하지 않고, 분산시키려는 의도도 있었을 것이다.

⊙   '세기의 딜'을 이루어낸 비결은 무엇이었을까?

논리코스 융자를 해주었던 은행 신디케이트 입장에서 보자면, 이런 매수 계획은 어떠했을까? 은행 신디케이트의 가장 큰 관심사는 새로운 소프트뱅크모바일의 휴대전화사업이 앞으로 잘될지와 지속적으로 이익을 낳을 수 있을지다. 당연히 사업이 잘되지 않을 경우에 대해서도 생각해보게 된다.

논리코스 론은 부채이기 때문에 반제 때 최우선 순위에 놓인다. 즉, 손실 범위가 그 이외의 자본과 메자닌 자금 범위 안에 있으면 전액 반제가 가능하다. 즉, 자본과 메자닌의 범위가 크면 클수록 부채의 안전성은 높아진다.

따라서 은행 신디케이트 측에서는 소프트뱅크에 '자본을 좀 더 내놓으세요'라고 압박을 가했을지도 모른다. 하지만 당시 소프트뱅크엔 큰 여유자금이 없었다. 소프트뱅크 비전펀드 때처럼 사업 투자가나 사우디아라비아 정부가 관여하는 펀드 같은 투자가에게 출자를 권해도 당시로선 아마도 거부당했을 것이다.

　은행 신디케이트 입장에서 보자면, 소프트뱅크의 2,000억 엔과 야후 재팬의 1,200억 엔만으로는, 자본이 지나치게 작아서 리스크가 크기 때문에 자본을 늘리라고 요구하는 것은 당연하다. 만약 이때 자본을 늘릴 수 없었다면, 논리코스 융자는 실현되지 않았을 가능성이 크다. 그래서 손정의는 휴대전화사업의 가치와 사업 리스크 등을 가장 잘 이해하고 있는 영국 보더폰에 적당한 리스크를 부담하도록 만들 생각을 하게 된 것으로 보인다. 영국 보더폰의 입장에서도 상대방이 그만큼 높은 가격으로 매수해주기 때문에 사업적으로 협력하고 싶게 만드는 동기부여가 충분히 되었을 것이다.

　그 결과 자본이 3,000억 엔, 메자닌이 1,000억 엔 증가해 은행 신디케이트가 떠안아야 할 리스크가 상대적으로 감소했고, 이것이 논리코스 론을 해줄 수 있게 만들었다. 이런 과정을 거쳐 이루어진 소프트뱅크에 의한 보더폰 일본법인의 매수는, 1조 7,500억 엔이라는 당시 최고 매수 금액 기록을 세웠다. 또한 LBO 등을 구사한 자금까지 유례가 없었던 매수 계획, 1조 1,600억 엔이라는 논리코스 론, 소프트뱅크의 휴대전화사업 진입 등을 생각하면 일본 금융 역사에 남을 '세기의 딜' 이었다고 필자는 생각한다.

　이런 세기의 딜이 실현되는 데 중요한 역할을 한 것은 영국 보더폰이 내놓은 4,000억 엔이란 자금이었다. 손정의는 소프트뱅크의 2,000억 엔과 야후재팬의 1,200억 엔이라는 자기자금으로, 보더폰 일본법인을 1조 7,500억 엔에 매수했다. '손의 제곱 법칙'에는 '칠(七)'이라는 문자가 있다. 이것은 7할 이상 승산이 보이면 도전한다는 것을 의미하는 동시에, 리스크는 3할까지만 용납한다는 의미다. 손정의는 이와 관련해 "도마뱀은 몸의 30퍼센트까지 잘려도 꼬리 부분이 다시 자란다. 하지만 절반 정도 잘리면 내장이 드러나 죽고 만다"라는 말도 했다.

보더폰 일본법인 매수 때도 손정의는 7할의 승산이 있다고 보아 매수에 나섰고, 리스크는 3할 이하로 억제했다. 이런 경우 소프트뱅크의 2,000억 엔과 야후재팬의 1,200억 엔이라는 자본이 설령 0엔이 되었다 해도, 소프트뱅크와 야후재팬에는 사업 수익이 있기 때문에 소프트뱅크 전체로서는 살아남게 되었을 것이다.

⊙ '논리코스'의 실체는 '리미티드리코스'

은행 신디케이트가 실행한 논리코스 론에 대해 설명해보겠다. 논리코스의 '리코스recourse'란 금융용어로 '소급형'이란 뜻이다. 그러므로 논리코스는 '비소급형'을 의미한다. 여기에 '융자'의 의미를 가진 론이 더해진 논리코스 론이란 '비소급형 융자'를 뜻하는 말이다.

보통 론은 자금을 빌린 사람이나 회사에 반제할 의무가 있다. 이에 비해 논리코스 론은 돈을 빌려 매수에 나서는 기업의 신용력이 아니라, 매수당하는 기업의 신용력에 의한 자금조달이다. 따라서 반제 의무도 매수 기업이 아니라, 매수당하는 기업 쪽에 생긴다. 즉, 자금을 빌린 기업은 비소급 대상이다.

보더폰 일본법인 매수를 예로 들어 말하자면, 이 매수에는 모회사 소프트뱅크, 자회사 모바일테크, 손자회사 BB모바일이 관여했다. 이 중에서 직접 매수에 나선 기업은 BB모바일이었지만, 논리코스 론의 반제를 행한 것은 매수당한 기업인 '보더폰 일본법인=소프트뱅크모바일'이었다.

만약 휴대전화사업이 잘되지 않아 소프트뱅크모바일이 논리코스 론을 반제하기 어렵게 되어도, 매수에 나섰던 기업인 BB모바일이 반제할 의무는 없고, 은행도 BB모바일에 반제를 소급할 수 없다. 손자회사 BB모바일에 반제를 소급하지 않는 것은 자회사인 모바일테크와 모회사인 소프트뱅크에도 소급할 수 없다는 의미다. 이와 같은 파이낸스 조건을 논리코스 조건, 론의 경우엔 논리코스 론이라 한다. 좀 더 폭넓게는 논리코스 파이낸스라고도 한다.

소프트뱅크 그룹이 이런 논리코스 파이낸스를 자주 행하는 이유는 계약상 자신들에게 반제 의무가 없고, 매수한 기업이 반제하지 못해도 금융기관이 반제를 소급 적용하지 않기 때문이다. 그런데 아무리 논리코스라 해도 사실상은 '리미티드리코스'라 할 수 있다. 버블 붕괴 후의 금융위기 때는 모회사에 한정적이기는 해도 어떤 형태로든 반제가 소급 적용되었기 때문이다.

예를 들어, 모회사가 논리코스 론을 받은 회사와 같은 은행에 단기와 장기 론이 있으면, 그 은행은 논리코스에 대해서는 반제를 소급할 수 없다. 하지만 단기와 장기 론에 대해 기간을 연장하지 않는다든가

하는 형태로 모회사가 알아서 변제에 나서도록 압박을 가한다. 이런 경우 단기와 장기 론의 기간을 연장해야 할 입장에 처한 모회사로서는 어떻게든 논리코스 론의 일부를 스스로 변제할 수밖에 없다. 모회사는 여러 은행 및 금융기관과 거래를 하고 있기 때문에 논리코스 론이라 해도 변제의 의무에서 완전히 벗어날 수는 없다.

⊙ '자금의 최대화'와 '조달비용 최소화'를 실현

은행 입장에선 일반적인 리코스 론에 비해 논리코스 론의 리스크가 높기 때문에 그만큼 금리를 높일 수밖에 없다. 따라서 논리코스 론과 열후 론은 보통 기업에선 거의 사용하지 않는 자금조달 방법이다. 상대적으로 금리가 낮은 리코스 론인 부채와 자본을 통해 자금을 조달할 수 있기 때문이다.

수십억 엔, 혹은 수백억 엔 규모의 프로젝트가 아니라면, 논리코스 론도, 열후 론도 현실적인 선택지는 아니다. 굳이 금리와 수수료가 높은 이런 자금조달 방법을 쓸 필요는 없다. 하지만 프로젝트가 크고, 자금조달 규모가 커지면, 리코스 론과 자본만으로는 필요한 자금을 모을 수 없게 된다. 이때 우선 사용하게 되는 것이 논리코스 론과 열후 론이다.

앞에서도 언급했듯이 금융기관과 투자자마다 원하는 리스크와 리턴이 다르다. 때문에 각각 경우에 맞는 금융 메뉴를 제안해 자금을 투자하도록 유도하는 것이 중요하다. 이처럼 부채, 메자닌, 자본을 잘 섞어 균형 잡힌 자금조달 방법을 택하면, 최적의 자본 구성을 할 수 있게 되고, 조달비용도 낮출 수 있다. 중요도나 영향도에 따라 각각의 가중치를 곱하여 구한 평균 비용은 그렇지 않은 경우보다도 일반적으로 비용이 내려가기 때문이다.

소프트뱅크 그룹은 다양한 금융기관과 투자자와 일상적인 커뮤니케이션을 하며, 각각에 맞는 다양한 금융 메뉴를 제안한다. 그럼으로써 조달할 수 있는 자금을 최대화하는 동시에, 조달비용을 최소화하는 최적 자금조달 방법을 실현하고 있다.

⊙ 전략적 파이낸스의 10가지 포인트

지금까지 알아본 바와 같이 소프트뱅크 그룹은 금융재무전략에 아주 뛰어난 기업이고, 특히 자금조달에 능숙하다. 필자의 금융재무 경험에 비추어볼 때, 소프트뱅크 그룹이 최적 자금조달과 전략적 자금조달을 행할 때 중요시하는 사항은 10가지 정도로 정리된다. 지금부터는 이를 '전략적 파이낸스'의 10가지 포인트로 정리해보려 한다 (169페이지 도표30). 하나씩 살펴보자.

포인트1 : 비전·전략과의 정합성

경영이념과 비전에서부터 경영전략, 사업전략, 각 전략 프로젝트에 이르기까지 기업에는 고도의 정합성과 일관성이 요구된다. 따라서 금융거래를 할 때도 이들과 높은 정합성을 확보하는 것이 아주 중요하다.

소프트뱅크 그룹에서는 파이낸스 정책 역시 '정보혁명으로 사람들을 행복하게'라는 미션과 '전 세계 사람들이 가장 필요로 하는 기업'이라는 비전을 실현하기 위한 수단으로 보고 추진한다.

파이낸스 정책들이 AI 군전략과 앞에서 말한 손의 제곱 법칙과 정합성을 이루어 실행되어왔다는 것은 지금까지 이 책을 통해 살펴본 그대로다.

포인트 2 : 목적과 제약 요인 파악

자금조달 계획을 세울 때에는 대상 기업이나 프로젝트가 지닌 목적과 제약 요인을 철저히 찾아내 그것들을 파이낸스 조건에 담아내는 것이 중요하다. 앞에서 예로 든 보더폰 일본법인 매수 사례를 보면, 소프트뱅크 그룹은 이를 아주 꼼꼼하게 실천하고 있다.

포인트 3 : 라이프 사이클 단계

매출, 현금흐름의 타이밍, 사업 리스크의 크고 작음, 시세 예측 변동률의 크고 작음은 기업의 라이프 사이클과 대상 프로젝트의 단계에 따라 크게 달라진다. 따라서 각각의 단계에 맞는 파이낸스를 구축할 필요가 있다.

라이프 사이클의 단계는 부채, 메자닌, 자본, 또 이 3가지의 하이브리드 등 자금조달 계획의 구성에도 큰 영향을 끼친다.

AI 군전략에는, 고성장 중인 새로운 스타기업에는 투자하지만 성장이 둔화된 스타기업은 주식을 팔아 졸업시킨다는 규칙이 있다. 이 역시 기업의 라이프 사이클 단계에 따라 달라지는 금융재무전략이라 볼 수 있을 것이다.

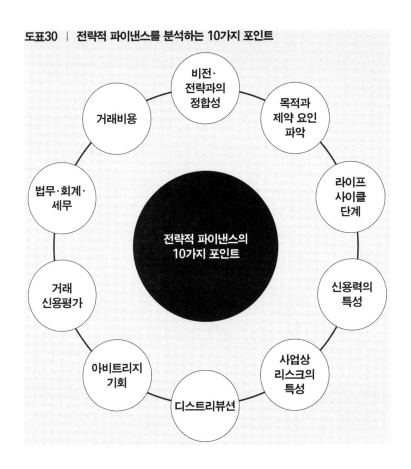

도표30 | 전략적 파이낸스를 분석하는 10가지 포인트

포인트 4 : 신용력의 특성

자금조달 방법에 대한 접근은 크게 세 갈래로 나뉜다. 기업의 신용력을 기초로 하는 코퍼레이트 파이낸스, 사업의 신용력을 기초로 하는 프로젝트 파이낸스, 자산의 신용력을 기초로 하는 에셋 파이낸스가 그 것이다.

이런 분류는 대상 기업과 프로젝트의 신용력 특성에 주목한 것으로, 보다 유리한 파이낸스를 구축하기 위해선 이 3가지를 조합하는 전략적 구조화 작업이 필요하다.

야후-BB의 모뎀 증권화 사례를 보면, 모뎀이란 자산을 증권화한 에셋 파이낸스와 브로드밴드 사업 진입에 대한 프로젝트 파이낸스를 조합했다. 기업, 사업, 자산 중 정확히 2가지 부문의 신용력 특성에 주목한 파이낸스를 행하고 있음을 알 수 있다.

포인트 5 : 사업상 리스크의 특성

실무적인 파이낸스 조건에 큰 영향을 끼치는 것으로는 사업 리스크 특성에 대응한 파이낸스 구조화 작업이 있다. 이때 살펴보아야 할 사업 리스크 특성에는 도산 비용, 산업과 사업 성숙도, 시세 예측 변동률, 성장성, 대상 기업과 프로젝트의 자산 구성 등이 있다.

보더폰 일본법인의 매수 사례를 보자면, 휴대전화사업은 기존에 해오던 비즈니스기 때문에 사업상 리스크 특성을 금융기관과 투자자들이 판단하기 쉬웠을 것이다. 물론 보더폰에서 소프트뱅크로 바뀌면서 기존에 해오던 사업이 쇠퇴해버릴 가능성도 있지만, 그런 점을 감안한다 해도 완전히 새로운 사업을 시작할 때보다는 비교적 사업 리스크의 특성을 알기가 쉽다. 따라서 로리스크 로리턴을 좋아하는 은행과 기관 투자가들도 이 사업에 대해서만큼은 논리코스 론을 해줄 것이라 예상하고, 그것을 파이낸스 수단으로서 선택했다고 생각한다.

포인트 6 : 디스트리뷰션

여기에서 말하는 디스트리뷰션은 어떤 금융기관과 투자자에게서 출자를 받는가 하는 문제다. 이때 중요한 것은 대상 기업과 프로젝트의 특성, 신용력의 특성, 사업상 리스크의 특성을 고려해 구축한 파이낸스 패키지를 각각의 파이낸스 조건과 합치하는 금융기관과 투자자를 찾아 제안해야 한다는 점이다.

다시 말해 기업과 사업의 라이프 사이클 단계, 신용력 특성, 사업 리스크 특성 등을 각각 살펴보면서, 가장 적절한 자금 출처로부터 가장 적절한 방식의 출자를 받아내는 것이 중요해진다.

소프트뱅크 그룹은 이런 디스트리뷰션에 뛰어나다. 즉, 파이낸스 패키지를 우선 열후구조로 구성해, '캐피털 마켓'인지, '프라이빗 플레이스먼트'인지를 잘 판단해 자금을 조달하고 있다. 캐피털 마켓이란 일반 자본시장을 말한다. 일반 자본시장에서 신용평가를 받아 주식이나 채권 등을 판매해 자금을 조달하면, 큰 금액을 끌어모을 수 있지만, 그만큼 비용이 든다는 단점도 있다. 프라이빗 플레이스먼트는 소수 한정 금융기관과 투자자를 대상으로 자금을 조달하는 것이다. 소수 한정이기 때문에 큰 금액을 조달할 수는 없지만, 그만큼 비용은 낮아진다. 어느 쪽이든 일장일단이 있기 때문에, 적절하게 나누어 사용하는 것이 중요하다.

포인트 7 : 아비트리지 기회

아비트리지 arbitrage (차익거래) 기회란 일본 내외 자본비용의 차이, 크레

디트, 시장 가격의 차이, 투자자의 리스크·리턴의 선호도의 차이에 따라 발생하는 수익을 올리는 획득 기회를 말한다.

앞에서 말했듯이, 일본 내 투자자의 관점과 해외 투자자의 관점은 당연히 다르다. 소프트뱅크 그룹에 대한 신용평가는 해외 신용평가기관보다는 일본 내 신용평가기관이 점수를 더 후하게 준다. 이것은 아무래도 기업 체질과 사업, 제품과 서비스에 대해 좀 더 깊이 이해하고 있기 때문일 가능성이 크다.

전략적 자금조달을 위해선 대상 기업과 프로젝트 특성을 기초로 아비트리지 기회를 활용한 보다 유리한 파이낸스 수단과 리스크 머니 준비가 필수적이다. 소프트뱅크 그룹도 신규성 높은 사업을 벌이는 기업에 투자할 때는 외자계 금융기관과 투자자로부터 자금을 조달하는 데 적극적이다. 하지만 일본 내 금융기관과 투자자들이 사업 내용을 이해하고 투자할 것 같은 경우엔 조달비용이 저렴한 일본 내 자금을 우선시한다. 다양한 아비트리지 기회를 활용해 능숙하게 자금조달 구조를 만들어가고 있다고 볼 수 있다.

포인트 8 : 거래 신용평가

거래 신용평가는 해외의 경우 스탠더드앤드푸어스S&P, 무디스, 피치 등 일본의 경우 일본 신용평가연구소JCR, 신용평가 투자정보센터R&I 등에서 내린다. 예를 들어, '투자적격'이란 신용평가를 취득하면, 투자자는 그에 해당하는 채권이나 금융상품을 살 확률이 높아진다. 단, 거래 신용평가를 취득하기 위해서는 신용평가회사와 교섭을 해야 하기 때문에 시간직, 금전적 비용이 들어간다. 소프트뱅크 그룹도 대형 안건과 전략적 안건에 대해서는 거래 신용평가를 받는 경우가 많아지고 있다.

포인트 9 : 법률·회계·세무

법률, 회계, 세무는 목적과 제약 요인이라는 두 가지 측면에서 모두 아주 중요하다. 마찬가지로 자금조달 계획을 짤 때도 제약 요인이 되기 쉽고, 아비트리지 기회의 원천이 되기도 쉽다. 소프트뱅크 그룹도 항상 법률, 회계, 세무를 생각하면서, 특수목적회사를 케이맨제도에 설립하는 등 다양한 방법을 구사하고 있다.

포인트 10 : 거래비용

자금조달의 거래비용은 낮을 수록 좋다. 하지만 금리와 참가 은행 수수료 등 표면적인 거래비용에 지나치게 구애받으면, 프로젝트 본래의 목적을 달성하기가 어려워질 가능성도 있다.

표면적인 거래비용 이상으로 중요한 것은 리스크·리턴이다. 보더폰 일본법인 매수 사례를 살펴보면, 자금조달 구조를 완벽하게 실현할 수 있는지가 가장 중요한 문제였다. 그래서 이를 해결하기 위해 스스로 감당하기 어려운 리스크를 영국 보더폰이 책임지도록 만들 필요가 있었고, 그 때문에 표면적인 거래비용은 올라가도 좋다고 판단했던 것으로 보인다.

거래비용에 대한 이런 판단을 위해서는 종합적인 사고가 필요한데, 소프트뱅크 그룹은 이를 확실하게 실천하고 있다.

⊙ 레버리지인가? 역레버리지인가?

레버리지(지렛대 효과)란 작은 힘을 들여 큰 효과를 보는 것을 뜻한다. 리스크와 리턴은 비례하기 때문에, 리스크가 작으면, 리턴도 작아진다. 거꾸로 리스크가 크면, 리턴도 커진다. 따라서 레버리지에 의해 리턴이 커지면, 그만큼 리스크도 커지게 된다.

보통 레버리지라고 하면, '적은 금액으로 보다 큰 프로젝트를 실현한다' 등과 같이 적은 금액으로 큰 리턴을 만들어내는 '정(+)의 레버리지'란 뜻이다.

소프트뱅크 그룹의 경우를 보아도 타인 자본을 이용해 자기자본 수익률을 증대시키고 있는데, 이것 역시 '정(+) 레버리지'다.

한편, 레버리지에는 '역(-) 레버리지' 혹은 '부(-) 레버리지'도 있다. 간단히 말하자면 부정적인 효과가 연쇄적으로 일어나는 것이다. 소프트뱅크 비전펀드가 출자했던 위워크의 비즈니스와 업적에 의심이 일기 시작하면, 다른 프로젝트(투자처)도 마찬가지로 의심하게 되는 부(-)의 연쇄작용이 일어난다. 위워크와 다른 프로젝트 사이에 비즈니스상의 연관은 전혀 없지만, 투자자와 금융기관은 '다른 프로젝트는 괜찮을까'라는 의심의 눈으로 더욱 엄격히 바라보게 된다. 그러다 보면 걱정은 점점 커지고 만다.

이렇게 해서, 결국 적자와 손실이 연쇄적으로 일어나 단숨에 확대되면서 문제가 복잡하고 다양하게 얽히는 것을 '역(-) 레버리지'라 부른다.

역레버리지에서는 처음엔 단순히 금융재무 차입 문제였던 것이 기업 통괄과 컴플라이언스 문제로 커진다. 그리고 더 나아가 여러 가지

레버리지

- 작은 힘을 들여 큰 효과를 본다
- 레버리지에 의해 리턴(및 리스크)이 커진다

레버리지
(정(+)의 레버리지)

- 적은 금액으로 보다 큰 프로젝트를 실현한다
- 적은 금액으로 보다 큰 리턴을 만들어낸다
- 타인 자본을 이용해 자기자본 수익률을 증대

역레버리지로 일어나는 현상
- 자금조달 리스크, 유동성 리스크, 시장 리스크가 드러난다
- 리파이낸스(자금 재조달)가 어려워진다
- 매각하도록 압박받는다
- 리스크부담을 강요받는다

역레버리지
(부(−)의 레버리지)

- 시세 예측 변동률이 높아진다
- 적자와 손실이 연쇄적으로 일어난다
- 적자와 손실이 단숨에 확대된다
- 문제가 복잡하고 다양하게 얽힌다

문제를 일으키게 되는 등 부정적인 일이 연쇄적으로 발생한다.

그러면 이처럼 역레버리지 상황에서 실제로 어떤 일이 일어나는지 알아보자. 여러 가지 경우를 생각해볼 수 있는데, 우선 자금조달 및 유동성 리스크, 시장 리스크 등이 분명하게 겉으로 드러난다.

자금조달 리스크란 자금조달을 방해하는 장애물이 생기는 것을 뜻한다. 유동성 리스크란, 시장 자체의 유동성이 고갈되거나 감소하는 리스크다. 시장 리스크란 부동산 시장, IT 시장, 유니콘 시장 등과 같은 시장 자체 상황이 변한 결과, 증권 등 위험 자산의 시장 가격이 떨어지는 것과 같은 경우를 뜻한다.

역레버리지가 악화되면, 자금조달 및 유동성 리스크, 시장 리스크

등이 드러날 가능성이 커진다. 역레버리지에 의해 다양한 리스크가 드러나면, 새롭게 자금을 조달하거나 자금조달 기간을 연장하기가 어려워진다. 그리고 소유 물건과 프로젝트 매각 압박을 받는다.

또한 지금까지 몇 번이나 언급했듯이, 논리코스 론에 의한 자금조달이라 해도, 실제로는 리미티드리코스로 리스크 부담 압박을 받는다. 이러한 것들이 역레버리지 리스크 시나리오다. 지금까지 소프트뱅크 그룹은 금융재무에 있어서 레버리지의 이점을 누리고 있었다. 하지만 일단 톱니바퀴가 거꾸로 돌아 역레버리지가 활동하기 시작하면 단점도 그만큼 커진다.

위워크 문제가 드러난 뒤 개최된 2019년 11월 6일 결산설명회에서 손정의는 "앞으로 구제형 투자는 하지 않겠다"고 말했다. 이것은 절대 역레버리지가 발생하지 않도록 하겠다는 생각이 배후에 깔린 발언이라 볼 수 있다.

레버리지를 많이 사용해, 레버리지의 대명사라고도 할 수 있는 소프트뱅크 그룹으로서는 역레버리지를 일으키는 것만큼은 절대로 피하고 싶을 것이다. 나는 앞에서 언급한 결산설명회에서 손정의가 최대한 전달하고자 했던 것이 바로 이런 사실이었다고 생각한다.

손정의가 자신의 의지를 뚜렷하게 담아 내놓은 발언이 시장과 투자자들로부터 신뢰와 인정을 받을지 어떨지는 앞으로 거래에서 그가 보여줄 대응에 따라 달라질 것이다. 소프트뱅크 그룹의 금융재무전략이 지닌 최대 리스크도 바로 여기에 있다고 볼 수 있다.

5장

소프트뱅크 그룹의 산업전략

6장에서 다루려는 바를 먼저 언급해보자면, 나는 소프트뱅크 그룹이 크게 4가지 성격을 가지고 있다고 보고 있다. 바로 '투자회사×사업회사×테크놀로지 회사×파이낸스 회사'다. 또한 4장에서 자세히 설명한 대로 소프트뱅크 그룹의 최대 장점은 금융재무전략이라고 생각한다.

그런데 이외에도 소프트뱅크 그룹은 자회사 소프트뱅크와 야후, 그 외의 다른 관련 회사를 통해 사업회사로서도 확실히 사업을 전개한다는 사실을 놓쳐선 안 된다. 게다가 소프트뱅크 그룹이 전개하는 사업은 현재 가장 진화가 두드러지고, 가장 주목할 만한 분야에 속하는 경우가 많다. 그런 만큼 사업가라면 자신의 업종을 떠나 소프트뱅크 그룹의 기업들을 벤치마킹해야 할 점이 많을 것이라고 생각한다.

따라서 5장은 이런 문제의식에서 출발해, 소프트뱅크를 기점으로 3가지 산업에 대해 자세히 고찰해보고자 한다. 특히 소프트뱅크 그룹의 출신지이기도 한 통신업계에 대해서는 최신 동향은 말할 것도 없고, 지금까지의 업계 역사 등도 정리하고자 한다. 부디 5장은 이와 같은 관점에서 읽어주시길 바란다.

1
3개 산업을 중심으로 펼치는
산업정책의 미래

⊙ 뉴 인더스트리 = 모빌리티(이동성)×통신×에너지

소프트뱅크 그룹이 내건 비전 중 하나가 비츠Bits·와츠Watts·모빌리티Mobility의 골든트라이앵글이다.

비츠란 정보혁명과 IoT에 관련된 것이고, 와츠는 에너지 혁명이다. 또한 모빌리티는 사람, 물건, 돈, 정보 이동의 최적화다. 소프트뱅크 그룹은 이 3가지가 어우러져 만들어내는 트라이앵글 속에서 '플랫폼 기업이나 서비스 공급자'가 되기를 원하고 있다.

이를 소프트뱅크 그룹의 산업전략을 나타내는 일반적 용어로 바꾸어 말한 것이 다음 도표32다. 소프트뱅크 그룹의 산업전략은 '뉴 인더스트리=모빌리티(이동성)×통신×에너지'라고 볼 수 있다.

도표에서는 비츠는 통신, 와츠는 에너지로 바꾸어 표현했고, 모빌리티는 그대로 사용했다. 이 3가지는 산업혁명 이후 세계를 이끌어온 산업이다.

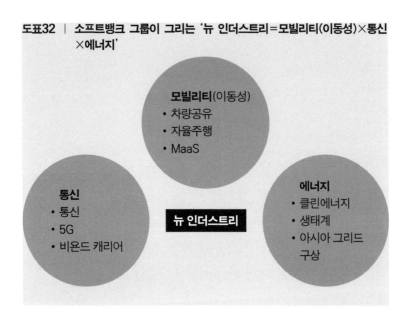

손정의는 AI 군전략으로 다양한 산업의 다종다양한 기업에 투자하고 있다. 하지만 특히 관심을 가지고 있는 것은 모빌리티, 통신, 에너지라는 3가지 산업이다. 즉, 이 3가지는 소프트뱅크 그룹의 산업전략에서 가장 중요한 핵심이라 할 수 있다.

AI 군전략과 모빌리티, 통신, 에너지, 이 3가지를 중요 핵심으로 삼은 산업전략은, 큰 시너지를 가지고 있다. 왜냐하면 AI는 모든 산업에 큰 영향을 끼치는 존재이지만, 특히 이들 3가지 산업들과 깊은 관련이 있기 때문이다. 즉, AI 군전략은 'AI×다양한 산업'을 뜻하고, 모든 산업을 대상으로 하지만, 소프트뱅크 그룹은 그중에서도 모빌리티, 통신, 에너지 3가지를 사업전략의 중심으로 삼고 있다.

한편, 알리바바는 '뉴리테일', '뉴로지스틱스', '뉴매뉴팩처링'을 내세우며, 새로운 소매, 새로운 물류, 새로운 제조를 중시한다. 이에 비해 소프트뱅크 그룹은 전략적 지주회사로서 투자를 중시하며, 알리바바보다 사업 영역과 투자 영역이 넓다. 때문에 '뉴 인더스트리', 즉 새로운 산업이란 표현이 적당할 것이다.

⊙ 산업전략의 토대가 되는 AI 군전략

모빌리티, 통신, 에너지 3가지를 중심으로 한 '소프트뱅크 그룹이 그린 산업정책의 미래'를 표현한 것이 다음 도표33이다. 이 도표는 소프트뱅크 그룹이 '비츠·와츠·모빌리티의 골든트라이앵글' 속에서 '플랫폼 기업이나 서비스 공급자가 되기를 원한다'는 것을 잘 보여주고 있다. 때문에 '교통기관 플랫폼 기업', '통신 플랫폼 기업', '에너지 플랫폼 기업'이란 표현을 쓰고 있다. 이때 플랫폼이란 원래 기반이나 토대를 가리키는 말이고, 플랫폼 기업이란 '비즈니스와 정보 통신을 행할 때 기반이 되는 제품, 서비스, 시스템을 제3자에게 제공하는 사업자'다. 모빌리티를 교통기관으로 바꾼 것은 손정의가 결산설명회 등에서 '교통기관 플랫폼 기업'이란 말을 사용하고 있기 때문이다.

앞으로 교통기관, 통신, 에너지, 이 3가지 산업에 큰 영향을 주게 될 것이 AI다. 때문에 소프트뱅크 그룹이 설계하는 산업전략은 AI를 토대로 할 수밖에 없을 것이다.

통신 플랫폼 기업 분야에서 특히 주목하고 싶은 것은 '통신' 그 자체

도표33 | 소프트뱅크 그룹이 그리는 산업정책의 미래

산업 플랫폼 기업

통신 플랫폼 기업　　교통기관 플랫폼 기업　　에너지 플랫폼 기업

구독으로 연결

서비스로 연결

정보로 연결

지불 수단으로 연결

스마트폰으로 연결

통신	차량공유	클린에너지
5G	자율주행	생태계
비욘드 캐리어	MaaS	아시아 그리드 구상

AI 군전략

　는 물론이고, 5G라는 새로운 통신 기술과 통신 환경이다. 또한 통신사
업자로서 소프트뱅크가 표방하는 '비욘드 캐리어Beyond Carrier'다.
　교통기관 플랫폼 기업 분야에서 주목하고 싶은 것은 역시 '차량공
유'다. 소프트뱅크 그룹은 세계 최대 차량공유기업인 우버, 디디(디디
추싱 : 滴滴出行), 그랩, 올라(ANI테크놀로지스)에 투자하고 있는데,

이 4개 회사는 전 세계 차량공유 시장의 80~90퍼센트를 점유하고 있다. 또한 '자율주행' 부분에서는 미국 GM의 자회사인 GM크루즈와 소프트뱅크 그룹이 2018년 5월에 제휴를 맺은 바 있다. 소프트뱅크 비전 펀드는 여기에 22억 5,000만 달러를 출자했다. 'MaaS Mobility as a Service'라 불리는 모빌리티 전반에 대해서도, 소프트뱅크 그룹이 교통기관 플랫폼 기업으로서 어떻게 투자하고 관여하는지가 주목을 끌고 있다.

에너지 플랫폼 기업 분야에서 주목하고 싶은 것은 2011년 3월 11일 동일본 대지진과 후쿠시마 제1원자력 발전소의 사고 이래, 본격적으로 전개되는 클린에너지 사업이다. 이것은 클린에너지를 이용해 발전, 송전, 축전 등을 완전히 스마트 컨트롤하는 '생태계'를 만드는 사업이기도 하다. 소프트뱅크 그룹은 여기에서 더 나아가 클린에너지를 바탕으로 한 생태계를 아시아 전체로 확대하는 '아시아 슈퍼 그리드' 구상을 제시하고 있다. 이에 대해선 뒤에 좀 더 자세히 설명하겠다.

⊙ **교통, 통신, 에너지를 무제한으로?**

소프트뱅크 그룹이 '통신 플랫폼 기업, 교통기관 플랫폼 기업, 에너지 플랫폼 기업'이라는 3가지 산업의 플랫폼 기업이 되면, 이로써 사회 시스템 전반의 플랫폼 기업이 되는 것을 의미한다. 게다가 이들 3가지 산업은 단독으로 진화하는 것이 아니라, 서로 연계하고 연결되면서 뉴 인더스트리를 만들 것으로 예상된다.

먼저 '스마트폰으로 연결'되는 것에 주목해야 한다. 이것은 스마트폰으로 여러 기기를 조작해 다양한 서비스를 받을 수 있게 해준다. 다음으로 보아야 할 것은 '지불 수단으로 연결'과 '정보로 연결'이다. 그 외에 '서비스로 연결'과 '구독으로 연결'도 살펴보아야 한다. 이들이 실현될 경우 거의 모든 것이 산업의 경계를 넘어 연결된다고 보면 된다.

예를 들어 미국에서는 자동차를 기점으로 항공기, 철도, 지하철, 버스 등의 교통수단들이 네트워크를 이루며 연결될 것으로 기대된다. 때문에 차량공유기업을 '운송 네트워크 기업transportation network company'이라 부르기도 한다. 실제로 디디는 2017년 4월부터 운송 네트워크 기업을 실현하는 데 뛰어들었다. 스마트폰 앱으로 차량을 호출하는 것뿐만 아니라, 지하철, 버스와 같은 교통기관으로 갈아타고 목적지까지 가는 이동경로 제안도 하고 있다. 물론 결제도 스마트폰으로 한다.

앞으로는 교통수단 외에 다양한 서비스들을 네트워크화하는 작업이 강화될 것이다. 그리고 이들이 구독과 같은 정액제서비스 안으로 융합되면, 결국 디디는 생활 전방의 플랫폼으로 변해가지 않을까 예상해본다. 예를 들어, 월 5만 엔을 지불하면 여러 교통기관을 이용할 뿐 아니라, 그 외에 다양한 서비스도 받을 수 있게 될 것이다.

소프트뱅크 그룹이라면 디디보다 더욱 폭넓은 사업을 전개할 수 있기 때문에, 교통기관, 통신, 에너지를 모두 마음껏 사용하는 구독서비스를 실현할 가능성이 충분히 커진다.

이와 같이 소프트뱅크 그룹은 통신사업에서 모빌리티 산업과 에너지 산업으로 각 분야를 넘나드는 전략을 실행하고 있다. 그런데 이처럼 다른 산업 분야들을 넘나드는 전략은 소프트뱅크 그룹에만 한정된 것은 아니다. 손정의가 말했듯이 AI는 모든 산업 질서와 영역을 재정의할 것이고, 실제로 그런 싸움은 이미 시작되었다.

이제부터는 소프트뱅크 그룹이 통신 플랫폼 기업, 교통기관 플랫폼 기업, 에너지 플랫폼 기업으로 나아가기 위해 구체적으로 어떤 노력을 기울이고 있는지를 살펴보자.

2
통신 플랫폼 기업

—

⊙ 통신사업자로서 소프트뱅크의 전략

통신사업자인 소프트뱅크의 2019년 3월기 연도 결산을 살펴보면, 매출액은 3조 7,463억 엔(전년도 대비 5퍼센트 증가), 영업이익은 7,195억 엔(전년도 대비 13퍼센트 증가)이다. 어느 쪽이든 창업 이래 최고의 좋은 업적을 유지하고 있다.

스마트폰의 누계 회선 계약 수도 2,208만 건(전년도 대비 10퍼센트 증가)으로 순조롭게 늘어나고 있다. 이런 성장의 원인을 살펴보자면, 우선 멀티브랜드 전략이 눈에 들어온다. 소프트뱅크는 '소프트뱅크'라는 브랜드 이외에, 저렴한 요금제 상품을 쓰는 고객을 위해 '와이모바일'과 'LINE모바일'이라는 브랜드도 출시하고 있다. 고객의 특징에 맞게 약간씩 다른 서비스를 제공하는 전략이라고 보면 된다.

또한 소프트뱅크는 '1억 인구 모두에게 스마트폰'을 실현하기 위해, '스마트폰 데뷔 플랜'을 발표했다. 그리고 이에 맞추어 '대용량', '가벼운 이용', '스마트폰 데뷔'라는 3가지 전략을 구사해 모바일 통신 서비스에서 높은 경쟁력을 가지게 되었다.

야후를 연결 자회사로 만든 것도 야후의 성장을 가속화시켜 시너지 효과를 내기 위한 것이다. 야후는 100가지가 넘는 서비스를 전개하고 있고, 이용자 수는 약 9,000만 명이다. 이들이 어우러져 만들어내는 빅데이터를 활용한 새로운 서비스와 비즈니스를 행하는 것도 소프트뱅크가 야후를 연결 자회사로 만들어낸 목적일 것이다.

특히 스마트폰 결제서비스인 페이페이를 결제 앱에서 슈퍼 앱으로 진화시켜 '슈퍼 앱 경제권'이라는 플랫폼과 생태계를 어떻게 만들어갈지가 중요해지고 있다. 이에 대해선 2장에서 자세히 설명했으므로, 필요한 경우 그 부분을 다시 읽어보면 좋을 것이다.

소프트뱅크 그룹이 또 한 가지 힘을 불어넣는 분야가 있다. 바로 AI 군전략의 투자처인 유니콘 기업과 일본 내에서 협업해 새로운 영역을 개척하는 것이다. 위워크는 해외에선 고전하고 있지만, 일본 내에서는 좀 다르다. 소프트뱅크가 법인 영업을 주도하고 있어, 현재 1만 7,000명인 멤버를 앞으로 1년 안에 3만 명 정도까지 늘리려 하고 있다. 2018년 9월 오사카에서 서비스를 시작한 디디도, 현재 도쿄, 홋카이도, 오키나와 등 16개 지역에서 사업을 전개 중이다. 또, 오요와 합병회사도 설립해 일본 내 부동산 사업에도 본격 진입하고 있다. 이는 기대와 주의가 함께 필요한 사업이기도 하다.

⊙ 5G 실용화에 대한 전략

소프트뱅크는 제5세대 이동통신시스템 '5G' 실용화에 대해 다양한 연구개발로 대응하고 있다. 5G의 특징으로는 초고속, 대용량, 초저지연성, 다수 동시접속, 고신뢰 등이 있다. 일본에서도 가까운 시일 내에 실용화가 진행될 것이라고 기대된다.

인터넷상에서 모든 사물과 디바이스가 접속되는 IoT 시대에는 기존 통신규격인 3G와 4G로는 5G의 통신 속도, 지연시간, 동시접속 수를 감당하기가 어렵다. 최대 데이터 통신 속도를 살펴보자면, 4G는 초당 1기가비트, 5G는 초당 20기가비트다. 지연시간은 4G는 10밀리초, 5G는 1밀리초다. 동시접속 수는 4G는 1km²당 10만 대인 데 비해, 5G는 100만 대다. 즉, 5G는 4G와 비교해 '20배의 속도', '10분의 1 지연', '10배의 접속 가능 수'를 가지고 있다고 볼 수 있다. 유저의 체험 속도는 4G의 100배나 된다고 한다.

그럼 지금부터는 소프트뱅크가 5G 시대를 맞이해 어떤 전략을 펼치고 있는지 회사 홈페이지에 게시한 3가지 사례를 통해 알아보겠다.

❶ 로봇팔의 원격 조작

5G는 실시간 원격 조작을 가능하게 한다. 예를 들어, 현지 로봇팔의 영상을 모니터에 띄우고, 원격으로 그것을 보면서, 로봇팔을 조작하는 방법이다. 이 로봇팔에 촉각 센서를 탑재하면, 원격 조작으로도 가벼움이나 부드러움을 알아차릴 수 있어 보다 정밀한 작업이 가능하다.

❷ 대용량 VR콘텐츠를 실시간으로 전송

5G는 대용량 데이터를 '초저지연'으로 전송할 수 있다. 예를 들어, 8K의 VR(가상현실)용 영상을 원격으로 시스템에 전송할 수 있어 집에서도 경기장이나 콘서트장에 있는 것 같은 현장감을 느낄 수 있다. 5G는 '시각과 청각 체험'의 미래를 크게 바꾸게 될 것이다.

❸ 실시간 도선(導線) 파악

5G의 특징인 대용량과 초저지연, 나아가 MEC Multi-access Edge Computing 기술을 활용해 네트워크상에서 실시간 도선(導線: 매장의 설계자나 홈페이지 제작자가 이용자를 이끌어가는 경로－역자 주) 분석이 가능해진다. 예를 들어, 카메라에 담긴 영상을 활용해 사람들의 모습과 위치정보, 나이와 성별을 읽어내고, 이것을 실시간 데이터로 만들어 분석할 수 있다. 이런 기술은 소매점 같은 곳에서 어떤 속성의 고객이 어떤 상품에 흥미가 있는지를 분석할 수 있도록 해준다.

⊙ 5G로 이어지는 통신 30년사

지금부터는 5G를 만들어내기까지의 통신 역사를 소프트뱅크 그룹의 홈페이지에 게시된 방대한 자료와 여러 해에 걸친 연간 보고서 등을 바탕으로 돌아보고자 한다.

먼저 유선전화가 당연시되었던 1980년대 처음으로 외부에서 사용할 수 있는 전화가 나타나기 시작했다. 카폰과 숄더백처럼 어깨에 메고 다니는 휴대전화였는데, 사실 '휴대'란 이름을 붙이기 어려울 정도로 큰 전화로 대부분 사업용으로 이용되었다. 이때가 바로 '1G'시대였다.

그러다 1990년대가 되면 인터넷이 등장한다. 그런데 최초의 인터넷은 전화회선을 통한 다이얼업 접속방식이었다. 따라서 전화와 인터넷을 동시에 사용할 수 없었다. 인터넷에 연결될 때 들려오던 '삐이햐라라라' 하던 소리를 지금도 기억하는 사람이 있을지도 모르겠다. 당시 통신 속도는 56kbps. 1MB 사진을 업로드하는 데 약 3분이 걸렸다. 1993년경부터는 전화회선이 아날로그에서 디지털로 바뀌었다. 그리고 PC 보급에 발맞추어 인터넷도 가정과 사무실에 보급되기 시작했다. 휴대전화가 널리 보급되기 시작한 것도 이 무렵부터였다. 디지털 통신이 가능해진 2G시대가 열린 것이다. 이때 통신 속도는 64kbps였다.

1995년엔 'Windows 95'가 발매되었다. 그러자 PC와 인터넷 보급이 본격적인 궤도에 올라 급속도로 빨라지기 시작했다. 야후재팬이 설립되어 서비스를 시작한 것이 그 다음 해인 1996년이었다. 1999년경부터 상시 접속이 가능한 ADSLAsymmetric Digital Subscriber Line(비대칭 디지털 가입자 회선)이 보급되기 시작했다. 그렇게 브로드밴드 시대의 막이 열렸고, 고정통신의 통신 속도는 '512k~50Mbps'가 되어, 사진 송수신은 당연한 일이 되었다. 이 당시 일본의 인터넷 보급률은 21.4퍼센트였다.

2000년에는 구글과 아마존이 일본에서 서비스를 개시했다. 다음 해인 2001년에는 소프트뱅크가 야후-BB서비스를 개시했다. 이로써 드디어 모바일데이터 통신 시대, 즉 3G시대가 열렸다. 통신 속도는 384kbps 이상이었고, 최대는 42Mbps였다.

광파이버에 의한 광통신서비스가 보급되기 시작한 것은 2003년. 통신 속도는 최대 1Gbps가 되었고, 일본의 인터넷 보급률은 64.3퍼센트까지 올랐다. 2005년에는 유튜브가, 2008년에는 페이스북과 트위터 서비스가 개시되었다. 이 해에는 일본 소프트뱅크에서 '아이폰 3G'가 발매되기도 했다. 2010년이 되자, 3G를 고도로 발전시킨 시스템인 3.9G가 보급되면서 고속 모바일 통신이 가능해졌다. 통신 속도는 37.5M~150Mbps까지 올라가 고정통신의 ADSL과 같은 정도가 되었고, 고정통신과 모바일 통신 사이의 속도차는 점점 줄었다.

4G가 가능해진 것은 2014년이다. 캐리어 어그리게이션Carrier Aggregation(서로 다른 여러 개의 주파수 대역을 묶어 대역폭을 넓힘으로써 데이터 전송 속도를 높이는 기술 - 역자 주) 등 다양한 확장 기술에 의해 통신 속도는 '150M~약 1Gbps'까지 향상되었다. 이때부터 초고속 모바일 통신이 가능해졌고, 2020년에는 드디어 5G시대가 열렸다.

⊙ **소프트뱅크가 일으킨 2가지 패러다임 시프트**

통신 발달 역사를 돌아보면, 소프트뱅크는 고정통신과 모바일 통신에서 한 번씩 모두 두 번 패러다임 시프트를 일으킨 적이 있다. 첫번째 패러다임 시프트는 고정통신에서 야후-BB를 통해 가격파괴를 일으킨 것이다. 두 번째 패러다임 시프트는 아이폰을 들여와 모바일 통신에 스마트폰 바람을 일으킨 것이다.

"소프트뱅크엔 실로 오케하자마(桶狹間) 전투(일본 전국시대의 무장 오다 노부나가가 대군을 이끌고 침공한 적장을 소수의 병력을 이끌고 야간 기습을 가해 격퇴시킨 유명한 전투 – 역자 주)나 마찬가지였다."

손정의가 나중에 이렇게 회상했듯이, 야후 – BB가 통신 공급업자 사업에 진입한 것은 거대 통신기업 NTT를 상대로 벌인 무모해 보이는 싸움이었다. 손정의는 당시 일본의 인터넷 사정은 선진국들 중 가장 발달 속도가 느리고, 가장 비쌌기 때문에 부끄러울 정도였다고 했다. 물론 처음부터 NTT와 싸우려 했던 것은 아니었다. 오히려 NTT와 함께 ADSL을 전국에 보급시키려고, 당시 NTT의 사장이었던 미야즈 준이치로(宮津純一郎)와 직접 담판을 벌였지만, 원하는 대답을 얻지 못했다.

NTT는 그때까지 브로드밴드의 핵심은 광케이블을 까는 일이라고 생각하고 있었기 때문에 ADSL 보급엔 소극적이었다. NTT가 자신의 생각을 알아주지 않자 화가 치민 손정의는 독자적으로 ADSL 사업에 진입하기로 결정하고, 가격파괴를 단행하기로 마음먹었다. 그때까지 ADSL의 가격은 NTT와 이 액세스eAccess 모두 월 5,000엔 이상이었다. 하지만 소프트뱅크의 브로드밴드 사업을 전개할 야후 – BB가 제시한 월정액은 2,280엔. 통신 속도는 NTT의 1.5Mbps보다 5배나 빠른 8Mbps였다. 소프트뱅크는 여기에서 그치지 않고, 전국적으로 거리에서 통신 모뎀을 무료로 나누어주는 캠페인도 시작했다. 야후의 대표 색인 빨강과 하양으로 이루어진 파라솔을 거리에 세운 '파라솔 부대'의 게릴라식 선전은 파격적인 마케팅이란 입소문을 타며 화제를 불러일으켰다.

두 번째 패러다임 시프트는 구형 폴더식 휴대전화 전성기에 아이폰을 발매해, 스마트폰이 일본에 뿌리내리도록 한 것이다. 왜 소프트뱅크가 아이폰의 일본 내 독점 판매에 성공했는지에 대해선 1장에서 자세히 설명한 바 있다.

아이폰 발매일에 손정의는 다음과 같이 선언했다.

"오늘은 휴대전화가 인터넷 머신이 되는 역사적인 날입니다."

이처럼 소프트뱅크는 야후-BB를 통해 고정통신에서 첫 번째 패러다임 시프트를 일으켰고, 아이폰으로 모바일 통신에서 두 번째 패러다임 시프트를 일으켰다.

◉ 비욘드 캐리어

소프트뱅크는 '비욘드 캐리어'라는 콘셉트를 내걸며, '소프트뱅크를 넘어서라'고 강조한다. 이때 '캐리어'는 전기통신 사업자를 가리키는 말이다. 때문에 비욘드 캐리어는 기존 사업의 범주를 벗어나 새로운 비즈니스모델에 도전하는 것을 의미한다. 따라서 이 말에는 지금까지는 통신사업을 중심으로 한 비즈니스로 정보사회를 이끌어왔지만, 앞으로는 첨단기술을 활용해 통신사업을 넘어 새로운 단계로 나아가겠다는 소프트뱅크의 바람이 담겨 있다.

비욘드 캐리어를 실현하기 위해 무엇보다 중요한 것은 성장전략이다. 소프트뱅크는 정보혁명을 새로운 단계로 진입시킬 2가지 전략으로 '통신사업의 더 큰 성장'과 '신규 사업의 창조'를 내세우고 있다.

이중에서 '통신사업의 더 큰 성장'을 위한 세부 전략에는 다음 4가지가 있다.

❶ 멀티브랜드로 모바일 통신서비스 전개

❷ 새로운 매력 제공

❸ 야후와 제휴해 독자서비스

❹ 차세대 통신기술 5G를 향한 대응

'멀티브랜드로 모바일 통신서비스 전개'는 소프트뱅크, 와이모바일, LINE모바일이라는 3가지 브랜드의 각기 다른 특징을 발전시킨 것으로, 지금까지 해오던 것 이상으로 고객의 다양한 니즈를 충족시켜나가겠다는 전략이다.

'새로운 매력 제공'과 관련해선 지금 50GB까지의 대용량 데이터를 제공하는 정액제서비스, 동영상과 문자서비스를 무제한 이용하는 '울트라 기가 몬스터 플러스', 금요일엔 쿠폰을 추가로 발행하는 '슈퍼 프라이데이' 등을 제공하고 있다. 그리고 앞으로도 고객만족도를 더욱 향상시키기 위해 혁신적인 서비스 개발과 제공을 목표로 하고 있다.

'야후와 제휴한 독자서비스'는 와이모바일의 이용자라면 야후의 회원제 서비스인 야후프리미엄을 무료로 이용하게 해주는 특전 등 야후와 제휴한 소프트뱅크만이 할 수 있는 서비스 개발과 제공을 더욱 촉진하자는 전략이다.

'차세대 통신기술 5G를 향한 대응'은 앞에서 말했듯이 고속, 대용량, 초저지연 통신이 가능한 5G의 실용화에 맞춘 전략이다. 이에 따라 AI, IoT, 스마트 카, 로봇처럼 첨단기술을 살린 새로운 서비스를 제공하기 위해 기술 개발과 실증 실험에 더욱 힘을 쏟게 될 것이다.

⊙ 소프트뱅크 특유의 신규 사업 창조

두 번째 전략인 '신규 사업 창조'를 살펴보자면, 소프트뱅크는 해외 투자 기업과 일본에서 합병하는 형태로 회사를 세우는 경우가 많았다. 가장 대표적인 사례가 야후재팬이다. 합병 후엔 투자 기업의 선진 기술과 비즈니스모델을 일본으로 들여와 처음부터 새롭게 시작하는 일을 수도 없이 해왔다. 소프트뱅크의 우수한 인재가 이 새로운 합병 기업으로 옮겨간 뒤 중심축이 되어 사업을 일으키고, 성장시키는 것은 소프트뱅크 그룹만의 독특한 방식이라고도 할 수 있다. 소프트뱅크는 이런 비즈니스 방식을 '타임머신 경영'이라 표방한다. 이전에는 미국에서 정보를 수집해 유망한 벤처에 투자한 뒤, 성공의 길을 걷고 있는 선진적 기술과 비즈니스모델을 일본으로 들여와 누구보다 먼저 사업화하는 경우가 많았다. 최근에는 중국과 인도의 선진적인 기술과 비즈니스모델을 일본으로 가져와 새로운 사업을 벌이는 경우가 많다.

일본 야후는 이런 타임머신 경영 사례 중에서 가장 성공한 본보기다. 본가인 미국 야후가 경영난에 빠져 통신 대기업 버라이즌에 매수

된 뒤에도 일본 야후를 산하에 둔 Z홀딩스는 성장을 거듭해 약 1.8조 엔(2019년 11월 하순 시점)이라는 시가총액을 기록하고 있다.

소프트뱅크가 신규 사업을 하는 방식에 대해선 소프트뱅크 비즈니스 웹 매거진의 기사를 보면 잘 알 수 있다. 부사장 집행위원 겸 COO인 이마이 야스유키(今井 康之)는 '부사장이 직접 전하는 소프트뱅크의 신규 사업 창조 현장'이란 글에서 이에 대해 밝히고 있다. 이마이는 2000년 가고시마 건설로부터 소프트뱅크로 스카우트된 뒤, 주로 법인 영업 부대를 통솔해온 사람이다. 그에 따르면 소프트뱅크가 신규 사업을 벌일 때는 경영자 시점과 현장 시점, 2가지 측면을 고려한다고 한다.

"먼저 경영자 시점에서 말하자면, 비전을 보여주고, 그것을 끊임없이 이야기하며 강조하는 것이 경영자가 갖추어야 할 필수 조건입니다. 손정의는 '정보혁명으로 사람들을 행복하게'라는 경영이념을 사원, 주주, 파트너에게 명확하게 전하는 작업을 늘 하고 있습니다."(2019년 2월 22일 게재. 소프트뱅크의 비즈니스 웹매거진 〈FUTURE STRIDE〉 '부사장이 직접 전하는 소프트뱅크의 신규 사업 창조 현장'에서 발췌)

소프트뱅크에서는 손정의와 경영진의 이념이 사원에게 잘 전달되고 있는지, 사원들이 경영이념에 공감하고 있는지를 확인하기 위해 종업원 만족도 조사를 실시하고 있다. 특히 현장 사원들의 소리가 손정의와 경영진에게 전달되는 과정에서 '나쁜 이야기가 빠지고, 좋은 이야기만 남지 않도록' 주의하고 있다. 즉, 평사원들과 경영진이 직급이라는 틀에 얽매이지 않고 정보를 공유하도록 힘을 기울인다.

이어서 이마이는 신규 사업을 창조할 때 현장 시점에서 확인해야 할 3가지도 제시했다. 첫 번째는 '새로운 서비스나 툴을 누구보다 먼저 사원 스스로 최대한 사용해보는 것'이다. 사원들이 고객보다 먼저 제품의 문제점이나 불편 사항을 체험해 개선하게 되면, 소프트뱅크의 서비스나 제품은 더 좋아질 수밖에 없다.

두 번째는 '성공 모델을 단숨에 폭넓게 전개하는 것'이다. 이것은 작은 규모에서 시작한 신규 사업을 진행하면서 수치로써 확증된 성공 모델을 발견해, 그것만을 단숨에 폭넓게 전개한다는 의미다.

세 번째는 '정체기를 내다보는 대책'이다. 성장을 이룬 뒤에는 반드시 정체기가 찾아오는데, 이 시기가 오기 전에 미리 대비해야 한다. 어떻게 차별화 요소를 만들고, 이를 위한 조직을 어떻게 만들지가 가장 중요하다고 할 수 있다.

또한 지금까지 다양한 파트너와 함께 신규 사업을 할 때 관심을 가졌던 것이 비즈니스모델의 내재화였다. 이에 대해선 "어떤 비즈니스를 만들어내는지를 스스로 파악하고 체험해 실제 형태로 완성해가지 않으면, 절대 성공할 수 없습니다. 소프트뱅크는 지금까지도 계속 그랬지만, 비즈니스모델의 내재화에 관심을 가졌습니다. 그리고 약 400건의 비즈니스 아이디어를 모으는 것이 가능했는데, 그중 비즈니스모델로 완성된 것은 35건이고, 현재 사업으로 추진 중인 것은 2퍼센트 정도입니다"라고 말하고 있다(출처는 앞과 동일).

타임머신 경영으로 해외에서 성공한 비즈니스모델을 그대로 일본에 가져오기만 한다고 해서, 성공할 리는 없다. 그것을 신규 사업으로 성공시키기 위해선 자신들만의 서비스, 자신들만의 제품, 자신들만의 사업을 만들어내는 것이 중요하다.

3
교통 플랫폼 기업

—

⊙ 차량공유＝자가용 영업에 대한 오해

소프트뱅크가 교통기관 플랫폼 기업이 되기 위해 주목해야 할 점은 3가지가 있다. 그것은 차량공유, 자율주행, MaaS다. 그러면 각각에 대해 자세히 살펴보자.

먼저 차량공유를 살펴보자면, 소프트뱅크 그룹은 세계 각지의 No.1 차량공유기업에 투자하고 있다. 예를 들어, 미국, 유럽, 남미, 아프리카, 오세아니아 등 세계 각지로 진출하고 있는 우버, 중국의 디디, 인도의 올라(ANI테크놀로지스), 동남아시아의 그랩 등이 있다. 이들이 세계시장에서 차지하는 비중은 80~90퍼센트 정도라고 한다.

이처럼 차량공유는 전 세계적으로 점점 서비스 영역을 넓혀가는 추세다. 일본에서는 규제가 심해 아직 본격적인 차량공유서비스 사업이 시작되지 않고 있다. 게다가 영업허가를 받지 않고 자가용으로 택시 영업을 하는 '시로택시'를 차량공유로 여기는 생각이 뿌리 깊게 자리 잡고 있다. 하지만 이런 생각은 차량공유의 본질을 잘못 이해한 것이 므로 주의가 필요하다.

차량공유기업은 테크놀로지 기업이자, '빅데이터×AI' 기업이며, 도시 디자인을 변혁한다는 높은 비전을 가지고 있다. 미국이나 중국에선 차량공유가 이미 사회 전반에 뿌리내리고 있고, 특히 미국에선 '택시보다는 우버'가 상식이 되었다.

차량공유를 한마디로 정의하자면, 모빌리티를 서비스로서 제공하는 MaaS의 하나로서 자가용을 공유하는 시스템이다. 일반인이 빈 시간과 자가용을 이용해, 이동하려는 사람을 태워다준 뒤, 인터넷상에서 요금을 받는 구조로 되어 있다. 승차했던 사람은 스마트폰 앱으로 결제하고, SNS에서 운전자에 대한 평가를 한다.

차량공유를 제대로 이해하려면, '공유'란 개념을 제대로 알아야 한다. 공유란 물건과 서비스를 함께 사용하는 시스템이고, P2P로 행해지는 것이 많다는 특징이 있다. 보통 인터넷상의 플랫폼을 통해 거래가 이루어지는데, 거래가 성립하려면 SNS상의 평가시스템이 반드시 필요하기 때문이다. 이용자가 SNS에 남기는 리뷰에 의해 '신용'이 쌓이고, 이것을 기초로 거래가 성립된다. SNS상의 등급 평가와 리뷰시스템을 통해 새로운 신용구조가 생겨난다는 점이 아주 중요한 포인트다.

택시와 다른 점은 나라와 지역에 따라 택시 면허를 가지지 않은 운전자가 서비스를 제공한다는 점과 스마트폰 앱으로 자동차를 부르는 '온 디맨드on demand(이용자의 주문을 받고 상품 및 서비스를 제공하는 것 – 역자 주)형' 서비스라는 점이다.

공유는 물건과 서비스의 가동률을 높여 사회 전체의 생산성을 향상시키는 측면이 있다. 기존의 '소유하는' 세계에서는 자동차 이용자 대부분이 차량 소유자였기 때문에 가동률도 한정적이었다. 하지만 '공유하는' 세계에서는 같은 자동차를 불특정 다수가 이용할 수 있기 때문에 가동률은 올라간다.

자동차의 가동률은 일본에서 2~3퍼센트, 전 세계적으로는 5퍼센트 전후라고 한다. 이처럼 유휴자산으로 놀고 있는 자동차를 여러 사람이 공유해 가동시킬 수만 있다면, 사회 전체의 생산성도 높아질 것이다.

또한 차량공유기업은 P2P의 거래 주체가 되기 때문에, 기존의 진입 장벽을 부수는 파괴적인 면도 있다. 세계 각지에서 택시업계들이 우버에 대해 항의운동을 벌이는 것도 바로 그런 이유 때문이다. 이처럼 공유는 법의 규제나 기존 업계 사람들과 알력을 일으키거나 찬반양론의 대상이 되기 쉽다.

차량공유에는 이동을 원하는 사람과 운전자를 연결시켜주는 라이드 셰어링Ride-Sharing과 이와 비슷하면서도 많이 다른 카 셰어링Car-Sharing이 있다. 카 셰어링은 차량소유기업의 자동차를 이미 등록된 회원에게만 대여해주는 서비스다.

⊙ **라이드 셰어링의 구조**

지금부터는 라이드 셰어링의 구조에 대해 구체적으로 살펴보고자 한다. 먼저 우버와 디디 등, 플랫폼을 운영하는 기업은, 자동차를 소유하지도 운전기사를 고용하지도 않는다. 그 대신 물건과 서비스 제공자인 운전자나 택시회사 등과 구입자인 승객 사이에서 중개 업무를 한다.

라이드 셰어링을 이용하려는 승객은 스마트폰에 전용 앱을 설치한 뒤, 이름, 신용카드 정보, 전화번호 등을 사전 등록한다. 배차를 의뢰할 때는 앱을 켜고 가까이 있는 자동차를 검색하고 연락한다. 이때 앱 화면에는 운전자 이름, 차종, 과거 평가 등이 표시된다. 승차 후 목적지에 도착해 차에서 내리면, 미리 등록해둔 신용카드로 요금이 결제된다.

운전자는 배차 의뢰를 앱에서 승인함으로써 주문을 받게 된다. 승인 전 알 수 있는 것은 승차지까지 거리와 그곳까지 걸리는 시간 등이다. 운전자가 승인하게 되면, 승객의 이름과 행선지가 뜬다. 요금은 지역마다 좀 다르다. 예를 들어, 샌프란시스코의 우버는 택시요금의 70퍼센트 정도를 받는다. 하지만 다이내믹 프라이싱이기 때문에, 수요가 많은 시간과 지역에서는 기준 요금보다 비싸진다.

승객은 승차 후, 앱을 통해 운전자의 운전 기술과 접객 태도 등을 상세하게 평가한다. 이것이 일종의 입소문 효과를 내기 때문에 평가가 나쁜 운전자는 승객들의 외면을 받게 된다.

또한 운전자도 승객의 매너 등을 평가할 수 있다.

승객이 라이드 셰어링을 선호하는 이유는 배차부터 평가까지 스마트폰으로 완결할 수 있는 간편함 때문이다. 앱을 열어 목적지를 입력하면, 요금의 기준과 경로, 소요시간을 알 수 있고, 차량의 종류도 내

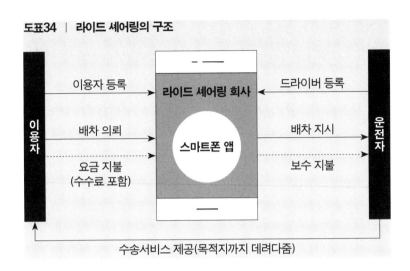

도표34 | 라이드 셰어링의 구조

이용자 등록 → 라이드 셰어링 회사 ← 드라이버 등록

이용자

배차 의뢰 → 스마트폰 앱 → 배차 지시

요금 지불
(수수료 포함) → 보수 지불 →

운전자

수송서비스 제공(목적지까지 데려다줌)

마음대로 골라 배차를 의뢰할 수 있다. 이미 신용카드를 등록해두었기 때문에, 일부러 지갑을 꺼낼 필요도 없다. 이처럼 높은 편리성 덕분에 전 세계적으로 라이드 셰어링은 급속도로 확산 중이다.

그렇다면 전 세계적으로 라이드 셰어링 시장의 규모는 어느 정도일까? 라쿠텐의 미키타니 히로시(三木谷浩史) 사장이 대표이사를 맡고 있는 신경제연맹의 보고서에 따르면, 라이드 셰어링의 전 세계적 시장 규모는 2015년 시점으로 약 1조 6,500억 엔 정도인데, 2020년에는 몇 배로 늘어나 3조 엔 규모의 시장으로 성장할 것으로 예측했다.

⊙ **왜 라이드 셰어 기업에 투자했을까?**
지금부터는 소프트뱅크 그룹의 차량공유기업에 대한 투자를 살펴보고자 한다. 최초의 투자 대상은 인도에서 올라를 운영하는 ANI테크놀로지스였다. 2014년 10월에 총액 2억 1,000만 달러를 출자해 최대주주가 되었다.

이 투자를 주도한 사람은 니케시 아로라였다. 2014년 9월에 소프트뱅크 그룹에 들어가자마자 그동안 관리해온 인도 인맥을 활용해 투자를 결정지었다. 올라에 이어서 투자한 기업은 싱가포르의 마이택시였다. 2014년 12월에 2억 5,000만 달러를 출자해 최대주주가 되었다. 마이택시는 그 후 서비스 브랜드 명이었던 그랩으로 사명을 바꾸었다. 인도와 동남아시아에 이어서 소프트뱅크 그룹이 투자한 나라는 중국이다. 2015년 1월에 알리바바와 공동으로 6억 달러를 출자했던 콰이디다처(快的打車)가 그로부터 한 달 후 디디다처(滴滴打車)와 합병해, 중국 최대의 택시 배차서비스 기업인 디디추싱(滴滴出行)이 되었다. 그 후 소프트뱅크 그룹이 우버 발행 주식 약 15퍼센트를 77억 달러에 사들이는 데 합의한 것이 2017년 12월이고, 다음 해 2018년 1월에 주식을 취득해 우버의 최대주주가 되었다.

손정의는 왜 이렇게 연달아 차량공유기업에 투자했던 것일까. 아마도 이 기업들이 차세대 모빌리티의 패권을 쥐게 되리라 내다보았기 때문일 것이다. 현재 자율주행 기술의 연구개발은 나날이 계속 발전하고 있는데, 막상 자율주행이 실현되면 자가용보다는 우선 버스나 택시 같은 상용차부터 이 기술을 도입할 것으로 보인다. 자율주행 차에는 많은 비용이 들어가기 때문에, 그것을 보상하려면 가동률이 높아야 한다. 따라서 라이드 셰어링을 할 수 있는 차부터 우선 이 기술을 적용하게 될 것이다. 즉, 완전자율주행이 실현된다 해도 일반인들은 손에 넣기 어려운 높은 가격의 제품부터 이 기술을 적용하게 될 것인데, 라이드 셰어링이라면 사업으로서 채산을 맞출 수 있기 때문에 고가의 자율주행차를 도입하기 어렵지 않을 것이다.

자율주행에 의한 라이드 셰어가 실현되면, 현재 운전기사에게 지불하는 비용을 아낄 수 있을 뿐 아니라, 더욱 효율적인 배차와 이동이 가능해 승객은 많은 이점을 누리고, 차량공유기업의 수익성도 커질 것이다. 그리고 이에 따라 차량공유기업이 교통기관 플랫폼 기업이 될 가능성도 높아진다. 손정의가 세계 시장의 80~90퍼센트에 이를 정도까지 차량공유기업에 투자하는 것도 바로 이런 이유 때문이다. 손정의가 밝힌 바에 따르면, 소프트뱅크 그룹이 투자한 4개 차량공유기업의 매출 규모는 2019년 1~3월을 기초로 1년치를 환산할 때 이미 11조 엔을 넘어섰고, 전 세계적으로 하루에 7,000만 명이 이용하고 있다고 밝혔다.

물론 다른 자동차 제조기업이나 자율주행 기술을 연구개발하는 기업들도 교통기관 플랫폼 기업을 노리고 있지만, 어떤 기업이 그 자리를 차지할지는 아직 누구도 알 수 없다. 손정의도 이 사실을 잘 알기 때문에 도요타와도 제휴하고, GM크루즈에도 투자하는 것이다.

⊙ 공유경제의 대표적 기업, 우버의 최대주주

그럼 이제부터는 소프트뱅크 그룹이 투자하고 있는 차량공유기업 4개 회사에 대해 각각 자세히 살펴보자. 먼저 첫 번째는 차량공유

업계의 우두머리, 우버다.

정식 회사명은 우버 테크놀로지스이고, 미국 캘리포니아주 샌프란시스코에 본사가 있다. 창업은 2009년 3월, 창업자는 트래비스 캘러닉과 가렛 캠프다. 우버는 라이드 셰어링뿐만 아니라, 공유경제의 대명사가 된 기업이다. 이 회사의 창업자 캘러닉은 '야만'스러운 경영으로 유명한 사람이다. 안전관리 책임과 여객운송법을 회피해 비난받았을 뿐 아니라, 세계 여러 나라에서 제소당하고, 행정처분을 받았다. 법을 위반하는 것도 개의치 않고 확대 전략을 취했기 때문에 기업가치 7조엔에 이르는 큰 성공을 거둘 수 있었지만, 끊임없이 비판의 대상이 되기도 했다.

차량공유기업의 본질은 자가용 영업이 아니라, 테크놀로지를 활용하는 사업이다. 하지만 초창기 우버는 자가용 영업 방식으로 무모하게 시장을 넓혀가고 있었다. 게다가 직원 사이의 성희롱과 약물 남용으로 인한 해고도 계속되었다. 또한 창업자 캘러닉이 우버에 속한 운전기사와 운임 인하 문제로 설전을 벌이는 모습이 인터넷에 유출되기도 했다.

이런 사건들이 알려지면서 일부 이용자들이 '우버를 삭제하자'라는 해시태그를 달아 트윗을 날리기 시작했다. 이 일은 많은 사람들의 공감을 얻었고, 약 40만 명이 우버 앱을 삭제했다고 한다. 캘러닉은 이런 불상사의 책임을 지고, 2017년 6월 CEO 자리에서 물러났다.

현재 우버는 세계 최대 온라인 여행사 익스피디아의 전 CEO였던 다라 코스로샤히Dara Khosrowshahi가 이끌고 있다. 코스로샤히는 1969년 이란에서 태어나 1979년 이란 혁명 후, 가족과 함께 미국으로 이주했다.

2005년부터 익스피디아의 CEO로서 근무하기 시작했고, 21억 달러이던 매출을 2016년에 87억 달러로 4배 이상 끌어올렸다.

코스로샤히는 캘러닉과 성격이 정반대로 온화한 인물이란 평을 듣고 있다. CEO가 바뀐 이후, 우버는 각국의 법률과 규제를 지키면서 경영하는 쪽으로 방향을 틀었고, 그동안 심한 반발을 보였던 택시업계와도 손을 잡기 시작했다.

소프트뱅크 그룹이 최대주주가 된 후부터 우버는 규모 확대보다는 경영 효율과 생산성을 중시하는 쪽으로 큰 변화를 보이고 있다. 예를 들어, 중국, 러시아에 이어 동남아시아 사업을 그랩에 매각하는 등, 그동안 고전을 면치 못했던 신흥국 시장을 정리하기 시작했다.

⊙ 우버는 6분기 연속 적자로 주가도 부진, 관건은 자율주행 실현

우버의 주력 사업은 라이드 셰어링이지만, 그 외에도 다양한 서비스를 제공하고 있다. 예를 들어, 2015년에는 온 디맨드 배달서비스 '우버 러시', 2017년에는 운송 트럭 배차서비스 '우버 프레이트'를 출시했다. 일본에서도 택시 배차서비스 외에, 등록한 레스토랑 등의 요리를 일반인 '배달 파트너'가 배달해주는 '우버 이츠'를 전개하고 있다. 현재 한 달 동안 우버 플랫폼을 사용하는 적극적 이용자는 63개국 9,100만 명에 이르고 있다(2018년 말 시점, 2019년 4월 11일 자 IPO보고서 〈FORM 5-1〉).

특히 주목하고 싶은 것은 우버 역시 다른 라이드 셰어링 기업과 마찬가지로, 테크놀로지 기업이고, '빅데이터 AI' 기업이라는 사실이다. 우버는 기계학습 플랫폼 '미켈란젤로'를 구축해, 누구라도 AI를 사용할 수 있도록 사내 개발 환경을 정비하고 있다.

우버에서 AI가 활용되는 사례 중 한 가지가 '우버 풀'이다. 이것은 같은 방면으로 가는 다른 이용자와 함께 승차해 요금을 할인받는 서비스다. 이 서비스를 운영하려면, 정확한 도착 시간을 예측하고 어떤 이용자와 함께 타는 것이 가장 적합한지를 판단하기 위해 AI가 1~2분 동안 주변에 있는 우버 운전자들의 운전 경로와 승객들의 요청 목적지를 분석할 필요가 있다. 우버는 이를 위해 AI를 이용한 독자적인 경로 검색 엔진을 개발했다.

우버는 2019년 5월 뉴욕 증권거래소에 상장했다. 최초 가격은 공개 가격 45달러를 밑도는 42달러로, 이 가격으로 계산한 시가총액은 약 760억 달러(약 8조 엔)였다. 단, 그 후 주가는 26달러대까지 약 40퍼센트 하락했고(같은 해 11월), 시가총액도 약 450억 달러로 줄었다. 매출액과 월간 적극적 이용자 수는 증가했지만, 같은 해 9월기까지 6분기 연속으로 최종적자를 계상한 데 대한 투자자들의 불안이 반영된 것이다.

2019년 11월 6일 발표된 소프트뱅크 그룹의 2020년 3월기 2분기 결산 보고서에도 소프트뱅크 비전펀드 투자처인 우버의 공정가치 감소에 의한 미실현 평가손실을 계상한 것이 명기되어 있다(금액은 미공개). 특히 2019년 9월 결산(1월에서 9월까지 9개월)을 보면, 매출 100억 7,800만 달러에 대해, 매출원가는 52억 8,100만 달러, 판매관리비와 R&D 등 영업

비용은 124억 2,200만 달러로, 영업손실 76억 2,500만 달러가 발생하고 있다. 매출원가에는 보험비용과 데이터센터 비용이 포함되어 있지만, 아무래도 큰 비용을 차지하는 것은 운전자에게 주는 인센티브 같은 인건비다.

우버가 현재의 비즈니스모델을 그대로 유지하며 성장을 계속하면, 변동비인 인건비는 계속 높아질 것이다. 그렇게 되면, 원가비율을 내려 비용구조를 개선하기가 어려워지지는 않을까? 또한 현재 운전기사는 개인사업주인데, 만약 이들을 직원처럼 대하게 되면 인건비는 더욱 올라갈 것으로 보인다.

바로 이런 이유 때문에 더욱 기대되는 것이 자율주행이다. 우버는 2015년부터 자율주행 기술 연구개발에 착수해, 현재는 자율주행만 담당하는 부서인 'ATG Advanced Technology Group(첨단기술)'와 자율주행 연구개발과 실증 실험을 하고 있다. 자율주행 사업화가 실현되면, 우선 매출원가의 큰 부분을 차지하는 인건비를 대폭 삭감할 수 있다. 자율주행에서는 '빅데이터×AI', 클라우드 컴퓨팅, 데이터센터가 중요한데, 이들에 대한 비용은 인건비보다 적을 뿐 아니라, 고정비화되면 규모 확대에 동반해 그 단위비용도 내려갈 것이다.

즉, 운전기사가 자율주행 프로그램으로 교체되면, 비용구조를 압박하는 주요 원인이었던 원가 비중을 낮추어 수익성을 높일 수 있게 된다. 더 나아가 차량공유기업의 틀을 넘어 운송망기업으로서 MaaS를 구현해 큰 부가가치를 낳는 성장을 기대할 수 있다. 결국 우버의 수익성과 성장성은 법제도의 정비 등을 포함한 자율주행의 실현에 달려 있다 해도 지나친 말이 아니다.

한편, 우버의 플랫폼과 수익성 및 성장성의 관계에 부정적인 측면이 있다는 사실도 지적할 필요가 있다. 우버의 플랫폼은 '규모의 경제'가 효과를 내기 어려운 구조다. '규모의 경제'란 규모가 커지는 만큼 낮아진 단위비용으로 서비스를 제공할 수 있게 되는 것을 의미한다. 즉, '규모의 이익'을 살린 사업 활동으로 성장을 도모할 수 있게 되는 것이고, 규모의 경제 효과가 수익성과 성장성을 확보해준다는 말이기도 하다. 플랫폼 기업이 규모의 경제 효과를 보게 되면, 그것을 기반으로 더 많은 고객을 확보해 이들에게 보다 많은 상품과 서비스를 제공하면서 큰 수익을 올려 성장하게 된다.

우버의 주력 사업인 라이드 셰어링은 글로벌 규모로 전개되는 온라인 서비스와는 성격이 좀 다르다. 지역 규모로 전개되기 때문에 자율주행이 실현된다 해도 사업 규모와 고객 수가 한정된다. 따라서 단위비용이 떨어지기 어렵고, 규모의 이익도 얻기 어려워진다. 또한 한정된 지역에서 경쟁하기 때문에 플랫폼 기업으로서 통합력을 충분히 발휘할 수 없게 된다. 우버의 수익성과 성장성은 이런 관점에서 살펴볼 필요가 있다.

⊙　**3대 IT기업이 지원하는 중국시장의 패권자 디디**

다음은 세계 최대인 중국시장에서 압도적인 존재가 된 디디에 대해 알아보겠다. 디디의 정식 명칭은 디디추싱으로, 중국 베이징에 본사가 있다. 2012년 6월에 이 회사를 세운 사람은 청웨이(程維)로, 처음엔 '오렌지 테크놀로지'를 세워 배차서비스 앱 '디디다처'를 만들었다.

2013년에는 골드만삭스 최연소 임원이었던 류칭(柳靑)이 COO로 입사해 다음 해 사장이 되었다. 그녀는 중국의 대기업 레노버홀딩스의 창업자 류촨즈(柳傳志)의 딸이지만, 아버지 회사에 입사하지 않고 골드만삭스에 들어가 사상 최연소 아시아태평양 지역의 운영임원이 된 특이한 경력의 소유자다. 골드만삭스에서 디디를 담당한 것이 계기가 되어 청웨이로부터 직접 스카우트 제안을 받았다고 한다.

그 후 텐센트의 지원을 받던 디디다처와 알리바바의 지원을 받던 콰이디다처가 서로 합병했고, 사명은 디디콰이디로 바뀌었다. 그리고 이 회사는 2015년 9월부터 현재의 디디추싱으로 불리게 되었다.

소프트뱅크 그룹이 최초로 투자했던 회사는 알리바바의 지원을 받던 콰이디다처였다. 그리고 2016년 8월, 숙적이자 라이벌이었던 우버의 중국 사업을 매수했다. 그렇게 방약무인했던 우버를 중국시장에서 내쫓는 위업을 달성한 뒤, 중국의 거대 라이드 셰어링 시장은 디디의 독무대였다.

결과적으로 텐센트가 지원하는 디디다처, 알리바바가 지원하는 콰이디다처, 바이두가 지원하는 우버가 하나가 되었기 때문에 디디추싱은 중국의 3대 IT기업으로부터 출자를 받은 유일한 기업이 되었다.

지금까지 언급한 사실들을 근거로 필자는 디디가 교통기관 플랫폼 기업이 될 가능성이 충분하다고 본다. 게다가 이 회사는 도시 디자인을 변혁한다는 사명감을 가지고 있기 때문에 이런 추측은 더욱 확신에 가까워진다.

디디는 도심부에서 복잡하게 얽혀 정체상태가 되기 쉬운 교통시스템을 공유경제를 통해 보완하고, 라이드 셰어링 플랫폼을 통해 모든 서비스를 소비자에게 제공하려 하고 있다. 디디는 지금까지 축적해온 주행 이동 빅데이터를 활용해 소매점과 음식점에 컨설팅서비스를 제공하는 것 외에, '차내 편의점' 등을 설치해 앞으로 차량공유기업이 서비스 제공업자로서 무엇을 할 수 있는지를 사회적으로 실험하고 있다.

이 외에도 디디에서는 하루에 2억 킬로미터에 이르는 주행데이터를 수집해 400억 회의 경로를 생성한 뒤, 이 자료를 약 5,000명이나 되는 엔지니어와 데이터 과학자가 분석하고 있다. AI에 의한 수요예측의 정확함은 80퍼센트에 이른다고 한다.

2018년 2월 정식으로 발표된 '교통 대뇌' 프로젝트는 중국 교통관리 당국과 공동으로 추진하는 교통시스템 프로젝트다. 이 프로젝트는 자치단체가 가진 교통정보와 디디가 수집한 교통데이터를 통합해 빅데이터를 만드는 일을 추진한다. 이런 빅데이터를 기반으로 클라우드 컴퓨팅과 AI를 구사하면, 정확하고 빠르게 교통 상황을 예측하고 조정할 수 있다.

이 프로젝트에서 빅데이터를 관리하는 곳은 단순한 데이터센터가 아니라, 데이터 중추, 분석 중추, 컨트롤 중추로 이루어진 곳이라 볼 수 있다. 특히 컨트롤 중추는 스마트 신호기, 감시카메라, 교통경찰관 투입량까지 조정한다. 지금까지 20개 도시에 스마트 신호기를 도입해 교통 정체를 약 10퍼센트 삭감하는 실적을 올리고 있다.

일본에서는 소프트뱅크와 디디모빌리티재팬을 설립해, 2018년 9월부터 우선 오사카에서 배차서비스를 개시했다. 그리고 서비스 대상을 도쿄, 교토, 효고, 후쿠오카, 홋카이도 등 16개 지역으로 넓혀갔다(2019년 11월 시점).

일본 이외에 브라질, 멕시코, 호주 등에서도 디디는 서비스를 제공하고 있다. 중국을 포함해 전 세계 각국에서 등록된 운전기사 수는 3,000만 명을 넘어섰고, 이용자 수는 5억 5,000만 명, 일일 주행거리는 앞에서 언급했듯이 약 2억 킬로미터에 이르고 있다. 이것은 차량공유업계의 실적 데이터로서는 세계 최대 규모다. 우버, 그랩, 올라 등의 이동 서비스 횟수를 모두 더한 수치를 디디 한 회사가 능가하고 있을 정도다.

'소프트뱅크 월드 2018'의 무대에 등장했던 류칭 사장은 다음과 같이 이야기했다.

"이 업계는 아직 요람기에 있습니다. 중국 소비자 전체가 차에 지불하는 금액은 1조 3,000억 달러이지만, 디디의 플랫폼을 사용해 우리에게 내는 돈은 약 3퍼센트에 지나지 않습니다. (중략) 조심스럽게 예측해보자면, 앞으로 5년간 이용 횟수는 연간 100억 회로부터 500억 회로 늘어날 것이라 합니다. (중략)
우리는 세계 그 어떤 곳보다 복잡하고 넓은 중국시장에 적용할 AI 기술을 개발하고 있습니다. 이것은 그렇게 AI 기술을 다른 어떤 나라의 시장에서도 사용할 수 있다는 이야기이기도 합니다. 그렇다면 지금까지 전 세계적으로 뿌리내린 다른 네트워크들처럼 지구상 인구의 약 60퍼센트를 대상으로 서비스를 제공할 수 있다는 뜻입니다."(2018년 8월 9일 게재, logmiBiz, 손정의 기조강연 중 류칭 사장의 연설 〈'신호가 바뀌는 타이밍을 AI로 최적화하면, 교통정체를 없앨 수 있다'고 디디가 주장하는 '교통 플랫폼' 사상이란〉에서 발췌)

류칭 사장의 이런 연설은 시사하는 바가 크다. 이제 디디는 중국 차량공유업계에서만 압도적인 No.1 기업이 되는 것에 만족하지 않을 것이다. 세계적인 No.1 자리를 노리고 있기 때문이다.

⊙   인도의 올라와 동남아시아의 그랩

인도의 벵갈루루에 본사를 두고, 올라를 운영하는 ANI테크놀로지스의 창업은 디디보다 1년 반 정도 빠른 2010년 12월이었다. 소프트뱅크 그룹이 투자한 것은 2014년 10월이고, 2억 1,000만 달러를 출자해 최대주주가 되었다. ANI테크놀로지스는 '올라'라는 서비스명으로 현재 인도의 110개 도시와 호주 시드니, 멜버른, 파스에서도 배차 서비스를 제공하고 있다. 인도 시장에선 우버와 비슷한 인기를 끌며 치열한 경쟁을 벌이는 중이다.

소프트뱅크 그룹 입장에선, 올라에 대한 투자가 차량공유기업에 대한 최초의 투자이자 모빌리티 기업에 대한 최초의 투자였다. 그리고 이 투자를 주도한 인물이 니케시 아로라였다는 사실은 이미 앞에서 언급했다.

올라에 투자하고 2개월이 지난 2014년 12월, 소프트뱅크 그룹이 2억 5,000만 달러를 투자한 회사는 나중에 사명을 '그랩'으로 바꾼 '마이택시'였다. 창업자는 말레이시아인 앤서니 탄Anthony Tan과 탄 호이 링Tan Hooi Ling으로, 2012년 6월에 마이택시란 회사명으로 쿠알라룸푸르에서 택시 배차서비스를 시작했다. 본사도 처음엔 쿠알라룸푸르에 있었지만, 2014년에 싱가포르로 이주해, 동남아시아 사업을 강화하기 시작했다.

2013년 8월에는 필리핀 마닐라에서 그랩 택시 배차서비스를 시작했고, 같은 해 10월 싱가포르와 태국 방콕에서, 2014년 2월 베트남 호치민에서, 같은 해 6월 인도네시아 자카르타에서 같은 서비스를 시작했다. 이 시점에 6개국 17개 도시에서 택시 배차서비스를 중심으로 한 사업을 전개하기 시작했다. 그리고 소프트뱅크 그룹으로부터 출자를 받은 2014년 12월 이후부터 더욱 사업을 확대해 2016년 1월에는 사명을 마이택시에서 그랩으로 변경했다.

소프트뱅크 그룹은 같은 해 9월 7억 5,000만 달러를 추가 출자했고, 10월에는 소프트뱅크 그룹의 투자부문에 있던 민마가 그랩의 사장으로 취임했다. 더 나아가 2017년 7월에 디디와 함께 그랩에 20억 달러를 추가 출자했고, 같은 해 그랩은 미얀마의 양곤과 캄보디아에서도 택시 배차서비스를 개시했다.

2018년 3월, 그랩은 최대 라이벌인 우버의 동남아시아 사업(캄보디아, 말레이시아, 인도네시아, 미얀마, 필리핀, 싱가포르, 태국, 베트남)

을 사들여, 차량공유기업으로서는 동남아시아에서 압도적인 지위를 차지하게 되었다.

이상 소프트뱅크 그룹이 출자한 차량공유기업 4개 회사에 대해 알아보았다. 손정의는 이 4개 회사가 세계 라이드 셰어링 시장의 80~90퍼센트를 차지하고 있으며, 하루에 약 7,000만 명이 이 서비스를 이용하고 있다고 했다. 그리고 4개 회사 모두의 최대주주가 소프트뱅크 그룹이란 것을 강조했다.

⊙ 자율주행의 두뇌인 AI용 반도체의 지배자, 엔비디아NVIDIA

소프트뱅크 그룹이 교통기관 플랫폼 기업이 되기 위한 두 번째 포인트가 자율주행이다. '완전' 자율주행은 AI만으로 실현되기는 어렵고, 센서와 카메라, GPS, 레이더 등 다양한 기술과 조합을 이루어야 한다.

그러던 중, 소프트뱅크 그룹이 2016년 12월에 약 3,000억 엔을 투자한 곳이 엔비디아다. 그 후 이 투자를 소프트뱅크 비전펀드로 이관해, 2018년 10~12월(2018년도 3분기)에 주식 전체를 매각했다. 그 이유를 필자 나름대로 분석해보기 전에 우선 엔비디아가 자율주행에서 얼마나 중요한 기업인지부터 살펴보고자 한다. 자율주행 실용화가 가속화된 이유로는 3가지 정도가 있다. 첫 번째가 '딥러닝(심층학습)의 진화', 두 번째가 '센서 기술의 진화', 세 번째가 'AI용 반도체'의 진화다.

딥러닝은 AI가 인간의 지시 없이 자율적으로 학습하는 것을 가리킨다. 이것은 지금까지의 머신러닝(기계학습)의 한계를 넘은 AI의 학습 방법으로 진화하고 있다. 센서는 자율주행의 '눈' 역할을 담당하는 기술로, 주위의 3차원 화상 데이터를 얻는 센서의 진화도 놀라울 정도다.

센서가 취득한 3차원 화상을 처리하는 연산장치가 GPU Graphic Processing Unit(그래픽 처리장치)라 불리는 AI용 반도체다. 일반적인 CPU(중앙처리장치)에 비해, 대량의 화상 데이터를 동시에 처리하는 데 뛰어나기 때문에 자율주행에 필수적인 기술이다.

이 GPU를 1999년에 발명해, AI의 딥러닝에 처음으로 사용했던 회사가 엔비디아다. 엔비디아는 그래픽 처리 기술이 뛰어난데, 이 기술은 딥러닝에 필요한 병렬연산과 행렬연산 처리 기술을 바탕으로 하고 있다. 그 결과 AI용 반도체는 '엔비디아의 GPU 이외에는 선택지가 없다'라고 할 정도로 우수함을 인정받고 있다. 실제로 엔비디아의 GPU를 채용하는 자동차 제조회사는 독일의 다임러, 폭스바겐, 아우디, 미국의 포드, 테슬라, 일본의 도요타 등 모두 쟁쟁한 기업들이다.

엔비디아는 AI용 반도체 분야에서 '제품이 뛰어나다 → 유력한 기업이 사용한다 → 최첨단 분야를 담당한다 → 플랫폼이 된다'라는 선순환 사이클을 만들어내고 있다. 이런 선순환 사이클에 의해 엔비디아가 공급하는 AI용 반도체 플랫폼은 자율주행 분야의 '그림자 지배자', 즉 디팩토 스탠더드de facto standard(실제적 표준)라 해도 좋을 정도의 존재감을 지니게 되었다.

⊙ 왜 엔비디아의 주식을 전부 팔았을까?

AI 군전략에는 '유니콘 기업에 투자한다'는 기본 규칙이 있다. 그런데도 이미 상장까지 한 엔비디아에 소프트뱅크 그룹이 투자했던 것은 크게 2가지 이유가 있다고 생각한다. 첫 번째는 엔비디아에 투자함으로써, 자율주행뿐만 아니라 최첨단 테크놀로지에 관한 다양하고 유익한 정보를 얻을 수 있기 때문이다. 예를 들어 엔비디아와 제휴하는 기업들의 정보가 소프트뱅크 그룹의 손 안으로 저절로 굴러들어오게 된다. 두 번째는 교통기관 플랫폼 기업을 노리는 소프트뱅크 그룹에게는 엔비디아 자체가 전략적으로 중요한 의미를 지닌 기업이다.

그런데 소프트뱅크 그룹은 왜 이처럼 중요한 기업의 주식을 모두 매각했을까? 아마도 엔비디아에 투자했던 약 2년 동안 이 기업을 통해 자율주행 관련 정보를 충분히 얻었다고 판단했기 때문일 것이다. 하지만 보다 본질적인 이유는 엔비디아가 AI용 반도체 기업으로서 자율주행 레이어 구조에서 지니는 전략적 가치가 내려갔다는 손정의의 판단이 있었기 때문일 것이다.

당시 주가를 보면 알 수 있지만, 손정의만 이런 판단을 내린 것은 아니었다. 2016년 12월 엔비디아 주가는 평균 단가 105달러, 2018년 9월에는 281달러까지 올라가지만, 그 후론 급락했다. 같은 해 12월 말에는 134달러까지 떨어졌다.

소프트뱅크 그룹은 이처럼 급격히 주가가 내려간 10~12월에 주식을 매각했지만, 주가 하락 가능성을 내다보고 금융파생상품을 활용해 보험을 들어놓았기 때문에 평균 218달러에 매각할 수 있었다. 그 결과

2018년 12월 31일 시점으로 누계이익 약 28억 달러를 냈다.

엔비디아의 주가 급락과 관련해 소프트뱅크 그룹은 2018년도 3분기 결산에서 40억 달러의 영업손실이라는 영향을 받았다. 하지만 29억 달러의 파생상품 이익에 의해 순손실 폭을 11억 달러까지 줄일 수 있었다.

손정의는 2019년 2월 6일 결산설명회에서 "정산 결과 거의 영향이 없었다"고 말했다. 게다가 엔비디아 주식의 평균 단가가 105달러일 때 보통 출자분 7억 달러에 해당하는 주식을 구입했는데, 매각한 결과 누계 회수액은 33억 달러였다.

손정의는 주가 하락에 의해 손실이 나기는커녕, 확실히 이익을 낸 투자 실적을 강조했다. 또한 엔비디아를 "AI혁명을 리드하는 회사들 중 하나로서 대단히 높게 평가하고 있습니다"라고 하면서, 주식을 매각한 것은 "이른바 졸업입니다"라는 말을 남겼다. 그의 말대로라면 성장이 둔화되어 성숙한 스타 기업은 AI 군전략에서 졸업시킨다는 기존의 주장을 실천한 것에 지나지 않는다고 볼 수 있을 것이다.

손정의의 말이 사실이긴 하지만, 엔비디아 매각에는 좀 더 본질적인 이유가 있다. 먼저 엔비디아의 주요 제품인 AI용 반도체, GPU는 자율주행 시스템을 이루는 레이어 구조에서 최하층에 있다. GPU가 속하는 레이어 위에 컴퓨팅 유닛 레이어, 하드웨어 레이어, 소프트웨어 레이어가 순서대로 올라간다고 보면 된다. 엔비디아는 AI용 반도체 제조사에서 AI 컴퓨팅 기업으로 탈피하는 전략, 즉 AI용 반도체에서 컴퓨팅 유닛, 하드웨어, 소프트웨어로 레이어를 올리면서 영역을 넓혀가는 전략을 취하고 있다. 따라서 AI용 반도체 제조에선 최고인 엔비디아라 해도, 앞으로는 자율주행 소프트웨어 개발 분야에서 구글을 필두로 한 여러 최강 테크놀로지 기업들과 경쟁해야 한다. 그런데 이런 하드웨어 개발에는 이미 여러 자동차 회사들이 뛰어들었고, 각자 자신들의 레이어에서 다른 레이어로 진출해 교통기관 플랫폼 기업이 되기 위해 호시탐탐 기회를 노리고 있다.

CPU의 강자인 인텔은 소프트웨어의 강자인 마이크로소프트의 윈도와 연합해 '윈텔'이라는 동맹으로 다른 업체들을 내쫓았다. 하지만 엔비디아에 대해서만큼은 다른 기업들의 경계심이 강하기 때문에 자율주행에선 비슷한 일이 일어나기 어려울 것으로 보인다.

손정의도 필자와 같은 생각을 했는지 모르겠지만, 자율주행 레이어와 나아가 교통기관 전체의 플랫폼 기업에 대한 예측에서 엔비디아가 전략적으로 그다지 중요하지 않다고 느낀 것만은 분명해 보인다. 혹은 AI 군전략에서 엔비디아가 일정한 역할을 다했다고 생각하고, 주식 전체를 매각했을지도 모른다.

⊙ **사고 제로, 정체 제로의 자율주행이 목표인 GM크루즈**

소프트뱅크 그룹의 자율주행 분야에 관한 움직임 중에, 엔비디아 다음으로 주목할 기업은 GM크루즈다. 소프트뱅크 비전펀드가 GM의 자회사인 GM크루즈 홀딩스에 22억 5,000만 달러를 출자해 19.6퍼센트의 주식을 보유한 것은 2018년 5월의 일이다.

GM크루즈는 2013년 10월, 카일 보그트Kyle Vogt 등이 미국 캘리포니아주 샌프란시스코에 설립한 자율주행 기술개발 회사 크루즈 오토메이션을 GM이 매수한 것이다. GM은 2018년 4월 미국 자율주행, 항공우주 관련 표준화단체 SAESociety of Automotive Engineers(미국 자동차기술자협회)가 정한 레벨4(고도 자율주행)에 상응하는 대량생산 타입 자율주행차, 크루즈AV를 2019년 중 생산할 준비가 되었다고 발표했다. 그리고 그로부터 4개월 후 소프트뱅크 그룹은 GM크루즈에 투자하게 되었다.

　크루즈AV에는 센서인 LiDARLight Detection and Ranging 5개, 밀리파레이더 21개, 카메라 16개가 탑재되어 있다. 소프트뱅크 그룹은 이 크루즈AV 사업에 투자했고, 이 투자로 인해 GM크루즈의 기업가치는 약 115억 달러가 되었다. 2016년 3월 GM이 매수했을 때의 금액은 10억 달러 상당이었다고 한다. 2년 사이에 기업가치가 10배 이상 오른 셈이다. 결국 소프트뱅크 그룹의 투자가 GM크루즈의 기업가치를 그만큼 키워놓았다고도 볼 수 있다.

　그 후에도 GM과 소프트뱅크 비전펀드의 투자가 이어졌고 혼다 등 다른 기업들의 출자도 더해져 2019년 5월 현재 GM크루즈의 기업가치는 190억 달러에 이르고 있다.

　한편, GM크루즈의 모회사인 GM이 추진 중인 사업은 레이더, 초음파 센서, 카메라, GPS지도 데이터를 활용해 자동브레이크, 적절한 속도의 주행, 차간거리 제한, 차선 유지 시스템 등 여러 가지 운전지원 기술을 통합한 자율주행시스템 '슈퍼 크루즈'다. 슈퍼 크루즈는 이미 신형 캐딜락CT6에 탑재된 상태이다. 이처럼 GM은 독자적으로 자율주행 기술을 개발해 이 기술을 탑재한 차를 실용화하는 길을 모색하는 한편, 새로운 사업도 펼치려 하고 있다. 그것은 GM크루즈가 개발 중인 '크루즈AV로 자율주행 하는 택시' 사업을 개시하는 것이다.

자율주행차 연구의 목표는 단순히 운전자 없이 로봇처럼 움직이는 차를 만드는 데 있지 않다. 자율주행차는 보다 안전하고, 보다 교통사고가 적고, 보다 교통정체가 없는 사회를 만들기 위한 것이기도 하다. 소프트뱅크 월드 2018의 무대에 올랐던 GM의 댄 암만Dan Ammann 사장 (당시, 현재는 GM크루즈 CEO)은 다음과 같이 말했다.

"GM은 앞으로 '교통사고 제로', '매연 배출 제로', '교통정체 제로'의 세상이 올 것이라고 생각하고 있습니다."

"도시 근교의 도로를 달리는 자율주행차라면 본 적이 있을 것이라 생각합니다만, 우리는 (중략) 아주 복잡한 도시 속에서, 그것도 대도시권의 도로를 달리는 자율주행차를 개발하려고 합니다."

"우리의 목표는 안전하게 달리는 자율주행차 사업을 대규모로 전개해, 세계를 바꾸려는 것입니다. (중략) GM크루즈 팀, 그리고 우리의 파트너인 소프트뱅크의 3개 회사를 통해 이 목표를 실현하고 싶습니다."(2018년 8월 9일 게재. logmiBiz, 손정의 기조강연 중 댄 암만 사장의 연설 〈자율주행 기술의 비즈니스 기회는 도심부에 있다 – 소

프트뱅크와 협력하는 GM이 지향하는 신호등 없는 세상〉에서 발췌〉

⊙ SB드라이브는 자율주행 버스서비스를 먼저 실현

소프트뱅크 그룹에는 SB드라이브라는 자회사가 있다. SB드라이브는 자율주행 기술을 연구 및 개발하는 회사라기보다는 이 기술을 사용한 서비스 개발과 운영을 목표로 하는 회사다.

사장인 사지 유키(佐治友基)는 소프트뱅크에서 스마트폰 판매전략 등을 담당하고 있었다. 그는 2015년 29세 때 사내 비즈니스 아이디어 콘테스트에서 〈자율주행 기술을 활용한 교통 인프라 사업〉이란 기획안을 제출해 2위에 올랐다. 그리고 이것을 사업화하기 위한 활동을 개시했고, 2016년 4월 SB드라이브를 창업했다.

SB드라이브는 후쿠오카현 기타큐슈시, 돗토리현 야즈정(町), 후쿠오카현 하마마쓰시 등 자치단체 및 교통 사업자와 협력한 여러 가지 프로젝트를 진행 중이다. 그런데 이 프로젝트들에는 도쿄대학교 생산기술연구소 차세대 모빌리티 연구센터의 벤처기업인 센신(先進)모빌리티 주식회사와 제휴해 독자적으로 개발한 소형버스와 자율주행시스템이 활용되고 있다.

또한 프랑스 나브야NAVYA 사의 자율주행 셔틀버스인 나브야 아마NAVYA ARMA를 실증 실험에 이용하며, 도쿄 도내는 물론이고, 홋카이도 가미시호로(上士幌)정과 후쿠시마 제1원자력 발전소 안에서도 달리게 했다.

나아가 2018년 7월에는 바이두가 제공하는 자율주행시스템 플랫폼인 아폴로를 탑재한 자율주행 버스 아폴론을 일본에서 활용하기 위해 바이두재팬과 협력하기로 합의했다. SB드라이브가 개발에 힘을 쏟아온 원격운행관리시스템 디스패처Dispatcher를 바이두의 아폴로와 제휴해 자율주행 버스를 실용화시킬 것으로 보인다.

이처럼 SB드라이브는 현재 자율주행 버스의 실용화, 특히 정해진 경로를 주행하는 레벨4(고도 자율주행)의 자율주행 버스서비스를 지방도시에서 실현하는 것을 가장 우선시하고 있다. 이에 대해 사지 유키 사장은 다음과 같이 말했다.

"자율주행이란 말 그대로 '운전을 알아서 한다'는 것뿐입니다. 제대로 된 서비스가 되려면, '운전 이외의 부분'에 대한 승객과 교통 사업자의 이해가 필요합니다. 사람들이 생각하는 것과 조금 다를지 모르지만, 아직은 사람의 손이 가야 할 곳이 많습니다. 예를 들어, 자율주행 설정, 매일 차의 상태를 점검하는 것, 차내 청결 상태 등이 그렇습니다. 그런데도 버스업계는 하루라도 빨리 자율주행 버스가 실용화되기를 바라고 있습니다. 그만큼 대형 2종 면허를 가진 운전자가 부족하기 때문입니다."(2018년 12월 18일 자 〈닛케이 크로스트렌드〉 기사에서 발췌)

SB드라이브는 넓은 의미에서 자율주행 테크놀로지를 개발하는 자율주행 회사로 볼 수 있다. 하지만 테크놀로지를 직접 개발한다기보다는 다른 회사가 개발한 것을 들여와 그것을 활용한 서비스를 만드는데 주력하고 있다. 특히 일본의 지방에 맞는 모빌리티서비스를 개발해 MaaS에 뛰어난 기업이 되는 것을 목표로 한다고 볼 수 있을 것이다. 이에 대해서도 사지 유키 사장은 다음과 같이 말했다.

"자율주행 차량을 보유한 사람과 운용과 보수를 하는 사업자가 다를 수도 있습니다. 예를 들어, 버스 회사가 자율주행 버스를 보유하지 않고, 모빌리티 매니지먼트와 고객서비스에 힘을 쏟는 경우입니다. 차량은 투자상품이 되어 자산가와 리스회사가 보유하게 될 것입니다. 부동산업계와 비슷한 구조지요.
자율주행이 이익률이 좋은 투자상품이 되기 위해서는 효율 좋게 운용한다거나, 질 높은 서비스를 제공하는 것과 같은 노하우가 중요해집니다. 뛰어난 노하우를 가진 사업자가 편의점과 같은 프랜차이즈 사업 방식을 전개할 가능성도 생각해볼 수 있습니다."(앞과 같은 자료에서 발췌)

아주 재미있는 생각이다. 기존 비즈니스 방식을 완전히 새로운 방식으로 재정의하고 있기 때문이다. 정말 이런 변화가 찾아올지는 둘째 치고라도, 앞으로는 과거의 방식에 얽매이지 않는 비즈니스모델을 구상하고 실현하는 것이 정말 중요해지지 않을까 생각한다.

⊙ 자동화, 무인화, 비현금화는 시대의 요구

자율주행이란 운전을 자동화하고 무인화하는 것이다. 그런데 이런 자동화나 무인화 경향은 자동차나 모빌리티에만 한정되지 않는다.

제조업은 물론이고, 소매업, 서비스업, 금융업, 농업 등 모든 산업에서 자동화와 무인화가 점점 확산되고 있다. 이런 현상은 기술의 진보에 따라 가능해진 것이지만, 현재의 사회적 요청이나 시대적 요청에 의해 진행되어온 측면도 있다.

일본은 저출산, 고령화, 지역의 과소화, 에너지 공급 문제 등 다른 나라가 아직 직면하지 않은 여러 가지 문제에 직면한 과제 선진국이다. 특히 저출산, 고령화로 인한 인구 감소 때문에 늘 일손 부족에 시달리고 있다. 때문에 생산성을 향상시키기 위해서는 자동화와 무인화가 반드시 필요하다. 특히 지방에선 이런 문제가 나날이 심각해지고 있다. 때문에 자율주행 버스서비스와 같은 자동화와 무인화가 이루어지지 않으면 일상생활이 불가능한 날이 찾아올지도 모른다.

사실 고령화와 일손 부족 문제는 중국에서도 이미 진행 중이고, 앞으로 많은 선진국이 직면하게 될 문제다. 앞으로 생산성 향상은 어떤 나라에서나 중요한 과제가 될 것이고, 이를 위해 모든 산업 분야에서 자동화와 무인화를 추구하게 될 것이다.

이런 문제와 더불어 밀어닥치는 비현금화의 파도 역시 앞으로는 피해 가기 어려운 과제가 될 것이다. 일본에는 아직 비현금화가 깊이 침투하지 않았지만, 중국에선 비현금화가 점점 확산되고 있다. 스마트폰 결제가 일상이 되어 현금이나 신용카드는 점점 더 사용하지 않고 있다. 그리고 이런 비현금화 덕분에 자동화와 무인화는 더욱 촉진되고 있다.

거듭 말하지만, 이런 자동화, 무인화, 비현금화는 시대의 요청이기 때문에 모빌리티에 한정되지 않고, 모든 산업 분야에서 앞으로 더욱 활발히 전개될 것이다.

⊙ 일본은 여전히 MaaS 레벨1

소프트뱅크 그룹이 교통기관 플랫폼 기업이 되기 위한 세 번째 포인트가 MaaS다. 앞에서 말했듯이, MaaS는 'Mobility as a Service'의 약자다. 의미는 '서비스로서 모빌리티(탈것)를 제공하는 것'이다. 북유럽 핀란드에서 처음으로 생겨난 개념이다.

구체적으로 말하자면, 스마트폰 앱 하나로 지하철과 버스 등 공공교통기관에서부터 택시, 라이드 셰어링, 자전거 셰어링, 비행기와 배 등 모든 탈것을 최적으로 활용한 루트 검색이 가능하고, 예약 및 결제와 이용까지 한 번에 할 수 있는 서비스다. 지금까지는 지하철이라면 지하철 시간표, 지하철과 이어지는 버스라면 버스의 시간표를 보아야 했고, 라이드 셰어링과 자전거 셰어링도 따로따로 예약해야 했다. 그런데 이 모든 것을 한 번에 할 수 있도록 해주는 서비스가 MaaS다.

MaaS에도 자율주행과 마찬가지로 레벨이 있고, 레벨을 구분할 때에는 스웨덴 찰머스공과대학교의 한 연구자가 제시한 다음과 같은 기준이 널리 사용되고 있다.

레벨0 | 통합되지 않은 상태

사업자가 개별 서비스를 제공하는 기존의 상태다.

레벨1 | 정보의 통합

몇 가지 교통수단 정보가 통합되어 출발지와 도착지, 일시 등을 입력하면, 여러 경로의 소요시간 및 요금 등의 정보를 제공해주는 서비스다. 야후의 환승 안내 앱과 나비타임재팬의 'NAVITIME'이 여기에 해당한다.

레벨2 | 예약 및 결제의 통합

레벨1의 정보 통합에 더해, 예약 및 결제까지 하나의 플랫폼에서 행해지는 서비스 중 하나다. 일본은 아직 레벨1이므로 레벨2 이후의 서비스는 시작되지 않고 있다. 하지만 디디와 그랩은 일부 지역에서 이 레벨2 서비스를 이미 제공하고 있다.

레벨3 | 서비스 제공의 통합

레벨2의 예약 및 결제서비스 통합에 더해, 전용 요금체계와 월정액제로 일정 구역 내의 이동서비스가 무제한으로 제공한다. 각 사업자의 개별 서비스보다도 훨씬 편리하게 서로 연결된 새로운 서비스를 받는 단계다.

MaaS를 국가적인 프로젝트로 처음 추진한 나라는 핀란드다. '마스 글로벌'이라는 스타트업 기업이 개발한 MaaS플랫폼 '윔whim'은 교통 인프라와 관련된 서비스, 정보, 결제가 하나의 앱에서 해결되는 레벨3의 서비스를 제공하고 있다.

레벨4 | 정책의 통합

이동수단 사업자뿐만 아니라, 국가와 자치단체의 도시 계획과 정책까지 통합해 도시교통의 최적화를 실현한 이상적인 서비스를 가리킨다. 아직 이 단계까지 이른 서비스는 없다고 한다. 스마트시티가 실현되면 레벨4라 할 수 있을 것이다.

MaaS가 현재 폭넓은 주목을 받는 이유는 교통시스템을 크게 변화시킬 가능성이 있기 때문이다. 지하철회사, 버스회사, 택시회사 등 이동수단을 제공하는 각 사업자를 통합해 서비스를 제공하는 'MaaS 실행 기업'을 어떤 기업이 담당할지, 테크놀로지를 구사해 어떤 편리성 높은 서비스를 실현할지가 세계적인 주목의 대상이 되고 있다.

⊙ MONET에서 도요타와 함께 무엇을 하려 하는가?

소프트뱅크 그룹이 MaaS 분야에서 보인 행보 중 가장 주목할 점은 2018년 10월 도요타자동차와 함께 모네 테크놀로지MONET Technologies(이하 MONET)를 세웠다는 점이다. MONET의 대표이사 겸 CEO로 취임한 사람은 소프트뱅크의 통신사업을 기술면에서 이끌어온 미야가와 준이치(宮川潤一)였다.

과연 소프트뱅크와 도요타는 MONET를 통해 어떤 MaaS를 실현하려는 것일까?

우선 도요타가 만든 커넥티드 카 정보 기반의 '모빌리티서비스 플랫폼'과 소프트뱅크의 'IoT 플랫폼'을 제휴한 뒤, 더 나아가 서비스 제공업자(편의점, 택배, 슈퍼마켓, 의료기관 등)와도 제휴하며, 자동차 제조업자와 운송회사가 가진 MaaS 데이터에도 접속하는 'MONET 플랫폼'을 만드는 것이다.

미야가와 사장이 제시하는 MaaS 전략의 3가지 기둥이 '기존 교통의 고도화(멀티모달multimodal)', '새로운 라이프 스타일 창출(멀티서비스multiservice)', '사회 전체의 최적화(스마트시티Smart City)'다. 이 3가지 기둥을 실현함으로써, MONET 플랫폼에서는 기존 교통 사업자들끼리 제휴할 수 있고, 이용자는 여러 가지 교통수단을 유연하게 조합한 고도로 효율적인 이동을 쉽게 할 수 있다.

MONET 플랫폼에선 서비스 공급업자도 제휴할 수 있다. 때문에 교통 사업자와 서비스 공급업자, 또는 서비스 공급업자들끼리 신규 수요에 맞는 새로운 서비스를 공동으로 만들어낼 수 있다. 여기에 주차장의 상황이나 거리의 인프라 정보를 합치면, 어떤 지역 전체의 모빌리티 최적화가 이루어질 것이다.

단, 이렇게 MaaS를 실현하기 위해서는 다음 4가지 주요 요소, '다양한 데이터의 융합', '디맨드(이용자의 환경) 이해', '자치단체 제휴 및 공동체 건설', '서비스 공동 창조'가 필수적이라고 한다.

첫 번째 '다양한 데이터의 융합'에서는 기존의 유입 데이터, 이동 데이터, 인구분포 데이터, 차량위치 데이터, 교통정체 데이터 등을 통합해, '일본 특유의 교통 환경을 데이터화'하는 것을 목표로 한다.

"정차 시간이 항상 긴 횡단보도는 고령자가 많이 지나다니는 도로, 항상 차가 천천히 달리는 도로는 통학로라고 인식할 수 있습니다. 이런 예측은 이동 속도와 센서 데이터를 통합한 AI 해석을 통해 이루어질 것이고, 이것이 바로 MONET 플랫폼에서 하려는 일입니다."(2019년 5월 21일 게재. 소프트뱅크 비즈니스 WEB매거진 〈FUTURE STRIDE〉 'MONET에서 출발해 일본을 거쳐 세계의 MaaS를 향해, MONET 서미트 강연 보고서 전편'에서 발췌)

이상은 미야가와 사장이 2019년 3월 28일 개최된 'MONET 서미트'에서 했던 말이다.

두 번째 '디맨드 이해'란, 이용자의 환경을 이해하는 것이다. 예를 들어, 보조를 필요로 하는 사람인지, 돌발적 발작 등으로 긴급조치를 필요로 하는 사람인지, 인플루엔자와 같은 감염병에 걸려 있는지 등 이용자들 각자의 상황까지 이해해 이동경로를 선택해서 제시하는 플랫폼을 목표로 하고 있다.

세 번째, '자치단체 제휴 및 공동체 건설'에서는 이미 전국 17개 지자체와 차세대 모빌리티서비스 제공과 관련된 제휴를 맺었고, 약 150개 지자체와 제휴를 맺기 위해 협의중이다. 예상 외로 지자체로부터 문의가 많다는 것만 보아도 새로운 교통시스템과 물류시스템에 대한 기대와 그것을 실현해줄 MONET에 대한 기대가 크다는 것을 알 수 있다.

네 번째 '서비스 공동 창조'에서는 'MaaS 세계에선 사회가 어떤 비즈니스를 원하는지 모든 것을 예견할 수는 없다'는 입장이다. 그래서 뜻을 같이하는 사람들이 모인 'MONET 컨소시엄'을 2019년 3월에 설립했다. 이 설립 단계에서 이미 코카콜라, 산토리, JR동일본 등 88개 회사가 참여했다.

같은 날 혼다와 히노자동차도 각각 약 2.5억 엔을 MONET에 출자하겠다고 발표했다. 그리고 이스즈자동차, 스즈키, SUBARU, 다이하쓰공업, 마쓰다 등 5개사가 MONET에 출자해, 약 2퍼센트의 주식을 취득했다고 6월에 발표했다. 이로 인해 MONET 플랫폼은 일본의 자동차 제조회사 8개사의 차량과 모빌리티서비스로부터 얻을 수 있는 데이터를 제공받게 되었다. 데이터가 많아지면 많아질수록, 그만큼 고도의 플랫폼을 구축할 수 있고, 그것은 또 고도의 서비스 제공으로 연결될 것이다. 앞으로 다양한 일본 기업들이 더욱더 많이 참여할 가능성이 있기 때문에, 소프트뱅크와 도요타는 MaaS 이후 세계의 플랫폼이 되기 위해 MONET을 설립한 것으로 보인다.

MONET 서미트에서 미야가와 사장은 MaaS가 폭발적으로 보급되기 위한 열쇠는 자율주행차 '이팔레트e-Palette'라고 말했다. 이팔레트은 2018년 1월의 'CESConsumer Electronics Show 2018'에서 최초로 공개된, MaaS 전용 차세대 EV 콘셉트 카다. 도요타는 이팔레트을 가까운 시일 내에 달리게 하는 것을 목표로, 어떤 서비스를 제공할지 필자도 주목하고 있다.

마지막으로 MaaS에 대한 필자의 생각을 말해두고 싶다. 일본에서 MaaS는 항공회사와 철도회사부터 택시, IT기업까지, 이미 여러 업종이 관여해 치열하게 경쟁하는 상태다. 그런데 실증 실험을 통해 밝혀진 사실 중 우려가 되는 문제는 지역과 사업자에 따라 UIUser Interface들 사이에 호환성이 없다는 것이다.

MaaS에서는 다양한 교통수단이 연결되어야 하기 때문에 결국 여러 그룹이 만들어지고 이들 사이에 경쟁이 일어나 승자에게 집중되는 상황이 벌어지지 않을까 예측해본다. 나는 MaaS가 진정한 가치를 발휘하게 되는 것은 자율주행차가 사회에 뿌리내리고 나서부터일 것이라고 예측한다. 따라서 우선 인구가 적어 공공교통을 지원하기 어려운 지역부터 자율주행 버스를 도입하는 것과 같은 방법으로 문제해결에 나서야 할 것 같다. 여기에 MaaS가 교통과 다양한 서비스를 연결하는 흐름으로 이어지면 가장 바람직할 것이다. 자율주행시스템의 '라스트 원 마일Last One Mile'을 해결하는 것이 바로 MaaS라 할 수 있다.

⊙ CASE, 전 산업계에 던져진 과제

CASE라는 말도 자동차와 모빌리티 산업 분야에선 MaaS만큼이나 주목받고 있다. 때문에 마지막으로 간단히 설명해두려 한다. CASE란 '네트워크 연결Connected, 자율주행Autonomous, 차량공유와 서비스Shared & Service, 전기화Electric'의 머리글자를 딴 말이다. 2016년 9월 파리 모터쇼에서 다임러가 발표한 조어다. 현재 자동차산업이 당면한 4가지 트렌드를 훌륭히 정리해놓은 것으로 보인다.

이 중에서 '네트워크 연결Connected'은 IoT와 클라우드 기술의 진화, 통신 속도의 향상과 대용량화 등을 바탕으로 자동차가 모든 것과 연결되는 상황을 가리킨다. 자동차의 스마트화라고도 할 수 있을 것이다. '자율주행Autonomous'은 지금까지 말해왔듯이 소프트뱅크 그룹도, GM

크루즈와 SB드라이브에서도 조기 실용화를 목표로 하는 분야다. '차량 공유와 서비스Shared & Service'는 라이드 셰어링과 카 셰어링 같은 서비스를 가리키는 말이다. 앞에서 언급한 대로 소프트뱅크 그룹은 지금까지 우버, 디디, 올라, 그랩이란 4개 회사에 투자해 세계 시장의 80~90퍼센트에 영향을 끼치고 있다. '전기화Electric'는 전기로 움직이는 자동차, 즉 EV를 가리키는 말이다. 가솔린차에서 EV로 이동하는 과정은 이미 시작되었다. 특히 중국은 적극적으로 EV화를 추진하고 있다.

다임러가 CASE를 발표할 때 말하고자 했던 의미는 자동차 제조업자로서 앞으로의 중·장기 전략이었다. 하지만 현재는 자동차에 한정되지 않고, 모든 산업에서 네트워크 연결, 자동화, 공유화, 서비스화, 전기화가 진행되고 있다. 즉, CASE는 전 산업에 큰 영향을 끼치는 콘셉트가 되었다고 볼 수 있다.

네트워크 연결을 예로 들자면 자동차가 인터넷상에서 연결될 뿐 아니라, 자동차의 부품끼리, 자동차 부품과 도로, 도로와 신호등 등 모든 것이 연결되는 IoT 시대가 올 것이다. 물론 여기에는 5G 통신 기술이 뒷받침하게 되어야 할 것이다.

중국 항저우에는 '알리바바 파크'라는 스마트시티가 있다. 필자는 이곳을 2019년 3월과 7월에 방문했다. 그 안에는 알리바바 본사, 알리바바 사원 거주지, 미래형 호텔, 최첨단 상업시설 등이 있다. 이 안에선 말 그대로 모든 것이 서로 연결되어 전동화와 자동화에 의한 무인화와 비현금화가 철저히 이루진다.

의류매장에선 가상 피팅시스템을 준비해, 여러 고객에게 어울릴 만한 여러 의류를 조합해 화면으로 보여준다. 이 중 마음에 드는 옷을 온라인상으로 주문하고 결제하면 된다. 제품은 집으로 배송되기 때문에 옷을 계산대로 들고 가거나 쇼핑하는 내내 들고 다니다가 집에 가져가야 하는 부담이 없다.

호텔 로비에서 이루어지는 체크인도 스마트하게 완료된다. 설치된 단말기와 스마트폰으로 자신의 얼굴을 촬영해 전용 앱으로 결제하면 되기 때문이다. 엘리베이터를 타는 것도, 방에 들어가는 것도 얼굴 인증으로 이루어진다. 룸서비스를 부탁하면 로봇이 가져다주고, 호텔 바에서 칵테일을 만드는 바텐더도 로봇이다. 또한 게이트에서 인증받고 통과하면 되는 티켓리스 영화관이나 무인 가라오케 시설도 있다.

'셰어링서비스'는 이제 하나의 가치관이 되고 있다. 지구온난화는 전 지구적인 문제이고, CO_2(이산화탄소) 절감은 더 이상 미룰 수 없는 문제다. 중요한 것은 지속가능성이며, 이를 위해선 '공유서비스'가 요구된다. '소유에서 공유'로의 흐름은 이제 자동차에 한정되지 않고, 전 산업에서 생겨나고 있다.

전동화에 쓰이는 전기도, 지속가능성 측면에서 살펴보자면, 석탄이나 석유 같은 기존 에너지로 만들지 않고, 재생가능한 자연에너지로 만들어내는 것이 중요하다. 이처럼 CASE는 자동차산업에 한정된 중·장기 전략이 아니라, 전 산업이 직면해야 하는 과제가 되었다 해도 지나친 말이 아니다. 특히 소프트뱅크 그룹의 산업정책 중 세 번째 기둥인 에너지산업에서 CASE가 필수적이라고 할 수 있다. 이에 대해서는 이어서 자세히 살펴볼까 한다.

4
에너지 플랫폼 기업

⊙ 에너지산업에서도 일어나는 산업의 재정의

소프트뱅크 그룹이 통신, 모빌리티와 함께 플랫폼 기업을 노리는 분야가 에너지다. 정보혁명, 모빌리티 혁명에 이어서 에너지 혁명에 달려드는 것은 소프트뱅크 그룹의 산업전략이다. 에너지 분야에서 중요한 테크놀로지는 다른 산업 분야와 마차가지로 IoT, 빅데이터, AI이다.

'디지털 에너지'는 각종 정보를 디지털화하는 전력을 말한다. 지금까지 전력회사는 전력의 제조와 유통에만 힘썼지만, 이제는 디지털화에 의해 정보산업에도 진출하리라 예상된다.

에너지업계의 발전은 디지털화만이 아니다. 석탄이나 석유 같은 화석연료를 사용하지 않는 '탈탄소화'도 이어서 진행되고 있다. 2015년 채택된 파리협정에선 산업혁명 이후 계속되는 평균기온 상승을 '2도 미만'으로 억누르고, 최종 목표인 평균기온 상승 '1.5도 미만'을 달성하기 위해 각국이 CO_2 등 온실가스를 삭감하기로 결정했다. 그 외에도 탈탄소화를 진행하기 위해 태양광과 풍력, 수력, 지열 등 재생 가능한 자연에너지로 전기를 만들어 발전의 '분산화'를 이루려 노력하고 있다.

일본을 대표하는 에너지 기업인 도쿄전력은 이미 이런 변화를 파악해, 에너지의 디지털화 후 찾아올 세계에 대해서도 분석 및 검토를 하고 있다.

"전력회사가 도달할 변화의 마지막 목적지는 개인에게 전기를 파는 소매를 축소하고, 궁극적으로는 없애는 것이다. (중략) 앞으로 소비자는 전기를 직접 사기보다는 다양한 기기가 제공하는 체험 및 성과를 사게 될 것이다. 따라서 그런 체험 및 성과를 제공하는 사업자가 (중략) 전력 판매에서 가장 중요한 고객이 된다."(〈에너지산업의 2050년 Utility 3.0을 향한 게임 체인지〉에서)

단적으로 말하자면, 전력을 판매하는 에너지 기업이 다른 산업 분야의 기업으로부터 공격을 받기도 하지만, 그만큼 스스로도 다른 산업 분야로 파고들어가 융합하게 될 것이다. 실제로 소프트뱅크와 도요타는 이미 전력사업에 진출하기 시작했고, 거꾸로 전력회사가 다른 산업 분야로 진출하는 미래도 곧 다가올 것으로 보인다.

'산업의 재정의'는 이미 에너지 업계에서도 진행 중이다. 하지만 그중에서도 소프트뱅크 그룹은 어떻게 에너지 혁명을 일으키고, 에너지 플랫폼 기업이 되려 하는 것일까.

⊙ 자연에너지의 생태계를 구축하려는 SB에너지

손정의가 이끄는 소프트뱅크 그룹은 정보, 모빌리티, 에너지, 세 분야에 특히 주력하고 있다. 왜 굳이 이 3가지 분야인가 묻는다면, 이 3가지 분야는 끊으려야 끊기 어려운 깊은 관계를 맺으며 얽혀 있기 때문이다. 정보통신은 어느새 5G의 시대를 맞이했는데, 그렇게 되면

'초고속', '대용량', '초저지연', '다수 동시 접속', '고신뢰'가 실현된다. 이런 통신환경이 갖춰지게 되면, '인간이 운행하는 것보다 안전한 자율주행차'가 처음으로 실용화된다. 그리고 자율주행차에는 반도체가 많이 들어가고 많은 전력을 소비하므로, 이를 위해선 클린에너지 생태계를 추구하는 것이 중요해진다.

테슬라의 일론 머스크의 목적은 EV를 실용화해서 판매하는 것이 아니다. '에너지를 창조한다(태양광 발전)', '에너지를 쌓는다(축전지)', '에너지를 사용한다(EV자동차)'라는 삼위일체의 사업구조에 의한 클린에너지 생태계를 구축하는 것이야말로 진정한 목적이라고 기술하고 있다(도표35).

도표35 │ 차세대 자동차산업을 중심핵으로 하는 클린에너지의 새로운 그랜드 디자인

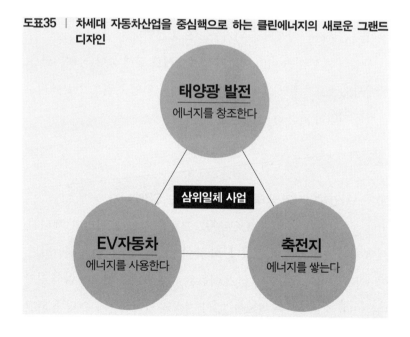

소프트뱅크 그룹도 비슷한 생각을 가지고 있어, 이를 '비츠Bits · 와츠Watts · 모빌리티Mobility'의 골든트라이앵글로 표현하고 있다. 비츠가 정보혁명, 와츠가 에너지 혁명, 모빌리티가 모빌리티 혁명이라고 보면 된다(도표36).

도표36 | 소프트뱅크 그룹이 그린 비츠×와츠×모빌리티
출처 · SB에너지 대표이사 겸 사장 미와 시게키(三輪茂基)의 Revision 2018에서의 강연 자료를 기초로 필자가 작성

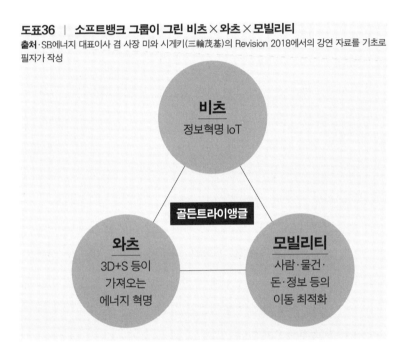

비츠 · 와츠 · 모빌리티의 골든트라이앵글에서 재생 가능 자연에너지의 플랫폼 기업이자 서비스 공급업자를 목표로, 2011년 10월에 창설된 것이 SB에너지다. SB에너지에서는 자연에너지를 이용한 발전 사업을 와츠 사업, AI · IoT · 자연에너지 조합에 의한 에너지 플랫폼 구축 사

업을 비츠 사업, EV 등 축전시스템과 자연에너지를 조합한 서비스 사업을 모빌리티 사업이라 자리매김하고 있다. 그리고 이 3가지를 코어 비즈니스로서 사업을 추진 중이다.

와츠 사업에서는 자연에너지를 활용한 발전 사업을 일본 내외에서 행할 뿐 아니라, 태양광과 풍력이라는 변동 전원에 바이오매스, 수력, 지열 등을 조합해 전력 수요에 맞추어 전력을 공급하는 것을 목표로 하고 있다.

비츠 사업에서는 전력 수요와 전력 공급을 적절히 매칭하기 위해 AI와 IoT를 활용하고 있다. 그리고 더 많은 자연에너지 도입과 안정된 전력 인프라 운용을 함께 이루어가는 것을 목표로 한다. 또한 경제산업성이 주도하는 '버추얼 파워 플랜트VPP 구축 실증 사업'의 어그리게이터(전력회사와 수요자 사이에 서서 균형을 조절하는 사업자)로 선정되어 2016년부터 나가사키현 이즈시에서 실증 실험을 시작했고, 이후 전국으로 실증 범위를 확대하고 있다. 버추얼 파워 플랜트란, 자연에너지 발전소를 비롯한 분산전원과 축전지, EV, 열펌프 등을 하나로 묶은 IoT시스템을 통해 하나의 발전소처럼 제어하는 것이다. 일종의 전력계통 조정 솔루션이라 할 수 있다.

모빌리티 사업에서는 EV배터리 등 축전시스템을 이용한 비즈니스 모델을 구축을 목표로 한다. 자연에너지에 의한 발전은 기후나 날씨에 따라 그 양이 변하기 때문에, 비상시를 위한 축전시스템이 필수다. 축전시스템인 EV배터리를 활용하면, 에너지의 타임 시프트와 그것을 이용한 수송 패러다임 시프트가 가능해진다고 한다.

이처럼 와츠 사업, 비츠 사업, 모빌리티 사업은 늘 서로 제휴하며 시너지를 낳는 과정을 통해 자연에너지를 바탕으로 한 생태계를 이루게 된다.

⊙ 몽골 고비사막, 인도, 사우디에도 진출

"2011년 3월 11일, 동일본 대지진과 그에 이은 후쿠시마 제1원자력 발전소 사고 이후, 우리는 진지하게 우리 자신의 에너지 문제와 그 선택에 직면하고 있습니다. 나는 자연에너지 보급은 사람들이 안심하고, 안전하게 지내는 풍요로운 사회를 만드는 데 필수적이라는 신념을 가지고 있습니다. 그래서 그런 신념을 기초로 자연에너지 보급을 촉진하고, 정책과 비즈니스모델을 제안합니다. 또한 폭넓은 네트워크를 만든다는 관점에서 조금이라도 지원해나가야 한다는 생각에, 자연에너지재단 설립을 결의했습니다."(자연에너지재단 홈페이지에서 발췌)

이상은 2011년 8월에 자연에너지재단을 설립하고, 스스로 회장에 취임한 손정의가 한 말이다. 동일본 대지진이 일어나고 5개월 후 이 재단을 만들고, 7개월 후 SB에너지를 만들었던 그의 추진력은 '과연!'이라는 감탄이 절로 나오게 만들었다.

당시엔 '왜 휴대전화사업을 하는 소프트뱅크가 에너지사업을 하지?'라는 의문을 품었던 사람도 많았을 것이라 생각한다. 손정의는 이때 일본 에너지사업의 위기를 느끼는 동시에, 미래의 가능성을 내다보고 에너지사업에 진입했다고 생각한다.

그 후 2012년 8월에는 전력 소매사업을 하는 SB파워를, 2013년 5월에는 미국의 블룸에너지와 연료전지사업을 하는 블룸에너지재팬을 설립했다. SB에너지의 일본 내 발전 용량은 현재 건설 중인 것을 포함해, 태양광 41곳, 풍력 2곳, 즉 모두 합해 43곳에서 약 600메가와트에 이르고 있다(2018년 10월 1일 기준). 블룸에너지재팬은 독자적인 기술을 사용한 자율분산형 발전의 새로운 시스템인 에너지 서버를 만드는 기업이며, 이 시스템을 공공시설에 도입하는 것을 추진하고 있다. SB파워는 SB에너지가 발전한 전력은 물론이고, 그 외 다른 전력도 조달해 판매 위탁처인 소프트뱅크를 통해 법인을 상대로 영업하고 있다. 2016년 4월 전력 소매 자유화 후부터는 '자연전기' 혹은 '가정전기'라는 이름으로 일반 가정에도 판매 중이다.

　한편, SB에너지는 자연에너지 개발을 위해 모두 3,670평방킬로미터에 이르는 토지를 몽골 고비사막에 보유하고 있다. 이곳에서 태양광과 풍력으로 얻을 수 있는 잠재적인 전기량은 15기가와트가 넘을 것으로 보이며, 일부 지역에서 실증 연구가 이미 시작되고 있다. 인도에선 3개의 태양광 발전 프로젝트를 진행해, 약 4기가와트의 발전을 하고 있다. 놀라운 것은 전기의 판매가로, 가장 저렴한 것은 3.8센트/kWh다. 사우디아라비아의 태양광 발전에 대해서도 2018년 3월에 각서를 교환하고, 2030년에 200기가와트의 발전을 목표로, '퍼스트 프로젝트FirstProject' 협의를 맺었다.

　자연에너지재단은 세계 많은 나라와 지역에서 이미 자연에너지를 기간 전원으로 사용하고 있다. 2030년에는 전력의 40~50퍼센트를 자연에너지로 공급하겠다고 목표를 밝히며, '일본 정부의 2030년 목표는 22~24퍼센트로 소극적'이라고 경종을 울리고 있다. 이대로 가다가는 일본이 시대적 흐름에 뒤처질지도 모른다는 경고이기도 하다. 소프트뱅크 그룹이 자연에너지 발전에 진입한 배경에는 이런 위기감이 크게 작용했던 것으로 보인다.

⊙ 아시아 슈퍼그리드 구상은 무엇인가?

소프트뱅크 그룹은 국제적 자연에너지 보급이란 큰 흐름에 주도적으로 참여하고 있다. 인도의 모디 수상이 이끄는 ISA International Solar Alliance(국제태양광연맹)에서는, 손정의가 기업 이노베이션 태스크포스 Global Leadership Task Force of Corporates on Innovation의 의장을 맡고 있다.

ISA에는 태양광이 풍부한 나라를 중심으로 약 120개국이 참가할 예정이고, 2030년까지 1조 달러 이상의 투자와 태양광 발전 1,000기가와트 이상의 개발을 목표로 하고 있다. 또한 2018년 7월에 열린 제31회 아프리카 연합정상회담에서 손정의는 소프트뱅크 비전펀드를 통해 아프리카 태양광 발전 개발에 대규모 투자를 검토하겠다는 의향을 표명했다.

2018년 7월에 설립된 '일본 기후변동 이니셔티브'에도 소프트뱅크 그룹과 SB에너지가 창립멤버로서 참여하고 있다.

이처럼 일본 내외 자연에너지 보급에 소프트뱅크 그룹이 적극적인 것은, 2011년 9월에 개최된 자연에너지재단 설립 이벤트에서 손정의가 발표한 '아시아 슈퍼그리드 구상' 때문이다. 아시아 슈퍼그리드는 아시아 각지의 풍부한 태양광과 풍력, 수력 등의 자연에너지 자원을 각국이 서로 활용할 수 있도록 하기 위해 각국 송전망을 서로 연결하는 시스템이다.

유럽에서는 100년 정도 전부터 이미 각국이 송전망을 연결하고 있는데, 요 몇 년 사이에 자연에너지 도입이 확대되면서 국제 송전망 정비가 더욱 활발해지고 있다. 이에 비해 동아시아에서는 중국, 몽골, 러시아 사이에 한정된 송전망이 있을 뿐이다. 아시아 슈퍼그리드 구상에서는 일본, 한국, 중국, 러시아, 몽골, 동남아시아 여러 나라, 인도와 같은 여러 나라의 송전망을 연결하는 국제 송전망 정비를 목표로 하고 있다. SB에너지의 미와 시게키 사장은 아시아 슈퍼그리드를 실현하기 위해서는 '기술', '경제성', '정치·법률·규제', 이 3가지가 열쇠라고 본다. 그리고 이에 대해 기술적으로 실현 가능하고, 경제성도 충분하지만, 각국 정부 간 협의를 통해 규칙을 만드는 필수 과정이 뒤따라야 한다고 지적했다. 이에 따라 사업은 더욱 순조롭게 흘러갈 수도 있고, 그렇지 않을 수도 있다.

미와 사장이 〈아시아 국제 송전망 연구회 제2차 보고서〉 발표 심포지엄(2018년 7월 개최)에서 했던 강연 자료에 따르면, 중국 국가전력망공사SGCC, 한국전력공사KEPCO는 몽·중·한·일 프로젝트의 기초인 한·중 2개국 사이의 국제 송전망 연결을 진행하기 위해 2017년 12월 외교문서를 교환했다. 또한 2018년 8월 6일 한국전력공사와 러시아전력회사 ROSSETI는 전력계통 제휴를 위해 행하는 연구와 러시아 천연자원 개발 및 연구, 배전망 시험 사업 등을 함께 하기로 협약을 맺었다.

그리고 2016년에는 중국 국가전력망공사와 러시아 ROSSETI가 합병 회사를 설립해 송전망 사업을 전개한다는 합의서에 서명했다. 협력 범위는 전력 거래와 송배전망에 대한 투자에 이르고 있다. 이와 같이 각국은 정부와 기업이 하나가 되어 국제 송전망의 연계를 추진 중인데, 안타깝게도 일본에선 거의 진척되지 않고 있다.

미와 사장이 말한 아시아 슈퍼그리드의 의미를 정리해보자면, 다음과 같다.

- 재생에너지 개발 추진, 보급 확대, 출력 변동의 평활(平滑)화
- 광역 운용에 따른 전력 안정 공급 향상
- 전력시장에 대한 경쟁원리 도입, 수급 패턴 차이 이용에 따른 경제 효율성 향상
- 일본의 에너지 절약, 클린 기술 해외 수출
- 2국 간 배출 크레디트 활용 기회 증가
- 에너지 안전보장 확보와 동북아시아 평화 안정

(《아시아 국제 송전망 연구회 제2차 보고서》를 발표하는 심포지엄에서 미와 시게키 강연 자료 '소프트뱅크의 자연에너지 사업과 아시아 슈퍼그리드', 2018년 7월 23일)

모두 앞으로 일본 에너지산업은 물론이고, 아시아 각국의 정부, 국민, 기업에게 중요한 사항들이다.

6장

GAFA×BATH와 비교 분석

⊙ 분석의 본질은 비교

분석의 본질은 비교하는 것이다. 기업의 경쟁분석에서는 경쟁 회사나 유사 기업과 비교 분석하는 것이 중요하다. 이 과정에서 비교하고 싶은 경쟁 회사의 강점과 약점, 그 기업만의 특징과 장점 등이 보다 명확해지기 때문이다.

이 책에서는 우선 소프트뱅크 그룹을 세계적인 메가테크 기업인 GAFA×BATH(미국의 구글, 애플, 페이스북, 아마존과 중국의 바이두, 알리바바, 텐센트, 화웨이)와 비교하고, 더 나아가 세계적인 투자가 워런 버핏이 이끄는 버크셔 해서웨이와도 비교 분석해볼까 한다.

⊙ GAFA×BATH＝세계적인 메가테크 기업과 비교 분석

그러면 우선 소프트뱅크 그룹을 세계적인 메가테크 기업인

GAFA×BATH와 비교 분석해보겠다. 먼저 현시점에선 GAFA와 BATH 가 자사만의 세계적인 플랫폼과 생태계를 가지고 있는 데 비해, 소프트뱅크 그룹은 아직 간접적으로만 플랫폼과 생태계를 구축하고 있다. 물론 소프트뱅크 그룹도 일본 내에서는 통신사업과 전자상거래사업에서 넓은 의미로 플랫폼을 구축하고 있고, 일본 기업 중에서는 플랫폼화를 누구보다 서두른 기업 중 하나다. 그러나 세계적인 메가테크놀로지 기업에 필적할 만한 세계적인 플랫폼과 생태계를 아직은 구축하지 못하고 있다.

AI 군전략에서는 투자처인 파트너 기업의 최대주주가 되는 데 주력하고 있다. 하지만 50퍼센트 이상 주식을 가지고 그 기업을 관리하려들지는 않는다. 때문에 AI 군전략으로 여러 기업에 투자해 이들을 묶어 간접적 플랫폼과 에코시스템을 구축하고는 있지만, GAFA, BATH와 같은 직접적인 플랫폼과 에코시스템은 현재로서 구축하고 있지 않다.

하지만 앞에서 산업전략을 이야기할 때 논했던 것처럼 계획대로 순조롭게 사업이 진행된다면 2025년경에는 통신, 교통기관, 에너지, 세 분야에서 각각 플랫폼을 구축하고, 또 이들 각 플랫폼을 연결해 산업 전체의 플랫폼을 만들게 되지 않을까 생각한다.

도표37은 GAFA, BATH, 소프트뱅크 그룹의 시가총액을 비교한 것이다. 이 도표를 보면 GAFA가 얼마나 거대한지 알 수 있고, 알리바바와 텐센트가 그 뒤를 쫓고 있는 것도 보인다. 한편, 바이두는 상당히 작고, 소프트뱅크 그룹sbg 역시 세계적인 메가테크 기업에 비하면 아주 작다는 것을 알 수 있다.

다음 도표38은 알리바바의 시가총액, 그중 소프트뱅크 그룹이 보유하고 있는 분량, 소프트뱅크 그룹의 시가총액, 3가지를 비교한 것이다.

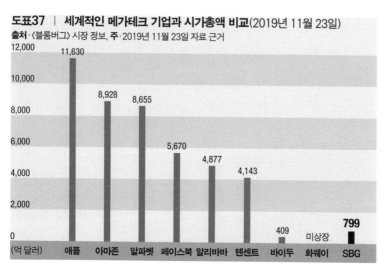

도표37 | 세계적인 메가테크 기업과 시가총액 비교(2019년 11월 23일)
출처·〈블룸버그〉시장 정보, 주·2019년 11월 23일 자료 근거

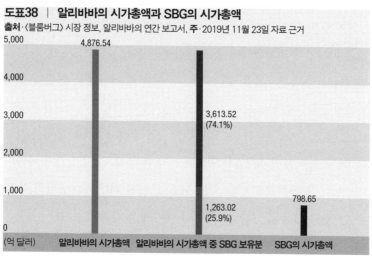

도표38 | 알리바바의 시가총액과 SBG의 시가총액
출처·〈블룸버그〉시장 정보, 알리바바의 연간 보고서, 주·2019년 11월 23일 자료 근거

소프트뱅크 그룹은 알리바바 주식의 25.9퍼센트를 가지고 있다. 평가금액은 약 13.5조 엔인데, 소프트뱅크 그룹의 시가총액은 이보다 약 5조 엔이나 적다. 일반적인 계산법으로 하자면, 소프트뱅크 그룹의 사업가치에 알리바바 주식 지분을 더해 소프트뱅크 그룹의 시가총액이 13.5조 엔 이상이 되어야 한다. 하지만 그렇게 하지 않는 이유는 여러 업종이 섞인 대기업을 평가할 때 적용하는 대기업평가할인conglomerate discount 때문이다. 대기업평가할인은 그룹의 각 기업을 하나씩 평가할 때보다 거대복합기업 그룹 전체를 평가할 때 낮은 값이 매겨지는 것을 의미한다.

이처럼 단독 기업그룹이란 측면에서 볼 때 소프트뱅크 그룹은 세계적인 메가테크 기업보다 시가총액이 뒤지지만, 2019년 11월에 돌연 야후재팬과 LINE의 경영통합을 이루어내면서 지금부터 새로운 성장이 기대되고 있다.

2장에서 언급한 대로, 소프트뱅크 그룹은 알리바바를, LINE은 텐센트를 벤치마킹해오던 중 야후재팬과 LINE의 합병이 이루어졌다. 야후재팬도 LINE도 중국의 두 기업보다 이용자 수나 시가총액 면에서 뒤지지만, 시너지 효과만은 두 기업이 합병한 것만큼이나 강력할 것으로 보인다.

LINE과 경영통합이 이루어진 상태에서 지금까지 언급해온 소프트뱅크 그룹의 산업전략이 전개된다면, 전 세계적인 영향력을 갖는 플랫폼 기업이 될 가능성도 적지 않다고 본다.

⊙ 왜 영업이익률은 높고 총자산회전율은 낮은가?

세로축을 매출액영업이익률, 가로축울 총자산회전율로 두고 분석하는 방법을 나는 'ROA Return On Assets (총자산이익률) 맵'이라 부르고, 컨설팅을 하면서 해당 기업을 처음으로 분석할 때 사용한다. 다음의 도표39는 GAFA, BATH, 소프트뱅크 그룹 9개 회사를 'ROA 맵'으로 나타낸 것이다.

이 방법을 중시하는 이유는 '정량×정성' 분석이면서, '수익구조×사업구조' 분석의 접점이기 때문이다. ROA 맵 자체는 '재무분석'이라는 정량분석이지만, 수익구조와 사업구조라는 해당 기업의 경영전략 결과가 함께 짜여 들어간 정성분석 도구라고도 할 수 있다.

ROA는 총자산이익률을 뜻하므로, 투자한 자산으로 얼마나 이익을 올렸는지를 보여준다. 즉, 효율성과 수익성이 반영되는 수치다. 보통 ROA는 '당기순이익 ÷ 총자산'을 계산한 결과로 나타낸다.

이 맵의 가로축은 '총자산회전율=1년 동안 자산이 매출을 내기 위해 몇 번이나 회전했는가'를 보여준다. 이 수치는 '매출액 ÷ 총자산'으로 구하기 때문에, 자산이 얼마나 효과적으로 활용되는지를 알 수 있다. 일반적으로 상사나 소매업과 같은 판매나 판매중개형 업종일수록 이 비율이 높아지고, 철강, 금속이나 화학과 같은 중공업일수록 이 비율이 낮아진다. 즉, 설비가 가벼운 쪽일수록 총자산회전율이 높아지는 경향이 있다(한편, 이익률은 낮아지는 경향이 있다).

이것은 업계 안에서도 같은 경향을 보인다고 할 수 있다. 예를 들어, 일본 노인 요양업계를 살펴보면, 총자산회전율은 설비투자(토지, 건물,

나아가 유형고정자산)가 필요한 유료노인요양원을 운영하는 기업일수록 낮고, 데이서비스나 재택서비스를 제공하는 기업순으로 높아진다.

이 맵의 세로축은 매출액영업이익률(영업이익은 각 회사의 'Operating Income' 혹은 'Operating Profit'을 사용)이고, '영업이익÷매출액'으로 계산한다. 영업이익률에는 해당 기업의 시장 지위와 의사가 반영되어 있다. 일반적으로 생산성이 높은 업종과 기업 쪽이 높은 영업이익률을 보인다.

앞에서 말했듯 ROA는 일반적으로 '당기순이익÷총자산'으로 계산하지만, 본업이 벌어들인 이익, 즉 영업이익을 이용해 '영업이익÷총자산'으로 계산하는 쪽이 현재의 상황을 이해하는 데 더 도움이 된다고 생각한다. 그래서 ROA를 '영업이익÷총자산'으로 계산하면, 이것은 '총자산회전율(매출액÷총자산)×매출액영업이익률(영업이익÷매출액)'으로도 나타낼 수 있다. ROA 맵은 이것을 가시화한 것이다.

소프트뱅크 그룹은 매출액영업이익률이 24.5퍼센트로 네 번째다. 상위인 페이스북과 텐센트는 소셜네트워크서비스SNS 사업의 이익률이 높고, 애플도 영업이익률이 높은 것으로 유명하다. 그런데 이 3개 회사 다음이 소프트뱅크 그룹이므로, 영업이익률이 다른 회사와 비교해 상대적으로 높다고 할 수 있을 것이다. 단, 여기에서 주의해야 할 것은 2018년도 결산에서 소프트뱅크 그룹의 영업이익 중 약 절반이 소프트뱅크 비전펀드에서 거둔 미실현 이익이라는 사실이다.

소프트뱅크 그룹은 국제 회계 기준에 따라 미실현 이익(평가익)을 영업이익으로 계상하고 있다. 그 자체는 규칙상 당연한 일이지만, 앞

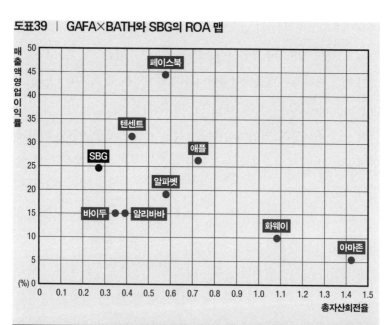

도표39 │ GAFA×BATH와 SBG의 ROA 맵

항목	총자산회전율	매출액영업이익률	ROA
애플	0.73	26.69%	19.39%
아마존	1.43	5.33%	7.64%
알파벳	0.59	19.24%	11.31%
페이스북	0.57	44.62%	25.60%
알리바바	0.39	15.15%	5.92%
텐센트	0.43	31.23%	13.50%
바이두	0.34	15.19%	5.22%
화웨이	1.08	10.16%	11.00%
SBG	0.27	24.51%	6.52%

주 애플의 대상회계연도는 2017년 10월 1일~2018년 9월 29일
알리바바와 SBG의 대상회계연도는 2018년 4월 1일~2019년 3월 31일
그 외 타 기업의 회계연도는 2018년 1월 1일~2018년 12월 31일

에서도 지적했듯이 리먼쇼크 때처럼 시장이 크게 무너지면, 투자처가 되는 기업의 주가도 내려가기 때문에, 현재의 영업이익이 영업손실로 돌아설 수도 있다. 이것이 실제로 문제시된 것이 서장에서도 언급했던 2019년 7~9월기 연결결산이었다. 2018년도 시점에서는 높은 영업이 익률을 기록했지만, 주가의 높은 변동성에 따라 영업이익률이 한 순간에 떨어질 수도 있다. 즉, 소프트뱅크 그룹의 경우엔 영업이익률의 안 정성이 부족하다고 볼 수 있다.

이에 비해 다른 8개 회사는 투자회사가 아닌 사업회사이기 때문에, 영업이익은 이미 실현한 이익이고, 주가만큼 변동성이 크지 않아 안정적인 변화를 보인다. 즉, GAFA×BATH는 스스로 제품과 서비스를 만들어내는 데 주력하지만, 소프트뱅크 그룹은 그보다는 사업 확대 쪽에 주력한다. 그리고 바로 이런 점이 GAFA×BATH와 소프트뱅크 그룹 사이의 결정적인 차이라 할 수 있다.

그리고 주목해야 할 점은, 소프트뱅크 그룹의 총자산회전율이 가장 낮다는 사실이다. 총자산회전율은 분모가 총자산이고, 분자가 매출액이다. 매출액이 크면 클수록, 총자산회전율도 커진다. 소프트뱅크 그룹의 경우, 투자처의 주가를 시가평가하고, 구입 가격을 웃도는 부분이 영업이익으로 계상되지만, 매출액은 증가하지 않는다. 투자사업은 비즈니스모델상 매출액이 늘어나지 않기 때문에 총자산회전율은 낮아진다.

그 결과, GAFA×BATH에 비해, 총자산회전율이 가장 낮고, 영업이 익률의 변동성이 커진다. 그런 점에서 소프트뱅크 그룹은 영업이익률이 높은 것이 아니라, '영업이익률의 변동성이 높은' 기업이라고 평가해야 할 것이다.

⊙ 소프트뱅크 그룹, 아마존, 애플의 차이

다음 도표40은 소프트뱅크 그룹, 아마존, 애플, 3개 회사를 '5요소 방법－도, 천, 지, 장, 법(道, 天, 地, 將, 法)'에 따라 분석하고 비교한 것이다.

소프트뱅크 그룹의 도(道), 즉 미션은 '정보혁명으로 사람들을 행복하게'다. 손정의는 주주총회나 결산설명회에서 이런 미션을 내걸며 프레젠테이션을 마치는 경우가 많다. 소프트뱅크 그룹은 바로 이 미션을 실현하기 위해 존재하기 때문이다.

아마존의 미션, 즉 비전은 '지구상 최고의 고객제일주의 회사'다. 아마존의 고객은 일반 소비자뿐만 아니라, 판매자, 디벨로퍼, 기업 및 조직, 콘텐츠 크리에이터도 포함한다. 아마존은 고객이 무엇보다도 낮은 가격과 다양한 물품을 원한다는 인식 아래, '고객제일'이라는 미션을 실현하려는 목표를 세우고 있다.

애플은 특별한 미션을 내걸지는 않지만, 브랜드 관념은 명확하다. 고객이 '자기답게 살아가도록 지원'하는 데 주력하는 모습은 애플의 사명감에서 비롯된 것이라 할 수 있을 정도다. '자기답게 살아간다'와 '세상에 혁명을 일으킨다'가 애플의 도(道)라 할 수 있겠다.

항목	소프트뱅크 그룹	아마존	애플
도(道)	정보혁명으로 사람들을 행복하게	지구상 최고의 고객제일주의 회사	자기답게 살아간다 혁명을 일으킨다
천(天)	정보혁명	소비자경험 향상 기회	'자기답게 살아간다', '혁명을 일으킨다'를 위한 기회
지(地)	아시아, 중국, 인도에 이르는 글로벌 전개	'모든 것을 파는 가게 The Everything Store'에서 '모든 것을 하는 회사 The Everything Company'로 성장	플랫폼과 생태계 구축
장(將)	AI 기업가집단	리더십 14개조	스티브 잡스의 우뇌형 카리스마 경영에서 팀 쿡의 좌뇌형 오퍼레이션 경영으로 전환
법(法)	AI 군전략	아마존 본체×AWS에 의한 각종 플랫폼 구축	하드웨어, 소프트웨어, 콘텐츠, 클라우드, 직영점 등의 사업 전개

천(天)은 '때'를 가리키는 것으로, 도(道)와 관련 있다. 소프트뱅크 그룹에 천(天)은 정보혁명을 위한 기회이자, AI와 IoT 등의 테크놀로지 진화를 위한 절호의 기회다. 아마존은 천(天)을 소비자경험 향상을 위한 기회이자, 테크놀로지의 진화와 발전을 좋은 기회로 보고, 모든 비즈니스로 연결시키고 있다. 한편, 애플에게 천(天)은 사람들이 각자의 시점을 가지고 자기답게 살아가도록 지원할 기회이고, 최첨단 기술에

의해 아이폰 등 기존 제품을 진화시킬 뿐 아니라, 다른 회사에는 없는 신제품을 생산하려는 것이다.

지(地)는 지리적 이점을 얻는 것이다. 소프트뱅크 그룹의 지(地)는 아시아에 있고, 중국, 인도, 동남아시아에 이르는 글로벌 전개를 하고 있다. 아마존의 지(地)는 원래 도서 전자상거래로 사업을 시작했지만, 이제는 물류기업이고, 테크놀로지 기업이기도 하며, 우주사업 전개로 도 시야를 넓히고 있다. '모든 것을 파는 가게'에서 '모든 것을 하는 회사'로 성장했다고도 할 수 있다. 애플의 지(地)는 아이폰 등을 통한 플랫폼 구축, 그 플랫폼을 중심으로 한 생태계 확립이라는 비즈니스모델이다.

필자가 해설을 쓴《NOKIA 부활의 궤적》에 따르면, 애플의 스티브 잡스는 당시 노키아 회장을 만나 "당신 회사는 이제 더 이상 경쟁 상대가 아니다"라고 말했다 한다. 그가 이런 강렬한 발언을 통해 말하려는 핵심은 노키아는 디바이스 제조사이지만, 애플은 더 이상 디바이스 제조사가 아니라 플랫폼 기업이며, 생태계까지 구축한 기업이라는 뜻일 것이다. 당시부터 애플의 플랫폼 기업, 생태계에 대한 의식이 아주 강했음을 엿볼 수 있다.

장(將)이란 리더십을 말한다. 현시점에서 소프트뱅크 그룹의 장(將)을 가장 잘 상징하는 것은 'AI 기업가집단'이다. AI 관련 각 분야의 기업가를 묶어 집단을 이루는 것이 특징이다. 손정의가 이 집단의 가장 중요한 핵심 인물임은 말할 필요도 없다. 아마존의 장(將)은 '리더십 14개조'를 통해 전 사원에게 셀프 리더십을 가지도록 요구하는 것이 상징적이다. 그 외 제프 베조스가 강조하는, 비전을 제시하는 리더십도 특징 중 하나다. 애플의 장(將)은 스티브 잡스의 '우뇌형 카리스마 경영'에서 팀 쿡의 '좌뇌형 오퍼레이션 경영'으로 전환하는 것이 상징적이다.

법(法)이란 계속 이길 수 있는 시스템을 만드는 것을 말한다. 소프트뱅크 그룹의 법(法)에서 가장 큰 특징은 역시 AI 군전략일 것이다. 물론 수익의 중요한 핵심에는 소프트뱅크 비전펀드가 자리잡고 있다. 아마존의 법(法)은 '아마존 본체×AWS(아마존 웹서비스)'를 기초로 한 전자상거래 사이트와 인공지능 스피커 '아마존 에코' 등을 이용해 각종 플랫폼을 구축하는 것이다. 애플의 법(法)은 하드웨어, 소프트웨어, 콘텐츠, 클라우드, 직영점 등의 사업 전개를 동시에 행하고 있는 점이다. 애플만의 이런 다각적인 경영이 사업구조나 수익구조의 핵심을 이루고 있다.

지금까지 살펴보았듯이 3개 회사는 모두 테크놀로지에 주력하는 기업이지만, 어떤 분야에 테크놀로지를 집중하고 있는지는 각기 다르다. 소프트뱅크 그룹은 '테크놀로지×금융재무', 아마존은 '테크놀로지×소비자 경험', 애플은 '테크놀로지×디자인'으로 각각 다르게 분석할 수 있다.

⊙ 창업자에게 공통된 초장기적 사고

반드시 경영자에게만 한정되지는 않지만, '대담한 비전', 즉 아주 크고 초장기적인 목표를 세우는 것에는 큰 의의가 있다. 왜냐하면 대담한 비전을 품게 되면, 사고를 가두는 한계를 벗어날 수 있게 되고, 가슴 두근거리는 큰 목표를 세울 수 있기 때문이다. 또한 규모가 큰 초장기적 사고의 훈련도 된다.

초장기적 목표는 '성장×공헌'을 이끌어내, 목표, 비전, 미션이 서로 연결되도록 만든다. 초장기적으로 목표를 가슴에 품을 수 있는 용기는 진화하는 힘, 미래를 만드는 힘이 되기도 한다.

손정의가 세운 초장기적 목표는 '300년 성장하는 기업'이다. 그는 이를 이루기 위해 '새로운 30년 비전'을 만들었다고 이미 앞에서 언급했다. 이에 비해 제프 베조스는 '1만 년 가는 시계' 제작에 거액을 후원했다. 그는 이를 통해 초장기적 사고를 하며, 1만 년 앞까지 내다보는 경영에 임하고 있음을 드러냈다. 한편, 스티브 잡스는 이런 초장기적 목표에 대해선 구체적으로 밝힌 적이 없다. 항상 큰 비전을 품어온 사람이라 남들보다 더 큰 초장기 목표를 가지고 있었을지도 모르지만, 말년에 투병생활을 하느라 그것을 미처 밝히지 못했던 것으로 보인다.

스탠퍼드대학교 졸업생을 대상으로 한 유명한 스피치에서 스티브 잡스는 매일 거울을 보며 이렇게 자문한다고 말했다.

"만약 오늘이 내 인생 마지막 날이라면 내가 지금 하려고 하는 일을 할 것인가?"

그에게는 이런 사고방식이 초장기 목표를 대신하는 깃이었을지도 모른다.

알리바바의 창업자 마윈은 '102년 계속되는 회사로 만들고 싶다'라고 말한 적이 있다. 왜 102년인가 묻는 질문에 대해선, 총 3세기에 걸쳐 지구상에 존재하는 기업이 되고 싶기 때문이라고 했다. 다시 말해 1999년에 창업한 알리바바가 만약 102년 동안 존속하면 2101년이 되는데, 결과적으로 20세기, 21세기, 22세기, 즉 3세기에 걸쳐 살아남은 기업이 된다. 마윈 역시 초장기 사고를 하는 경영자임을 알 수 있게 해주는 한마디였다.

⊙ 손정의, 제프 베조스, 스티브 잡스의 차이

지금부터는 소프트뱅크, 아마존, 애플의 창업자인 손정의, 제프 베조스, 스티브 잡스를 좀 더 자세히 비교해볼까 한다. 다음 도표41은 손정의, 제프 베조스, 스티브 잡스를 6가지 관점에서 비교해 정리해본 것이다. 위에서부터 순서대로 살펴보겠다.

먼저 첫 번째 항목은 '미션의 대상'이다. 손정의는 '사회적 가치'를 만드는 일, 제프 베조스는 '고객', 스티브 잡스는 '새로운 라이프 스타일' 제시를 각각 미션의 대상으로 삼고 있다.

두 번째 항목인 '주요 목표'는 각자 무엇에 가장 주력하고 있는가를 보여준다. 손정의는 'No.1이 되는 것'에 철저히 주력하기 때문에 그렇지 못할 것 같은 분야에는 처음부터 진입하려 하지 않는다. 한 예로, 자율주행 OS분야 등, 구글에서 전개하는 사업 분야에는 절대 손대지 않고 있다.

도표41 | 손정의 vs 제프 베조스 vs 스티브 잡스 비교

항목	손정의	제프 베조스	스티브 잡스
미션의 대상	사회적 가치	고객	새로운 라이프 스타일
주요 목표	No.1이 되는 것	고객	디자인
기업 정보 공개 여부	적극적	소극적	비밀주의
비전의 기간	초장기	초장기	장기
비전의 주요 범위	글로벌	우주	글로벌
창조와 변혁	변혁(스스로 새로운 제품이나 서비스를 만드는 데 집착하지는 않는다)	창조와 변혁	창조와 변혁

베조스의 주요 목표는 항상 '고객'이다. 따라서 소비자의 3가지 니즈, 즉 '저가격', '충분한 물품', '신속한 배달'을 중요시한다. 그 결과 '보다 싼 가격', '보다 풍부한 물품', '보다 신속한 배달을 이루기 위한 테크놀로지 개발에 오래전부터 노력을 기울여오고 있다. 그런데 이 3가지 니즈에 대부분 만족하지 않는 것이 고객이다. 예를 들어, '충분히 싸다', '이 이상 다양한 물품을 갖출 필요는 없다', '배달 속도는 지금 정도로 충분하다'고 말하는 고객은 거의 없다. 베조스는 예나 지금이나, 그리고 앞으로 10년 후에도 고객이 원하는 이 3가지에는 변화가 없을 것이라고 말하고 있다.

잡스의 주력 분야는 역시 '디자인'이다. 그는 다음과 같이 말했다.

"디자인은 그냥 눈으로 보기 위한 것이나 느끼기 위한 것이 아니다."

"디자인이야말로 물건의 구조 그 자체다. 세계에서 가장 뛰어난 물건을 만들고 싶다. 우리는 그런 사람들을 고용하려 한다."

"묘지에서 가장 부자가 되는 건 중요치 않다. 중요한 것은 오늘 밤 잠자리에 누울 때 '멋진 일을 했어'라고 말하는 것이다."(《스티브 잡스 그래픽 전기》에서 발췌)

평소 잡스가 했던 말을 보면, 그에게 디자인은 일반인들이 생각하는 개념을 넘어 상당히 넓고 깊은 의미를 띠고 있다. 제품의 구조는 물론이고, 플랫폼이나 생태계 문제를 다룰 때도 항상 디자인을 강하게 의식한 사람이 잡스였다. 특히 그는 심플하고 미니멀한 제품 디자인을 추구한 것으로 알려져 있다. 예를 들어, 잡스가 아이팟 디자이너에게 디바이스의 버튼 수를 줄이라고 지시했다는 유명한 일화도 있다. 그리고 이런 지시는 초기 아이팟의 대명사라 할 수 있는 '스크롤 휠'의 탄생으로 이어졌다.

⊙ '비밀주의는 힘이다'라고 말한 잡스

세 번째는 '기업 정보 공개 여부'다. 자신에 대해서, 그리고 자사에 대해서 어느 정도 공개하는지는 세 사람이 모두 제각각 다르다.

손정의는 큰 허풍을 떨며, 자신과 자사의 목표와 야망을 공언한 뒤 그것들을 이루어왔다. 한마디로 말해 '유언실행'의 대표주자였다. 당연히 '기업 정보 공개 여부'에 대해서도 적극적이어서, 목표와 야망을 정성적, 또한 정량적으로 수치까지 공개하고 있다. 이것은 손정의만이 가능하다고 할 정도로 적극적인 기업공개다.

베조스, 혹은 아마존은 기업 정보 공개에 상대적으로 소극적이다. 최소한의 정보는 명백히 공개하지만, 필요 이상의 이야기는 하지 않는다.

기업 정보 공개에 가장 소극적인 사람은 잡스였다. 평소 '비밀주의는 힘이다'라고 말할 정도로, 잡스의 비밀주의는 유명했다. 당연히 애플의 사내 분위기는 마치 신앙을 지키듯 비밀주의를 고수하는 경향이 있었다. 특히 부서들끼리 각각 독립된 공간을 쓰며, 서로의 프로젝트에 간섭하지 않는 것이 원칙이었다. 전 세계 미디어에 대해서도 신제품에 대한 정보를 철저히 비밀로 지켜, 오히려 그 덕분에 큰 관심을 끄는 효과를 누려왔다. 즉, 이런 비밀주의는 마케팅 전략의 하나로서 발표회에 대한 기대를 높이는 효과도 있다.

네 번째 항목은 '비전의 기간'이다. 각각의 비전을 달성하기까지의 기간을 어느 정도로 보는지가 여기에 해당한다. 손정의는 앞에서 언급한 대로 '300년 동안 성장하는 기업'을 목표로, 〈새로운 30년 비전〉을 작성했기 때문에 초장기라 할 수 있다.

한편, 1만 년 시계를 만든 제프 베조스는 더욱 초장기라 할 수 있다. 세 사람 중에서 가장 멀리 내다보고 있다. 이에 걸맞게 베조스는 '블루 오리진'을 설립해 우주사업을 하고 있다. 마찬가지로 우주사업을 하는 테슬라의 창업자 일론 머스크처럼 베조스도 이대로라면 지구가 멸망한다고 보기 때문에 인류를 화성으로 이주시킬 계획을 진지하게 생각하고 있다.

잡스도 '장기'이긴 하지만 두 사람과 좀 다른 점이 있다. 장기적인 목표를 내걸기보다는 하루하루를 충실히 지내는 데 중점을 두었다. 특히 췌장암 수술을 받은 후부터는 죽음에 대해 많은 생각을 했던 것 같다.

스탠퍼드대학교 연설에서 잡스는 죽음을 의식했는지 "시간은 한정되었으므로, 타인의 삶을 살면서 인생을 낭비해선 안 된다"라고 졸업생들에게 말한 적이 있다. 그리고 마지막으로 "Stay hungry, Stay foolish(늘 갈망하라. 늘 우직하라)"라고 강조하기도 했다.

다섯 번째는 '비전의 주요 범위'다. 각 경영자가 자신의 비전이 미치는 범위를 어디까지로 잡고 있는지를 살펴보자. 손정의도 우주사업과 위성 개발 등에 투자는 하고 있지만, 주요 사업이라 할 정도는 아니다. 비전의 주요 사업 영역, 도메인은 역시 '글로벌', 즉 지구 안이다. 일본에서 시작해 중국, 인도로부터 널리 아시아로, 글로벌하게 투자를 행하는 사업을 하고 있다.

한편, 베조스는 '우주'까지 내다보며, 블루오리진을 통해 우주사업에까지 손대고 있다. 비전의 범위에 있어선 베조스만이 우주 전체를 꿰뚫어보고 있다고 볼 수 있다. 마지막으로 잡스 역시 사업을 글로벌 규모로 전개했다. 우주사업에 대해서도 생각하고 있었을지 모르겠지만, 실제로 행하지는 않았다.

여섯 번째 항목은 '창조와 변혁'이다. 스스로 새로운 제품이나 서비스를 만드는 데 집착하는가, 그렇지 않은가를 보면 된다. 이런 면에서 보면 손정의는 변혁이고, 베조스와 잡스는 '창조와 변혁'이다. 베조스와 잡스는 자사만의 제품이나 서비스를 만들어 그것을 변혁해가는 일에 주력한다면, 손정의는 스스로 만드는 것보다도 사업을 확대하는 데더 주력한다. 즉, 투자를 통해 투자처의 제품 및 테크놀로지, 비즈니스모델을 소프트뱅크 그룹에 도입하는 쪽에 더 큰 관심을 기울이는 편이고, 여기에서 세 사람의 결정적인 차이가 생긴다.

⊙ 버크셔 해서웨이, 알파벳과 다른 점

다음으로 소프트뱅크 그룹을 지주회사, 투자회사로 보는 경우도 있으므로 이 기업과 비슷한 다른 두 회사에 대해서도 살펴보고자한다. 첫 번째는 세계적인 투자가 워런 버핏이 이끄는 버크셔 해서웨이이고, 두 번째는 구글의 지주회사인 알파벳이다.

버크셔 해서웨이는 보험사업으로 얻은 보험료 수입 중 보험료 지불준비금을 뺀 금액을 투자사업에 투입하고 있기 때문에, 주식회사의 형태를 띤 '투자펀드'라고 볼 수 있다.

버크셔 해서웨이의 투자처는 크게는 사업투자와 주식투자 2가지다. 사업투자는 실제로 그 사업을 해 성장시킨다거나 다른 사업과의 시너지를 낳는 등 사업상 목적이 있는 데 비해, 주식투자는 주식의 매각 이익 등을 얻는 것이 최대 목적이다. 보통 사업투자가를 전략적 스폰서, 주식투자가를 재정적 스폰서라고 부르는데 버크셔 해서웨이는 이 두측면을 다 가지고 있다.

단, 연결결산에서 매출액으로 계상되는 것은 사업투자뿐으로, 보험

사업, 철도사업, 에너지 및 전력사업, 제조사업, 소매사업 등 다종다양하다. 주식투자처로는 아메리칸 익스프레스, 뱅크 오브 아메리카, 애플, 코카콜라 등이 있는데, 이들 주식의 평가손익은 투자사업의 영업손익으로 계상된다.

버크셔 해서웨이의 투자에서 특정적인 것은 버핏이 '잘 아는 분야'로 한정되어 있다는 것이다. 즉, 버핏이 비즈니스 내용, 제품, 서비스를 잘 이해할 수 있는 회사에만 투자한다. 또한 브랜드 파워가 있고, 장기적인 성장 전망이 보이며, 주가가 실제 가치보다 싼 기업을 찾아 '가치투자' 하는 것이 큰 특징 중 하나다. 예를 들어, 2018년 12월 말 시점에서 코카콜라 발행 주식 9.4퍼센트에 해당하는 4억 주를 보유해 최대주주가 되었지만, 이 회사의 주식을 최초로 보유하기 시작한 것은 1988년으로 거슬러 올라간다.

소프트뱅크 그룹과 버크셔 해서웨이는 사업투자와 주식투자 2가지를 모두 하고 있다. 하지만 소프트뱅크 그룹은 소프트뱅크 비전펀드를 통한 사업투자에 좀 더 중점을 둔다. 반면, 버크셔 해서웨이는 주식투자에 무게를 싣고 있다. 거꾸로 두 회사의 공통점은 펀드매니저에 해당하는 손정의도, 버핏도 투자처 기업의 경영자를 잘 살펴본 뒤 투자 판단을 한다는 점이다. 물론 이런 현상은 두 사람에 한하지 않고, 투자의 세계에선 흔한 일이다.

버크셔 해서웨이는 소프트뱅크 그룹과의 경쟁에서 우위에 있다는 것을 2019년 7~9월 결산에서 보여주었다. 1월에서 9월까지 사이에 순이익은 약 520억 달러에 이르러, '세계에서 가장 많은 이익을 올리는 기업'이 되었다. 게다가 보유한 현금이 1,280억 달러로 역대 최고 기록 (2019년 11월 3일 자 〈블룸버그〉 기사)을 세웠다. 시가총액은 5,372억 달러로, 글로벌 랭킹 세계 6위(〈닛케이베리타스〉 2019년 11월 17일) 였다.

도표42 | 지주회사 3사 비교

	소프트뱅크 그룹	버크셔 해서웨이	알파벳
투자 계획	소프트뱅크 그룹의 100퍼센트 자회사 SB Investment Advisers (UK) Limited가 리미티드 파트너십에 의한 펀드 '소프트뱅크 비전 펀드'를 조성, 주식투자를 실행	연결회사의 보험사업('Collect -now, pay-later model') 에서 얻은 보험료 수입 중, 보험료 지불준비금을 뺀 금액(=Float)을 투자사업(주식투자와 금융파생상품)에 투입 *주식회사 형태를 갖춘 '투자 펀드'	연결회사 'Other Bets'의 사업으로서, 자율주행, 생명과학, 재생에너지, AI/딥러닝, 드론, 로보틱스, 지열, 클린연료 등의 R&D, 기업, 투자 캐피털 사업에 투자
투자 방법	• 그로스 투자·유니콘 투자 • AI를 특화한다 • 사업 시너지 창출 • AI 군전략에 기초해 교통, 물류, 금융, 의료, 부동산, 테크놀로지 등 분야에 투자 • 소프트뱅크 비전펀드에서의 투자처와는 비연결(암 제외)	• 성장성이 보이고, 브랜드 파워가 있으며, 주가가 실제 가치보다 싼 기업을 찾아 장기 투자하는 가치투자 • 금융, 항공, 애플 등을 중심으로 투자 • 워런 버핏 CEO가 '잘 아는 곳'에 투자 • 투자사업으로서 투자처는 비연결·일부 지분법 적용 회사	• 미래에 대한 실험적 투자 • R&D 프로젝트로부터의 사업화 • 'Other Bets' 사업은 연결
미션 등	• 정보혁명으로 사람들을 행복하게 한다 • AI 군전략으로 정보혁명을 견인 • AI는 모든 산업을 혁신한다	• 모든 사업을 하나에 집중시킴으로써 기업가치를 최대화한다 • "Focus on the Forest – Forget the Trees."	• 전 세계의 정보를 정리해, 전 세계 사람들이 접근해 사용할 수 있도록 한다 • AI의 민주화 • 기술을 이용해 사람들의 생활을 개선한다

결산설명회에서 손정의는 스스로 버크셔 해서웨이를 AI 군전략과 비교 대상으로 삼았지만, 현시점에선 버크셔 해서웨이가 더 뛰어난 실적을 보여주고 있다.

알파벳은 기본적으로 사업투자를 한다고 볼 수 있다. 흔히 '미래에 대한 실험적 투자'라고 하며, 자율주행에 주력하는 웨이모, 차세대 기술을 연구하고 개발하는 엑스, 스마트시티 구축을 목표로 하는 사이드워크랩스 등에 투자하고 있다. 사이드워크랩스는 인간중심 미래지향 도시 디자인과 최첨단 테크놀로지를 연결해 사람들의 도시생활 향상을 미션으로 삼고 있다. 2019년 6월 발표했던 캐나다 토론토의 스마트시티 개발계획 '사이드워크 토론토'의 마스터플랜에 따르면 모빌리티, 거주, 건물, 공공장소, 사회 인프라, 오픈 디지털 인프라 등에 이노베이션을 일으켜 보다 적당한 가격, 보다 지속 가능한 환경, 보다 많은 사람들에게 돌아가는 기회를 제공하는 도시를 만드는 것이 목표다.

이런 사업투자는 구글의 사업에서 '또 다른 최선other best'이라 불린다. 알파벳의 투자 방침은 연구개발부터 시작해 사업화로 이어가 수익을 거두는 것이다. 웨이모는 이제 겨우 사업화되었다.

알파벳의 매출액 99퍼센트 이상이 구글로부터 오므로, 투자에 투입되는 원래 자금은 구글의 광고사업으로부터 거둔 현금이다. 구글이라는 절대적 수익기반이 있는 반면, 미래에 대한 투자라 할 수 있는 투자처 기업의 사업화, 수익화가 그다지 잘 진행되지 않아 염려된다는 점. 이것이 알파벳 투자사업의 현실이다.

물론 웨이모처럼 100퍼센트 투자해 지배하는 기업도 있는가 하면,

스타트업에 투자해 소수주주가 되는 경우도 있다. 소프트뱅크 그룹은 알파벳을 참고로, 알파벳은 버크셔 해서웨이를 참고로 지주회사로 변신했다는 말도 있다.

⊙ 비교 분석으로 알아낸 소프트뱅크 그룹의 특징

지금까지 비교 분석으로 알아낸 소프트뱅크 그룹의 특징은 무엇일까?

먼저 미션은 사회가치 추구형이고, No.1이 되는 것을 중요시하며, AI 군전략에서는 굳이 투자처에 다수지분majority 출자를 고집하지 않는 것이 큰 특징이다. 기업의 성격을 정리해보자면, 정성적으로나 정량적으로나 투자회사임을 알 수 있다. 한편, 자회사인 소프트뱅크는 강력한 영업력과 실행력을 가지는 한편, 타임머신 경영으로 해외 투자처의 사업을 빠른 시간에 일본 내에서 사업화하는 데 뛰어나다.

또한 주로 투자처를 통해서이기는 하지만, 테크놀로지 회사로서의 측면도 지니고 있다. 그리고 가장 특징적인 것은 금융재무전략에 뛰어난 파이낸스 회사라는 점이다. 다시 말해 '투자회사×사업회사×테크놀로지 회사×파이낸스 회사'라는 4가지 성격을 지니고 있는 것이 소프트뱅크 그룹의 특징이라고 생각된다.

그리고 마지막으로 지적해두고 싶은 것은 '세계에서 가장 이익을 많이 올리는 상장기업'인 버크셔 해서웨이와 뚜렷하게 다른 점이다. 버크셔 해서웨이는 방대한 순이익과 영업 캐시플로를 낳으면서 거대한 현금도 보유하고 있다. 일본에선 투자회사라는 이미지가 강하지만, 실제로는 사업회사로서 보험, 철도, 전력, 에너지, 제조, 소매, 서비스 등에서 확실히 현금을 낳는 탄탄한 기업이다. 시가총액이 세계 6위라는 점에서도, 또 역레버리지와 재무상 리스크 현재화를 막아가기 위해서도, 소프트뱅크 그룹이 가장 참고할 만한 기업이 아닐까 하는 생각이 든다.

마무리하는 장

시나리오로 예측하는 소프트뱅크 그룹의 가까운 미래

⊙ 가까운 미래 시나리오 분석의 의의

이번 장에서는 시나리오 분석과 시나리오 플래닝 수법을 사용해, 소프트뱅크 그룹의 가까운 미래 시나리오를 분석해보고 싶다.

시나리오 분석과 시나리오 플래닝이란, 1970년대의 석유 대기업인 '로열더치셸'이 활용하기 시작해 유명해진 경영기법이다. 나 자신도 MUFG(당시 미쓰비시은행) 시절, LNG 기지와 제유소 등 해외 대형 에너지 프로젝트 파이낸스를 담당하고 있을 때 실제로 활용한 기법이다.

당시 수천억 엔에 이르렀던 에너지 프로젝트에 대해선, 예를 들어 프로젝트 대상국인 태국, 인도네시아, 말레시아 등에서 진행될 국가 성장 시나리오, 원유가격 변동 시나리오, 도시화와 인구 변동 시나리오 등을 분석했다. 지금도 대기업 대상 전략 컨설팅을 할 때는 중기 경영계획 책정 시 전제 사항으로서 시나리오 분석을 한다. 또, 중요 프로젝트의 중·장기 계획 책정에도 시나리오 분석을 활용하고 있다.

분석 성격이 강한 시나리오 분석을 할 때에는 가까운 미래의 여러 시나리오를 책정해, 각각의 시나리오에서 어떤 일이 일어날 수 있는지를 살펴본다. 계획과 실행에 중점을 두는 '시나리오 플래닝'인 경우에는 각각의 시나리오에서 어떤 전략으로 대응해야 할지를 살펴보고, 행동에 초점을 맞춘 활용을 하게 된다. 이처럼 가까운 미래의 시나리오를 여러 가지 방향으로 그려보는 것이 시나리오 분석의 가장 큰 특징이다.

◉ 노키아 부활의 최대 비결은 시나리오 플래닝

나는 현 노키아 회장 리스토 실라즈마가 쓴 《NOKIA 부활의 궤적》의 번역서에 해설을 쓰기도 했고, 온라인 미디어 〈현대 비즈니스〉의 기획에 참여해 실라즈마를 직접 인터뷰하기도 했다.

실라즈마 회장은 'NOKIA 부활'을 이룬 최대 비결은 시나리오 플래닝이라 강조한다. 그리고 책에서도 상당 부분을 시나리오 플래닝에 할애하고 있다.

"시나리오 플래닝을 사용하면 중요한 것을 놓칠 가능성을 최소한으로 억제해 최종적으로 어떤 시나리오가 되었다 해도 철저히 준비할 수 있다."(《NOKIA 부활의 궤적》 11장 '플랜 B, 그리고 플랜 C, 플랜 D도 있다')

실라즈마 회장은 내게 "시나리오 플래닝은 미래에 대해 생각하는 방법에 규율을 적용시키는 방법입니다. 큰 문제를 다루기 쉬운 작은 단위로 분해해 각각 개별적으로 대처하게 해주는 도구이지요"라고 말했다.

《NOKIA 부활의 궤적》에는 노키아의 휴대전화사업을 마이크로소프트에 매각할 때와 그 외의 중요한 M&A과정에서 실라즈마 회장이 사용한 시나리오 플래닝이 실려 있다. 그러므로 이 분야의 실무서로 추천할 만하다.

그리고 이 책에서 앞으로 하게 될 '소프트뱅크 그룹의 가까운 미래 시나리오' 작업을 지금부터는 '근미래 시나리오 분석'이라 부르려 한다. 그리고 우선은 시나리오 분석의 중요 부분만 소개한다는 것을 미리 밝혀두고자 한다. 도표43에 근미래 시나리오 분석의 의의를 정리해 두었으므로, 참고해주기 바란다.

도표43 | 근미래 시나리오 분석의 의의

❶ 비연속적인 큰 환경변화를 상정한 경영을 한다.
❷ 가까운 미래 시나리오에 큰 영향을 주는 주요 인자를 상정해둔다.
❸ 비연속적인 큰 환경변화에 대해 여러 가지 시나리오를 상정해둔다.
❹ 각각의 시나리오가 발생했을 때 어떤 전략과 대응을 취하는 것이 적절한지를 예측해 검토해둔다.
❺ 가까운 미래 시나리오와 대책이 보이도록 해둔다.
❻ 중·장기적, 또 대국적 시점으로 환경변화에 대한 의식을 높여간다.
❼ 비연속적인 큰 환경변화를 선행해서 알아차리고 의사결정과 행동의 속도를 높여간다.
❽ 대담하고 참신한 사업전략과 상품서비스를 개발하고 있다.

⊙ 근미래 시나리오 분석의 전체 구조

근미래 시나리오 분석에서 가장 먼저 이루어지는 것은 환경 분석이다. 이것은 뒤에서 언급할 PEST분석 등을 사용해 분석 대상이 될 업계와 기업을 둘러싼 환경을 분석하는 과정이다. 그리고 그것을 근거로 업계와 기업에 큰 영향을 주는 주요 인자를 추출하는 과정이 주요 인자 분석이다. 마지막으로 주요인자들 중에서 가장 중요하다고 볼 수 있는 요소들을 몇 가지 선정해, 그에 따라 여러 가지 근미래 시나리오를 그려보는 것이 근미래 시나리오 분석이다. 분석 후 할 일은 각 시나리오에 대해, 대상 기업의 경쟁전략과 사업전략을 책정하는 전략책정이다.

개인적인 의견이지만, 일본 기업의 경영전략에서 맞닥뜨린 다음과 같은 과제야말로 근미래 시나리오 분석이 필요한 배경이 되고 있다.

도표44 | 근미래 시나리오 분석의 전체 구조

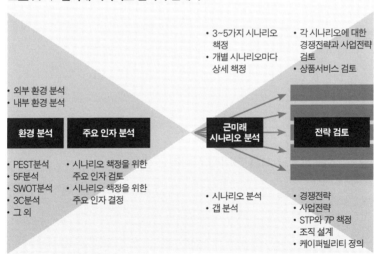

- 실제로는 비연속적인 큰 환경변화 속에 있지만, 환경변화에 대한 예측과 관점이 사내에서 통일되어 있지 않다.
- 현재 상황에서 기인한 연속적이고 무난하며, 단일한 예측을 바탕으로 경영계획을 세운다.
- 매출이나 이익 등에 대한 정확한 계산이나 환경변화에 대한 유연성이 부족한 전략과 경영계획으로 일관한다.
- 중기 경영계획을 세웠는데도, 환경변화로 매기마다 전제가 바뀌어 어쩔 수 없이 계획을 수정하게 된다.
- 매년 계획 책정과 수정에 큰 비용이 들어간다.
- 비관적 시나리오와 최악의 시나리오를 경영진이 직시하지 않는다.
- 기획부문과 현장에서는 계획미달에 대해 '전략 책임vs실행력 책임'이라는 책임 미루기가 일어난다.

이상 일본 기업이 맞닥뜨린 과제들을 살펴본 결과, 대부분 단일한 근미래 예측을 통해 중기 경영 계획을 책정하기 때문에, 유연성과 실행성 부족을 일으키는 큰 원인이 되고 있다고 볼 수 있다.

⊙ **소프트뱅크 그룹 근미래 시나리오 분석**

그러면 지금부터는 소프트뱅크 그룹을 대상으로 본격적인 근미래 시나리오 분석을 해볼까 한다. 먼저 환경분석부터 살펴보자면, 실제로는 PEST분석, 업계분석, SWOT분석, 3C분석 등을 실시해야 한다. 하지만 이 책에선 PEST분석을 중심으로 살펴보고자 한다.

PEST분석이란, 정치, 경제, 사회, 기술의 시점에서 국가, 산업, 기업, 국민 각각에 가져올 변화를 분석하는 것이다. 다양한 요인들이 있지만, 이 책에선 다음과 같은 내용들을 예로 들어볼까 한다.

- **Politics**(정치)   미중 신냉전, 지구온난화 대책, 닫히는 대국과 열리는 메가테크 기업
- **Economy**(경제)   세계적 저성장, IT버블 위험, 공유경제
- **Society**(사회)   가치관 다양화와 변화, SDGsSustainable Development Goals(지속 가능한 발전목표), 클린에너지
- **Technology**(기술)   AI, IoT, 빅데이터, 자동화, 로보틱스, 통신 5G

도표45 | 소프트뱅크 그룹 근미래 시나리오 분석의 전체 구조

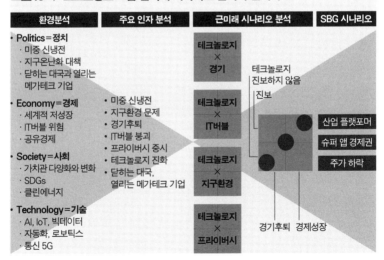

주요 인자 분석은 시나리오 책정 때 큰 영향력을 가지는 요소를 선정하는 작업이다. 실제로는 100가지 이상의 인자를 여러 조합으로 만들어 분석하는데, 이 책에선 미중 신냉전, 지구환경 문제, 경기후퇴, IT버블 붕괴, 프라이버시 중시에 따른 규제, 테크놀로지 진화, 닫히는 대국, 열리는 메가테크 기업 등을 주요 인자로 삼아 분석해보고자 한다.

이런 환경 분석이 끝나면 해야 할 일은 근미래 시나리오 분석이다. 시나리오 분석에선 '근미래가 어떻게 될까'를 단순하게 예측하기보다는 '근미래가 어떻게 흘러갈지 그 가능성을 내다보고, 각 경우마다 어떤 일이 일어날 가능성이 큰지'를 고찰해보는 것이다. 특히 근미래를 움직이는 주요한 힘들을 추출하고, 그 안에서 분기점을 만드는 주요 인자를 사용해 매트리스 분석을 한다.

소프트뱅크 그룹의 근미래 시나리오에선 이 회사가 주력하는 테크놀로지 발전 상황에 대해 살펴보도록 하자. 일본 내외 경기 동향, IT버블 발생 및 붕괴 가능성, 지구환경 문제의 진보 상황, 프라이버시 보호 등이 소프트뱅크 그룹의 미래를 움직이는 주요한 힘이 된다고 분석할 수 있다.

보다 구체적으로 이야기하자면, 소프트뱅크 그룹은 우버나 디디 같은 차량공유기업에 많은 투자를 하고 있다. 이 점을 통해 테크놀로지 중에서도 자율주행 기술 발전, 그리고 이 기술의 실제 사회 적용 속도를 높이는 데 주력하고 있음을 알 수 있다. 즉, 사내에서 지속가능성과 공유 쪽으로 가치관 변화가 일어나고 있으며, 이 변화가 소프트뱅크 그룹이 이끄는 기업군의 시가총액을 움직이는 큰 요인이 되고 있다.

아마 자율주행이 사회 전반에 적용되는 시점이 되면, 상업용 차를 이용해 바로 사업을 시작할 수 있는 기업이 기존의 플랫폼과 빅데이터를 활용해 수익을 내기 쉽고, 각종 레이어 구조에서도 유리한 입장에 설 것이다.

부동산 회사인지 테크놀로지 회사인지 의문을 사고 있는 위워크에 대해서도 고찰해보자. 이 고찰에서 주요 요인은 경기 동향과 이에 따라 큰 영향을 받는 부동산 시장 동향 등이 될 것이다. 위워크를 서브리스회사로 보면, 이 회사의 비즈니스모델은 다음 2가지로 집약된다. '공간을 빌렸기 때문에 계약기간 중에는 임대료를 지불'해야 하는 채무를 지는 한편, '빌린 공간에 부가가치를 붙여 더 비싼 임대료를 받고 다시 빌려주는' 과정을 통해 수익을 올리게 된다. 그런데 공간을 다시 빌려줄 때 가동률이 나빠 수입이 줄어들면, 당연히 채무문제가 발생한다. 특히 위워크는 장기 리스로 공간을 빌려 새롭게 꾸민 뒤 최단기간 한 달 단위로 다시 빌려주는 사업모델이다. 이런 경우 경기가 나빠지면 채권채무 문제가 복잡하게 틀어지고, 가동률이 낮아질 위험이 커지므로, 경제성장 동향에 주목할 수밖에 없다.

따라서 이 책에서는 '테크놀로지 발전 속도×경제성장 동향'이라는 2개의 축을 세워, 소프트뱅크 그룹의 근미래 시나리오 분석에서 가장 중요한 중심핵으로 살펴볼까 한다. 이때 테크놀로지란 앞에서 언급한 대로, AI, IoT, 빅데이터, 자동화, 통신 5G 등이 주요 요소다. 그리고 경제성장 동향 측면에선 미국 경기 후퇴와 IT버블 발생 및 붕괴부터 살펴보아야 할 것이다.

먼저 소프트뱅크 그룹이 상정한 속도로 사회 전반이 발전해 첨단 테크놀로지가 그 속에 뿌리내리는 경우를 생각해보자. 이때 일본 내외 경제성장도 순조롭게 이루어지는 시나리오1에서는 5장에서 언급한 대로 소프트뱅크 그룹 역시 '산업 플랫폼 기업'으로 성장할 수 있을 것이다. 소프트뱅크 그룹에게는 가장 이상적인 전개다.

이 시나리오에서 사업이 어떻게 전개될지에 대한 예측은 5장을 참고하기 바란다. 자율주행이 실현된 초창기에 우버와 디디는 운송망기업으로서 MaaS(서비스형 모빌리티)를 통해 큰 가치를 낳게 된다. 물론 이를 위해 자율주행을 포함한 기술 발전에 비즈니스로서의 발전이 따라주어야 한다. 이런 전개가 완성되면 손정의가 머릿속에 그린 대로 우버와 디디는 아주 멋진 회사가 되어 큰 캐시플로를 낳게 될 것이다.

시나리오1에서 놓쳐선 안 되는 것은 위워크의 근미래 시나리오다. 손정의는 2019년 11월 소프트뱅크 그룹 결산설명회에서 '위워크의 기술기업으로서 측면은(이 회사가 이익체질로 개선되고 나서) 응용단계에 접어들고 나서부터'라고 언명했다. 그때까지는 성장을 중시하지 않고 안전성과 수익성을 중시한다는 큰 궤도 수정이었다.

이런 상황에서 미국 내외 경기가 호조로 돌아서는 시나리오를 가정해보자. 부동산 기업인 위워크가 조기에 이익체질로 바뀌고 관련 테크놀로지가 사회에서 실현되는 과정도 순조롭게 진행되면 소프트뱅크 그룹의 시가총액도 늘어날 것이다.

반면, 자율주행 등의 테크놀로지가 사회에 뿌리내리는 시간이 지연되고, 비현금화 사회에 머물면서 일본 내외 경제성장이 현재 수준을 이어나가면(시나리오2), 2장에서 서술한 것처럼 슈퍼 앱 경제권 구축이 실현되는 수준까지만 가능할 것으로 보인다.

다음에 논할 시나리오3과 같은 최악의 경우가 아니라면, 금융재무전략을 구사해 투자자금을 윤택하게 준비할 수 있는 소프트뱅크 그룹이 2025년까지는 페이페이와 LINE을 기점으로 플랫폼 기업이 될 수 있을 것으로, 필자는 내다본다. 아마도 알리바바가 중국에서 구축하고 있는 '금융×EC·소매×그 외의 플랫폼'과 비슷해질 가능성이 높다.

두 번이나 펼친 강력한 '100억 엔 캠페인'과 '캐시리스·포인트 환원사업'에 의해 페이페이 등록 이용자 수는 1,900만 명(2019년 10월 말 시점), 월차 결제 횟수는 약 8,500만 회(2019년 10월)에 이르고 있다. 스마트폰 결제서비스 이용자의 이용 의향과 '현금 이외에 떠오르는 결제 수단(신용카드를 빼고)'에서도 페이페이는 1위다. 소프트뱅크 그룹은 결제 앱에서 슈퍼 앱으로 진화하는 페이페이를 고객접점으로 삼아, 원래부터 해오던 광고사업에 더해 핀테크와 같은 금융사업, EC·소매, 온라인과 오프라인을 넘나드는 다양한 서비스를 제공하고 있다. 게다가 야후와 LINE의 통합으로 소프트뱅크 그룹 전체가 강력한 포진을 갖추게 되었다. 아주 강력한 '슈퍼 앱 경제권'이라는 플랫폼과 생태계를 구축해나가는 시나리오라 할 수 있다.

마지막으로, 소프트뱅크 그룹에 최악인 시나리오는 이 회사가 주력하는 테크놀로지 사회 실현이 하나씩하나씩 늦어지고, 미국에서 경기후퇴가 일어나 IT버블과 유니콘 버블이 꺼지는 국면이 되는 것이다(시나리오3). IT버블에 대해선 본 장의 리스크 요인 항목에서 설명할 것이다.

도표46은 시나리오 분석 관점에서 소프트뱅크 그룹의 주가 하락 시나리오를 살펴보면서 주요 인자들을 한눈에 훑어본 것이다.

도표46 | 소프트뱅크 그룹 주가 하락 시나리오

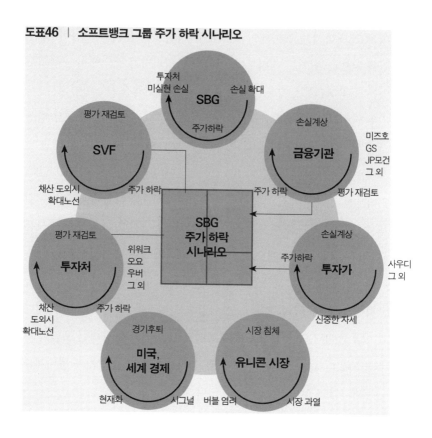

도표 가운데에는 소프트뱅크 그룹의 재무상태표를 표시했고, 그 왼쪽에 자산을, 오른쪽에 부채와 자본을 표시했다. 그 주변의 7개 원을

중심으로 표시한 것은 소프트뱅크 그룹의 재무상태표에 영향을 주는 부정적인 요인, 즉 주가를 떨어뜨리는 요인이다.

❶ 투자처. 채산 도외시 확대노선 후 투자처에 대한 평가 및 재검토가 이루어지고, 투자처의 주가와 기업가치가 하락한다.

❷ 소프트뱅크 비전펀드SVF. 채산 도외시 확대노선 후 투자처에 대한 평가 및 재검토가 이루어지고, 투자처의 주가와 기업가치가 하락한다.

❸ 소프트뱅크 그룹SBG. 투자처의 주가와 기업가치가 하락하면 미실현 이익이 감소하고, 또 손실이 확대되어 그 결과 주가가 하락한다.

❹ 금융기관이 소프트뱅크 그룹의 손실계상에 대한 평가를 재검토한다.

❺ 투자자들이 소프트뱅크 그룹의 손실계상에 대해 신중한 자세를 취하고, 투자액을 줄인다.

❻ 유니콘 시장이 과열되어 버블에 대한 염려가 일어나고, 시장이 침체된다. 심하면 버블 붕괴로 이어진다.

❼ 미국 및 세계 경제 경기후퇴의 시그널이 현재화된다. 경기후퇴로 이어진다.

이상은 일어날 가능성이 낮지만, 일단 일어나기만 하면 기업에 어마어마한 영향력을 끼치는 블랙스완 같은 예측을 정리해본 것이다. 모두 기업의 경영전략에서 시나리오 분석의 일환으로 상정해두어야 할 것들 중 하나다. 독자 여러분들도 소프트뱅크 그룹의 시나리오 분석을 참고로 하면서 최악의 경우도 검토해보기를 추천한다.

⊙ 시나리오 분석의 주요 전제조건

지금까지 언급한 3가지 시나리오에서 주요한 전제조건이 되는 것들을 도표47에 정리해보았다. GDP성장률(일본), GDP성장률(미국), 지구환경 문제 증가, 재생에너지 비용, 경제구조 개혁, 산업 육성책, 소비자 의식, AI, 자율주행, 라이드 셰어, MaaS, 통신 5G, 비현금화 등 13항목이다.

이들 주요 전제조건이 2025년 시점에 어떻게 변할지에 대한 여러 가

도표47 | 시나리오 분석의 주요 전제조건(2025년 시점)

주요 전제조건	시나리오1	시나리오2	시나리오3
GDP성장률(일본)	1.2%	0.8%	▲5.0%
GDP성장률(미국)	2.5%	1.7%	▲2.0%
지구환경 문제 증가	증가한다	증가한다	증가한다
재생에너지 비용	저하	저하	현상 유지
경제구조 개혁	진보	진보	현상 유지
산업 육성책	진보	진보	현상 유지
소비자 의식	증가한다	증가한다	현상 유지
AI	진보	진보	진보
자율주행	진보	지연	지연
라이드 셰어	진보	지연	지연
MaaS	진보	지연	지연
통신 5G	진보	진보	진보
비현금화	진보	진보	진보

설을 세우고, 각각에 맞는 시나리오를 상정해 소프트뱅크 그룹의 가까운 미래를 기술한 것이 바로 다음에 이어질 시나리오 분석이다.

실제 분석에서는 각각의 시나리오에 따라 분석 대상 기업의 매출, 이익, 현금흐름 등의 업적을 예측하고, 시가총액도 예상하고 있다. 이를 위해, 각각의 시나리오에서 각종 시장 수치, 고객 수, 객단가 등도 예측한다. 이런 과정을 통해 시나리오 분석은 정성분석과 정량분석으로 구성된, 보다 정교하고 치밀한 방법이 될 수 있다.

이 장의 첫 부분에서 NOKIA 부활을 이룬 최대 비결이 시나리오 플래닝이라고 하면서, 더불어 'NOKIA의 교훈'도 지적했다. 한때 세계 일류 기업이었던 NOKIA가 도산 직전까지 이른 원인은 당시 경영진이 새로운 경쟁 위협을 미처 예측하지 못하고, 상황을 너무 긍정적으로 보았기 때문임을 기억할 필요가 있다. 어떤 사업 분야든 미래를 예측할 때에는 새로운 경쟁 위협을 알아차리고 이에 대비해 전략을 짜는 것이 중요하다. 이 책을 읽는 독자들은 NOKIA의 사례를 거울 삼아 시나리오 플래닝과 시나리오 분석을 활용해보도록 추천한다.

⊙ 소프트뱅크 그룹의 근미래 예측

이상이 시나리오 분석 기법을 사용해 알아본 소프트뱅크 그룹의 근미래 시나리오였다. 그런데 요즘에는 소프트뱅크 그룹을 둘러싼 외부환경이 주요 전제조건이었던 시나리오 분석과 조금 다른 작업을 해보고 싶어졌다. 바로 소프트뱅크 그룹 내부환경을 주요 전제조건으로 삼아 해보는 근미래 예측이다. 이런 작업을 할 때 가장 중요한 내부 환경은 당연히 소프트뱅크 비전펀드의 조성 여부라고 생각한다. 따라서 지금부터는 이것에 초점을 맞추어 소프트뱅크 그룹의 근미래 예측을 해보고자 한다.

시나리오 분석을 할 때와 마찬가지로, 소프트뱅크 그룹의 근미래 예측에서도 기업 활동과 관련된 기술 발전이 무엇보다 중요하다. 이 외에도 시나리오 분석에는 또 한 가지 중요한 축이 있는데, 아마 독자들은 분석을 위한 외부환경 요인으로 경제성장을 고려했음을 기억할 것이다. 근미래 예측에서 이에 해당하는 내부환경 요인은 소프트뱅크 비전펀드의 조성 가능성임을 지적해두고 싶다.

다시 말해, 소프트뱅크 그룹의 근미래 예측에서 중요한 근원적 분기점은 '테크놀로지의 발전 상황×소프트뱅크 비전펀드 조성 가능성'이다. 이 2가지를 축으로 근미래 예측을 해본 것이 도표48이다.

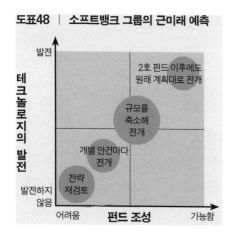

도표48 ｜ 소프트뱅크 그룹의 근미래 예측

　손정의 투자 대전략

위워크 문제가 불거진 시점에서 가장 가능성이 큰 것은 펀드의 규모를 축소하는 시나리오가 아닐까 생각한다. 실제로 〈블룸버그〉 2019년 11월 16일 자에는, '소프트뱅크 그룹은 비전펀드 2호의 첫 번째 마무리를 조용히 완료했다. 응모액은 목표했던 1,080억 달러에 크게 미치지 못했다'라는 기사가 실렸다.

만에 하나, 이어서 언급할 리스크 요인이 현실로 드러나면, 소프트뱅크 그룹은 펀드 조성을 그만두고, 개별 안건별로 사업을 전개하거나 최악의 경우엔 전략을 재검토할 필요가 있다고 생각한다.

현실적으로 생각해볼 수 있는 최악의 시나리오는 위워크 재생이 어려워지다가 상황이 악화되어 대규모 구제책이 필요하게 되고, 기존 투자처에서도 문제가 발생하는 상황이다. 특히 손정의의 높은 평가 덕분에 '신성화'된 기업에서 문제가 불거지면, 신규 펀드 조성은 더욱 어려워질 것이다.

제1호 소프트뱅크 비전 펀드 때처럼 거액의 자금을 한곳에서 끌어오는 일이 투자펀드의 세계에서 다시 일어나기는 어렵다. 하지만 위워크 재생이 이루어지고, 앞으로 IRR 20퍼센트 이상 실적을 확실히 지속해가면, 2호 펀드 이후에도 금액을 서서히 쌓아나가는 것이 가능하지 않을까 싶다.

무엇보다 현시점에서 소프트뱅크 그룹은 다음에 서술할 위험 요인들을 해결해야 하는 상태이고, 최근 서구 언론의 비판을 받아 브랜드 가치가 떨어지고 있다. 앞으로 신뢰와 브랜드 가치를 회복하려면 상당한 노력이 필요할 것으로 보인다. 이것이 나 자신이 예측하는 소프트뱅크 그룹의 기초 사례 시나리오다.

이 책에서는 소프트뱅크 그룹, 미국과 중국의 메가테크 기업, 버크셔 해서웨이, 세쿼이아 캐피털 등을 서로 비교하며 분석했다. 우선출자 7퍼센트 계약, 다중적 레버리지 구조 등을 생각하면, 소프트뱅크 비전펀드는 벤처캐피털이나 투자펀드라기보다는 외자계 은행에 의한 전략적 파이낸스 거래에 더 가깝다고 분석할 수 있다. 즉, 금융재무전략 부분에서 이야기했듯이, 손정의가 진정 하고 싶어 하는 일은 펀드 업무가 아니라 펀드를 통해 AI 군전략을 실행하는 것이다. 따라서 앞으로도 얼마든지 새로운 전략적 파이낸스 방법을 구사해 원하는 투자를 끌어내고자 할 것이다. 분석하는 입장에 있지만, 이에 대해서만큼은 손정의에게 응원의 메시지를 보내고 싶다.

2호 펀드의 자금 대부분은 소프트뱅크 그룹, 손정의, 그 외 소프트뱅크 비전펀드의 시니어 멤버들이 출자한 것이 아닐까 생각한다. 또한 손정의는 2019년 주주총회에서 소프트뱅크 비전펀드는 400명이 넘는 투자전문가를 보유하고 있다고 밝혔다. 아마 펀드를 운용하는 데는 인건비 이외에도 각종 비용이 들 것이다. 펀드 매니지먼트 수수료만으로 운영해가려면, 아무래도 그에 상응하는 규모의 투자자금을 외부로부터 끌어올 필요가 있다는 것도 지적해두고 싶다.

소프트뱅크 그룹의 근미래 예측에서 마지막으로 지적해두고 싶은 것이 있다. 소프트뱅크 그룹은 이미 투자회사로 변신했기 때문에 영업 이익 변동성이 크다는 점이다. 또, 최고 시나리오와 최악 시나리오 사이의 차이가 너무 크다는 특징도 주시해야 한다. 이것은 소프트뱅크 그룹에게 큰 기회가 될 수도 있지만, 반대로 큰 위기로 작용할 수도 있다는 의미다.

⊙ 소프트뱅크 그룹의 위험 요인

서장과 1장에서 이야기했듯이, 소프트뱅크 그룹은 위워크 문제를 계기로 다양한 측면에서 궤도 수정 압박을 받으며 개선 중에 있다. 필자가 보기엔, 소프트뱅크 비전펀드 조성 초기에 위워크 문제가 불거졌기 때문에 운영진은 빠르게 PDCA<small>PLAN DO CHECK ACTION</small>(계획→실천→확인→조치)를 적용해 문제에 대한 강력한 해결책을 추구할 것으로 보인다. 어쨌든 소프트뱅크 그룹의 리스크로 지적되는 사항들에 대해 전체적으로 정리해보자면, 다음과 같다.

역레버리지

금융재무전략의 장에서 이야기했듯이, 레버리지를 많이 사용하는 소프트뱅크 그룹의 최대 리스크 요인이라면, 레버리지가 역레버리지로 작용하는 순간이다. 손정의도 이 리스크를 충분히 잘 알고 있기 때문에 2019년 11월 결산설명회에서 "앞으로 절대 구제형 투자는 하지 않겠다"라고 말한 바 있다. 아마 이런 발언을 통해 시장의 걱정을 불식시키려는 의도도 있었을 것이다.

재무상 리스크

1장에서 지적했듯이 소프트뱅크 그룹은 투자설명회 등에서 '순부채'라는 개념을 이용해, "보유주식의 시가평가액 27조 엔에서 순부채 4조 엔을 뺀 23조 엔이 소프트뱅크의 기업가치입니다. 기업가치가 23조 엔이나 되므로, 순부채가 4조 엔이나 된다기보다는 4조 엔밖에 안 된다고 봐주었으면 합니다"(2019년 5월 9일 결산설명회)라고 말한 바 있다.

　무엇보다 '순부채'라는 개념은 소프트뱅크 그룹의 독자적인 기준을 바탕으로 계산한 것이다. 따라서 실질적 채무를 파악하는 데 좀 더 주의를 기울일 필요가 있다. 또한 소프트뱅크 그룹은 윤택한 현금흐름을 낳는 통신회사인 소프트뱅크를 별도 상장시킨 자회사로 두고, 투자회사로서의 성격을 강화했기 때문에 영업 현금흐름 수준이 상대적으로 낮은 기업이 되어 있다. 물론 보유하고 있는 주식 등을 매각하면 현금을 얻을 수 있겠지만, 해당 주식의 금액 크기와 성격을 생각하면, 단기간에 쉽게 매각할 수 없다는 사실도 지적해두고자 한다.

　6장에서 서술했듯이, 같은 지주회사라도 방대한 순이익과 영업 현금흐름을 낳는 버크셔 해서웨이에 비해 소프트뱅크 그룹에는 재무상 리스크가 많다는 사실에 주의해야 한다.

재무정보의 설명 방법과 회계의 질

지금까지 지적해왔듯이, 손정의와 소프트뱅크 그룹은 결산설명회 자료 등에서 자사의 재무정보를 간단하고 명쾌하게 설명해왔다. 그리고 재무정보를 어떻게 해석해야 할지를 스스로 정의하기도 했다. 주주가치, 순부채, LTV라는 개념이 그 한 예다.

당연한 일이지만, 자사가 제시하는 '게임 룰'은 자사에게 유리할 수밖에 없다. 소프트뱅크 그룹이 사업투자회사가 된 이상 보다 종합적이고 복합적인 정성·정량분석이 필수적임을 기억해야 한다. 예를 들면 사업투자가 주요 업무인 대기업 종합상사에 대한 재무분석을 할 때처럼 최종 손익과 현금흐름에 보다 주목할 필요가 있다.

이와 같은 시점으로 소프트뱅크 그룹을 분석하면, 자사가 제시하는 스토리와는 완전히 다른 결과도 나타날 수 있을 것이라 생각한다.

나아가 커다란 리스크 요인으로 지적해두고 싶은 것이 한 가지 더 있다. 바로 '회계의 질' 문제다. 이때 회계의 질이란 대상 기업의 회계정보가 실제 상황을 잘 보여주는지와 회계정보 그 자체의 신뢰성을 말한다. 필자가 가장 유감스럽게 생각하는 것은 위워크 지원을 결정할 때 사실상 구제처를 연결대상으로 삼아야 하는데도, 그렇게 하지 않았다는 사실이다. 소프트뱅크 그룹은 현행 법무·세무·회계법을 이용해 위워크를 연결대상으로 삼지 않았다. 만일 위워크의 채무를 연결했더라면, 2019년 11월 6일 발표된 연결결산 결과는 완전히 달라졌을 것이다. 따라서 위워크를 연결대상으로 삼지 않은 것은 그만큼 소프트뱅크 그룹의 회계에 대한 신뢰를 흔드는 일이었다는 생각이 든다.

전문 애널리스트가 아니면 본질을 알아차리기 어렵게 재무정보를 설명한다거나, 회계의 질이 의심스러운 재무정보를 제공하는 것은 바람직하지 않다. 일반 주주들에게 리스크 요인에 대해 정확히 설명해둘 필요가 있다고 강조하고 싶다.

오차→신격화→과잉 리스크테이킹

서장에서도 말했듯이, 손정의는 최근 '오차'라는 말을 아주 자주 사용하고 있다. 소프트뱅크 그룹의 수장일 뿐만 아니라, 소프트뱅크 비전펀드의 사령탑쯤 되면 작은 것들은 대수롭지 않은 오차로 보고 잘라버릴 수밖에 없을지도 모른다. 하지만 무엇이든 대단치 않은 오차로 보아 넘기면 정말 중요한 것을 못 보고 지나가 아주 큰 리스크 요인으로 만들 가능성이 크다.

3장에서도 언급했듯이 손정의가 '좋다'라고 높이 평가하면 그 기업이 신격화되곤 한다. 이는 아주 위험한 일이다. 이번에 문제가 된 위워크의 CEO, 인도 오요의 CEO에 대해서도 손정의는 '이 회사는 훌륭하다' 혹은 '이 경영자는 대단하다'라는 평가를 내리자 그 기업과 경영자는 신격화되어버렸다. 사실 손정의 자체가 사내외에서 신격화되어 있는 것 역시 리스크 요인이라 볼 수 있다.

바로 이런 요인 때문에 위워크에 '자금이 대규모로 투자되고, 그 자금이 다시 부동산에 투자되어 대규모 사업 전개'로 이어졌다. 그리고 이것이 과잉 리스크테이킹(위험부담)이 되어버렸다. 게다가 위워크가 테크놀로지 기업이라 간주되는 순간 영업이익이나 현금흐름이 발생하지 않아도 채산을 도외시하고 확대경영을 하는 방식이 적용되었던 것으로 보인다. 이처럼 위워크 문제는 '오차→신격화→과잉 리스크테이킹'이라는 일련의 흐름에서 생겨난 것이라 할 수 있다.

소프트뱅크 비전펀드의 투자처는 다종다양하다. 때문에 손정의가 모든 것을 일일이 관리할 수 없으므로, 사소한 부분에 대해선 오차라고 말하고 싶은 기분은 잘 알 것 같다. 하지만 손정의를 구심력으로 생겨난 펀드인 이상, 손정의 스스로 오차라는 표현을 써서 본말이 애매하게 전도되는 일이 증가해서는 안 된다고 본다.

빅 비전 제시와 함께 오차 없이 치밀하고 꼼꼼한 매니지먼트를 하는 것. 그리고 간단하고 명쾌한 스토리 제시와 함께 다른 시점에서 바라볼 때 생기는 우려에도 진지하게 대응하는 것. 즉, '오차라고 말하지 않는 경영'을 이제 일본의 대표적 경영자인 손정의에게 기대해본다.

기업 지배 구조

다음은 기업 지배 구조의 문제다. 좀 더 구체적으로 말하자면 지주회사와 자회사가 모두 상장했을 때, 모회사가 자회사의 주주들에게 손해를 끼치는 경영을 하는 것이다.

기업 지배 구조는 영어로 'Corporate Governance'다. 때문에 기업통치라고도 하며, 주식회사에선 특히 주주와 경영자의 관계성이 중요한 문제가 된다.

다양한 투자자들로부터 출자 받아 주식을 상장하고, 나아가 기업이 크게 성장하면, 주주와 경영자 사이의 경계는 뚜렷해진다. 이때 자리 잡게 되는 기업 지배 구조에서 주주는 주체자가 되고, 경영자는 대리인이 된다.

보통 '기업은 누구의 것인가'를 논할 때, 사원의 것인가, 경영자의 것인가, 주주의 것인가로 의견이 갈린다. 그런데 기업 지배 구조 세계에선 어디까지나 주주가 주체자이므로, 기업은 주주의 것이다. 일반적으로 주주는 직접 경영에 나서지 않는다. 때문에 경영자, 즉 경영진을 대리인으로 임명한다. 즉, 주체자는 주주이고, 주체자의 위탁을 받아 경영을 하는 대리인이 경영자와 경영진이라는 관계성이 성립한다. 그리고 이런 관계성이 바로 기업 지배 구조다.

그렇다면 소프트뱅크 그룹의 기업 지배 구조에는 어떤 문제가 있을까.

우선은 모회사와 자회사가 모두 상장하는 문제다. 소프트뱅크 그룹의 경우, 모회사 소프트뱅크 그룹 아래 자회사 소프트뱅크가 있다. 그리고 더 나아가 손자회사 야후(Z홀딩스)와 증손자회사 아스크루도 있다. 4개 회사 모두 상장기업이기 때문에 자회사와 모회사를 넘어 손자, 증손 기업까지 모두 상장한 '다중적 상장'을 한 셈이다. 보도에 따르면, 소프트뱅크 비전펀드도 상장할 가능성이 있다고 한다. 만약 이것이 실현되면, 더더욱 다중적이 된다.

그렇다면 다중적 상장의 문제는 무엇일까. 각 기업의 실질적 의사결정자로서, 실질적으로 경영을 담당하는 소프트뱅크 그룹의 손정의와 자회사, 손자회사, 증손회사의 일반 주주 사이에 이해관계가 대립할 수 있다.

손정의는 소프트뱅크 그룹 전체를 생각해 전체에 최적인 경영판단을 한다. 한편, 소프트뱅크와 야후의 주주는 각각 소프트뱅크와 야후에 최적인 경영판단을 경영자에게 요구한다. 그런데 실질적으로 각 기업의 경영자는 주주들의 요구보다는 그룹 전체를 이끄는 손정의의 의향을 경영에 반영할 수밖에 없다. 다시 말해, 소프트뱅크 그룹에 최적인 선택이 소프트뱅크와 야후에 최적인 선택과 같으면 문제 없지만,

종종 일치하지 않기 때문에 문제가 된다. 소프트뱅크 그룹엔 최적인 선택이라 해도 소프트뱅크와 야후에겐 차선책이 되거나 그 이하인 선택이 될 수도 있다. 이런 경우 소프트뱅크 그룹의 손정의와 소프트뱅크와 야후의 일반 주주 사이에 이익 상반이 일어나 서로의 이해관계가 대립하게 된다. 소프트뱅크 그룹은 이처럼 다중 상장이라는 기업 지배구조 문제를 안고 있으며, 이것은 큰 리스크 요인 중 하나다.

서구에서는 모회사와 자회사가 함께 상장하는 데 엄한 규제를 가하거나 아예 인정해주지 않는 경향이 있다. 일본에서도 앞으로 다중 상장에 대한 법이 개정될 가능성이 있다.

은행에서는 출자비율이 낮아도, 실제로 지배하고 있는 동족기업을 '실질동일체'로 부른다. 실제로 지배하고 있다면 실질적으로는 동일체, 동일 기업그룹으로 보고 이 기업들을 전체적으로 심사한다. 이런 기업 지배 구조 문제가 소프트뱅크 그룹에 있다는 사실은 이미 지적되었고, 그것이 아스크루의 경영자 해임 문제로 불거졌다.

마지막으로 소프트뱅크 비전펀드에는 우선출자를 하는 외부 투자자가 있다. 그런데 해당 투자자에게는 우선적으로 자금을 배분해 주어야 한다. 이 사실 자체도 잠재적으로는 그룹 전체로 볼 때 이익 상반 가능성이 있다고 지적해두고 싶다.

세금지불계획

소프트뱅크 그룹의 리스크 요인 중에는 세금지불계획의 합리성 문제도 있다. 세금지불계획이란 세무전략을 가리키는 말로, 쉽게 말하면 세금대책이다.

소프트뱅크 그룹은 2018년 3월기에 '일본 내 법인세 제로'라고 신고
했다. 하지만 국세청 당국이 4,200억 엔 신고 누락으로 수정 신고했다.
세금을 가능하면 적게 내려는 기업과 세금을 적정하게 징수하려는 국
세청 사이엔 세법 해석상 차이가 있게 마련이다. 따라서 신고 누락을
지적받고 수정 신고하는 것은 다른 기업에도 있는 일이다.

소프트뱅크 그룹의 입장에서 보자면, 현재 일본 세법이 인정하는 범
위에서 세금지불계획을 세워 법인세 제로로 신고한 것이다. 따라서 특
별히 위법성은 없지만, 비판을 피해가기는 어렵다.

일본은 국제회계기준을 도입하고 있기 때문에 일본 기업의 회계도
국제적 기준을 기초로 한 회계로 실시되었다. 한편, 세무에 대해 말하
자면, 세제가 현실 변화에 제대로 대응하지 못하고 개정이 늦어지는
경향이 있다. 현실, 세제, 세법 사이에 빈틈이 있기 때문에 기업이 그
빈틈을 능숙하게 이용한 세금대책을 행할 여지가 있다.

일본도 서구의 세법 개정 등을 연구해, 세제와 세법을 빠른 시일 내에
현실에 맞게 개정해야 한다. 또한 소프트뱅크 그룹도 이제 큰 영향력을
발휘하는 기업이 된 만큼, 일본 내 세제의 갭을 이용하는 데 머물지 말
고, 세금지불계획의 운용에 대해 보다 신중하게 대처할 필요가 있다.

후계자 문제

소프트뱅크 그룹의 위험 요인으로 흔히 지적되는 것에는 손정의의 후계
자 문제가 있다. 손정의 자신도 후계자가 최대의 문제라고 생각하고 있

기 때문에, 후계자를 육성하기 위해 소프트뱅크 아카데미를 만들었다.

2015년 6월에는 후계자로서 니케시 아로라를 부사장으로 임명했다. 하지만 그는 1년 후 퇴임했고, 이후 후계자 문제는 지금도 해결되지 않고 있다. 그런데 현실적으로 생각해보자면, 손정의를 대신해 그가 하듯이 업무를 처리할 경영자를 과연 찾아낼 수 있을지 의문이다.

소프트뱅크 그룹이 300년 동안 성장을 계속하는 회사가 되기 위해선, 3장에서 지적했듯이 기업으로서 조직력과 구심력을 높이는 것이 중요하다. 유능한 후계자를 키우거나 어디선가 데려오는 것도 중요하지만, 그 이상 중요한 것이 조직력이고, 조직력을 높이기 위해선 구심력을 갖추어야 한다고 필자는 생각한다.

만약 지금 손정의가 없어진다면 소프트뱅크 그룹에 어떤 일이 일어날까. 야후와 소프트뱅크의 사업이 곧바로 흔들리지는 않겠지만, 아마 파괴적 이노베이션이나 큰 성장은 어려울 것이다.

AI 군전략, 소프트뱅크 비전펀드에도 투자는 이어지겠지만, 예전 같지는 않을 것이다. 왜냐하면 이 부분에서 손정의의 역할이 너무 크기 때문이다. 사실 손정의가 투자하고, 손정의가 헌신하고, 손정의가 '이렇게 해주겠다', '이러이러한 사람들과 연결해주겠다'고 나서기 때문에, 각사의 창업자들도 출자를 받아들여 소프트뱅크 그룹의 군전략에 참여하고 있는 것이다.

모든 것이 손정의를 통해 연결되므로, 손정의 본인이 가장 큰 구심력이다. 소프트뱅크 그룹이나, 소프트뱅크 비전펀드 자체가 큰 구심력을 가지고 있다고 보기는 어렵다. 물론 손정의가 없다고 바로 붕괴되지는 않겠지만, 아무래도 참여기업들이 하나둘 빠져나갈 가능성이 크다.

손정의를 대신할 후계자를 혈안이 되어 찾는다 해도 그런 사람은 없다고 본다. 애플에 스티브 잡스를 능가하는 천재가 없는 것과 마찬가지다. 그의 뒤를 이은 팀 쿡도 상당히 카리스마 있는 경영자지만, 잡스정도는 아니다. 그래도 쿡은 조직력을 강화해 애플을 성장시키는 좋은예를 보여주었다. 소프트뱅크는 애플의 이런 점을 벤치마킹해야 할 것이다.

3장에서 이미 이야기했지만, 조직력과 구심력을 높이기 위해 재벌의 뛰어난 점을 벤치마킹하는 것도 하나의 방법이다. 역사가 오래된재벌은 단순히 사람이나 기업의 연결을 넘어선 탄탄한 조직과 구심점을 가지고 있다. 이제는 소프트뱅크 그룹도 이런 재벌처럼 조직력과구심력을 갖추어야 할 것이다. 물론 소프트뱅크 그룹에도 미야우치 켄(宮内謙)이라는 뛰어난 경영자가 있다. 그는 손정의의 참모로서 No.2라 불리면서 손정의를 음지에서건 양지에서건 돕고 있다. 그 외에 재무를 맡고 있는 고토 요시미쓰(後藤芳光) CFO와 소프트뱅크의 신바 준(榛葉 淳) 부사장, 이마이 야스유키(今井康之) 부사장, 미야카와 준이치(宮川潤一) CTO 등이 든든한 기둥으로서 손정의를 지지해주고 있다.

이처럼 일본 소프트뱅크에도 충분한 조직력이 있고, 조직을 받쳐주기 위한 인재도 양성하고 있다. 단, 현재처럼 AI 기업집단 전체를 하나로 모을 수 있었던 것은 손정의가 있었기 때문이라는 데는 의문의 여지가 없다. 결국 그가 구심력의 중심이고, 소프트뱅크 그룹은 여러모로 그에 대한 의존에서 벗어나기 어렵다.

결국 후계자 문제가 큰 리스크 요인이기는 하지만, 그것을 극복하려고 후계자를 찾기에 앞서 소프트뱅크 그룹의 조직력과 구심력을 더욱 탄탄하게 갖추는 것이 우선 해결해야 할 과제라고 본다.

지정학 리스크

지정학 리스크라면, 아무래도 미중 신냉전이 최대 문제다. 그리고 소프트뱅크 그룹이 알리바바와 디디 등에 한 투자를 생각하면, 중국 리스크도 작지 않다. 사우디아라비아 리스크가 불거졌던 것도 아직 기억에 생생하다. 미국과 중국만이 아니라, 중동에서도 아시아에서도 정치적·군사적·사회적 긴장이 높아지는 장소와 시기가 있다. 사실, 지정학 리스크는 소프트뱅크 그룹에만 한정되지 않는다. 글로벌 기업이라면 피해 갈 수 없는 리스크라고 할 수 있다. 단, 소프트뱅크 그룹은 소프트뱅크 비전펀드를 중심으로 전 세계 기업에 투자하고 있기 때문에 그만큼 지정학 리스크의 영향을 크게 받을 수밖에 없다는 사실을 다시 한번 강조해두고 싶다.

지정학 리스크에 대해 좀 더 자세히 살펴보자면, 소프트뱅크 비전펀드의 최대 출자자를 주목해야 한다. 사우디아라비아는 국부펀드인 퍼블릭인베스트먼트펀드 450억 달러를 소프트뱅크 비전펀드에 투자했다. 즉, 소프트뱅크 비전펀드의 대략 절반인 약 5조 엔이 사우디아라비아 정부로부터 온 자금이다.

2018년 사우디아라비아 기자인 자말 카슈끄지 Jamal Khashoggi가 터키의 사우디아라비아 총영사관에서 피살되는 사건이 있었다. 이후 사우디아라비아 정부가 이에 관여했다는 의문이 생기면서 이 정부와 관계 깊은 소프트뱅크 비전펀드의 평판에도 다소 손상이 가지 않을 수 없었다. 때문에 사우디아라비아에 대한 의존에서 완전히 벗어날 수는 없다 해도, 앞으로는 그 비중을 낮추어가는 방향을 취할 듯하다.

2019년 11월 소프트뱅크 비전펀드 2호 발표회에선 사우디아라비아 정부로부터 추가 출자가 있었다는 보고는 없었다. 물론 앞으로 어느 정도 더 출자할 수는 있겠지만 그 규모가 1차에 했던 것 만큼은 되지 않으리라 생각한다.

IT버블 붕괴

애초에 현시점이 IT버블인지에 대해선 의견이 갈리고 있다. 하지만 버블의 조짐으로 볼 만한 현상이 몇 가지 관찰되는 것은 사실이다.

2000년 전후 미국 IT버블 시기에는 테크놀로지 기업이라면 영업이익을 내지 못해도 인정을 받았다. 당시엔 '뉴 이코노미'가 키워드였다면 지금은 '플랫폼'이나 '플랫폼 기업', '위너 테이크 올(승자독식)'이 키워드다. 플랫폼 기업이 되면 승자독식이 가능한 세태를 반영한 말이다. 지금도 시장에서는 테크놀로지 기업으로 인정받으면, 영업이익을 꼭 낳지 않아도 된다는 분위기가 지배적이다. 게다가 이런 기업에 대한 과잉 투자도 이어지고 있어, 많은 사람들이 예전의 IT버블 시기를 연상시킨다고 평가하고 있다.

하버드대학교에서도 교편을 잡았던 경제학자 존 케네스 갤브레이스 John Kenneth Galbraith는 저서 《금융 도취의 짧은 역사A Short History of Financial

Euphoria》에서 '투기에 공통된 요인' 3가지를 다음과 같이 정리하고 있다.

❶ 폭락 전 금융 천재가 있다.
❷ 과장된 레버리지(지렛대) 효과 재발견
❸ 무언가 신기해 보이는 것

'폭락 전에 금융 천재가 있다'는 것은 바로 손정의의 경우일지도 모른다. '과장된 레버리지 효과 재발견'도 소프트뱅크 그룹에서 볼 수 있다. 소프트뱅크 그룹은 2중, 3중으로 레버리지를 이용하고 있기 때문이다. '무언가 신기해 보이는 것'은 소프트뱅크 비전펀드도, AI 군전략도 어딘지 신기해 보이는 것이라 할 수 있다. 즉, 투기가 만든 버블이 붕괴되기 전에 보이는 3가지 현상이 전부 소프트뱅크 그룹에서 그대로 일어나고 있다.

앞에서 언급한 대로 2000년 전후 미국 IT버블 시기에는 '뉴 이코노미'가 최대의 키워드였다. 이 시절엔 뉴 이코노미를 형성하는 인터넷 기업이란 이유만으로 높은 평가를 받고 주가가 치솟았다. IT 관련 기업을 다수 포함하고 있는 나스닥은 이 시기에 종합지수가 1999년 2,000포인트 전후에서 4,000포인트 전후로 약 2배 상승했다. 2000년 3월에는 당시 최고점인 5,132포인트를 기록했다. 그러나 이를 기점으로 급락이 시작되어, 같은 해 12월에는 절반을 지나 2,288포인트까지 내려갔다. 그 후로도 하락은 멈추지 않아 2002년 10월에는 지수가 1,108포인트까지 떨어졌다. 결과적으로 IT버블이 꺼지면서 나스닥 종합지수는 5분의 1 가까이 떨어졌다고 볼 수 있다.

2019년 11월 중순 이후 미국의 주가는 다시 호황기를 누리고 있다. 뉴욕 다우존스 평균 주가도, 나스닥 종합지수도, 사상 최고치를 갱신했다. 이처럼 다시없는 절정기를 넘어섰기 때문에 리스크 분석 시점에선 더욱 버블 가능성을 검토할 필요가 있다.

미국 벤처캐피털의 왕자, 세쿼이아 캐피털의 교훈

최악의 시나리오가 펼쳐질 경우 소프트뱅크 그룹은 어떻게 대처하면 좋을까? 지금부터는 그 지침이 될 만한 자료로서, 미국 최대 벤처캐피털 회사인 세쿼이아 캐피털이 투자처 경영자들에게 띄운 슬라이드 자료를 살펴보고자 한다.

이 자료의 제목은 〈R.I.P. Good times〉인데, 직역하자면 〈좋은 시간이여, 편히 잠들라〉다. 이 자료가 발행된 것이 리먼쇼크 직후이고 수신 대상이 경영자들인 점을 고려하면, 제목을 〈호경기여, 이젠 안녕〉 정도로 번역하면 좋을 것 같다.

〈R.I.P. Good times〉는 호경기가 끝나고 시장이 식어갈 때 경영자들이 어떻게 대처해야 하고, 미리 어떤 대비를 해두어야 하는지를 설명하고 있다. 때문에 미국에서는 이 자료를 스타트업 기업의 바이블이라 부르고 있다.

1972년 설립된 벤처캐피털 회사인 세쿼이아 캐피털의 창업자는 '실리콘밸리를 만든 1세대 리더 중 한 사람'인 돈 밸런타인Don Valentine이다(2019년 10월 세상을 떠남). 이 회사는 미국 캘리포니아주 먼로 파크에 본사를 두고 있으며, 벵갈루루, 뭄바이, 뉴델리, 베이징, 상하이, 홍콩, 싱가포르, 텔아비브에도 거점을 갖추고 있다. 자산운용액은 1조 5,000억 달러 정도고, 초기 단계를 포함해 모든 성장 단계에서 투자를 하고 있다. 투자처 기업의 시가총액 합계는 3.3조 달러에 이른다. 투자처를 살펴보면, 애플, 구글, 야후, 페이팔 등 유명 기업이 다수 포함되어 있다. 또한 종합금융 핀테크 기업인 앤트 파이낸셜, 음식 배달 앱 기업 도어대시, 온라인 결제업체 스트라입 등에도 투자하고 있다.

세쿼이아 캐피털이 펴낸 〈R.I.P. Good times〉을 간단히 살펴보면, 2008년 리먼쇼크를 주택시장 상황 악화가 이끈 경기침체, 과잉 레버리지 금융시장, 자산 가격 하락, 크레디트 시장 동결, 가계의 부실한 재무상태표 등으로 진단하고 있다. 그리고 이로 인해 맞닥뜨리게 될 새로운 현실을 다음과 같이 정의했다.

'경기가 오르락내리락하는 현상은 늘 있다', '회복엔 시간이 걸린다', '이젠 큰 규모의 자금조달은 불가능하다', '시리즈 B와 C에서 조달 액은 감소한다', '고객을 끌어들이는 데는 시간이 걸린다', '비용 감소는 필수다', '현금흐름을 플러스로 만들어야 한다' 등 '새로운 현실'을 알 필요가 있다고 했다.

또한 이 문서를 보낸 대상이 투자처의 경영자들이었던 만큼, M&A와 IPO에 대해 다음과 같은 엄한 전망을 내놓았다. 'M&A 건수는 감소한다', '매수 금액도 감소한다', '매수자는 이익이 나는 기업매수를 좋아한다', 'IPO는 감소하고, 보다 시간이 걸리게 된다' 등이다.

이어서 세쿼이아 캐피털은 호경기가 끝난 뒤 살아남는 법으로 다음과 같은 대책을 제시했다.

❶ 절대 필요한 제품을 만들 것

❷ 비즈니스모델을 확립할 것

❸ 시장을 이해할 것

❹ 고객의 지불능력을 이해할 것

❺ 경쟁 사업자를 분석할 것

❻ 현금을 가장 중요시할 것

❼ 수익성을 갖출 것

또한 구체적인 실천 항목으로 다음과 같은 제안을 하고 있다.

❶ 상황분석 수행

❷ 신속한 적응

❸ 제로베이스 예산 책정

❹ 비용 삭감

❺ 종업원 급여 재검토

❻ 수수료형 영업인원 고용

❼ 재무상태표 강화

❽ 현금흐름 조기 플러스화

❾ 1달러 하나하나를 소중히

이상을 통해 이해한 것을 정리하자면, ① 확고한 수익모델을 확립해 시장이나 고객과 경쟁을 이해한 후 사업을 강화할 것, ② 비용 삭감과 효율적 영업에 의한 수익성을 중시할 것, ③ 재무상태표를 강화하고 현금흐름을 플러스화할 것 등이다.

다시 말해, 세쿼이아 캐피털은 시장획득Grab Share을 지렛대 삼은 '자본 보전Preserve Capital'을 강조하고 있다. 데트 파이낸스나 에퀴티 파이낸스로 자금을 조달하기보다는 사업으로 수익성을 확보하고 최종 이익을 내 자본을 늘리고, 그 결과 자기자본 비율과 유동비율을 올려 재무상태표를 강화하라는 것이다. 이는 불경기에 대비한 대책으로서는 물론이고, 경기의 좋고 나쁨과 관계없이 바람직한 경영방식이라 볼 수 있다.

한편, 실제로 불경기에 돌입하게 될 경우 대처 방법은 어떠해야 할까. 세쿼이아 캐피털은 이에 대한 솔루션으로 '상황분석 수행', '신속한 적응', '제로베이스 예산 책정'을 제시한다. 즉, '상황분석에 따라 전략을 대담하고 신속하게 바꿔야 한다'는 주장을 펼치고 있다.

소프트뱅크 그룹과 세쿼이아 캐피털의 투자 대상 기업들을 같은 기준에 놓고 보는 것은 적절치 않을지도 모른다. 하지만 위워크 문제 등을 안고 있는 소프트뱅크 그룹이 최악의 시나리오에 대처하게 된다면, 〈R.I.P. Good times〉에서 제시한 이런 주장이 유용할 것으로 보인다. 특히 AI 군전략을 검토하고 그 사업의 방향성을 검토할 때 지침으로 삼을 만하지 않을까 생각한다.

2019년 10월 하순에 디트로이트에서 열린 〈2019년 30세 이하 리더

회담The 2020 Forbes Under 30 Summit〉에서는 세쿼이아 캐피털의 파트너이자, 페이팔 CFO(최고재무책임자)를 맡은 바 있는 로엘로프 보사가 연사로 등장했다. 보사는 '(위워크의 IPO 연기와 관련해) 소프트뱅크 비전펀드에 대해 어떻게 생각하는가'라는 질문을 받자, 소프트뱅크 비전펀드를 직접 언급하지는 않으면서 다음과 같이 의미심장한 대답을 했다.

"좋은 경영진, 좋은 투자가는 쇼크의 완충자absorbers이지 증폭자 amplifiers는 아닙니다."(2019년 10월 31일 자 〈포브스〉)

벤처 캐피털리스트의 시점에서 보자면, 과연 위워크에 대한 추가 지원책을 발표한 소프트뱅크 그룹은 쇼크의 완충자일까, 아니면 쇼크의 증폭자일까. 어느 쪽이든 최악 시나리오의 경우, 이런 시장의 관점도 충분히 계산하면서 사업을 재구축해나가야 할 것이다.

마지막으로, 세쿼이아 캐피털의 창업자 돈 밸런타인은 2019년에 세상을 떠났다. 그는 창업 때 제정한 '세쿼이아 체크리스트'에서 투자처를 다루는 중요한 방법으로 '사람보다도 시장을 확실히 볼 것', '가까운 장소에 있을 것', '매출총이익이 높을 것' 등을 지적하고 있다.

⊙ 손정의의 최종 목표, 시가총액 세계 1위

지금까지 보아왔듯이, 손정의는 No.1이 되는 데 강하게 집착하고 있다. AI 군전략이라는 녹특한 전략을 펼치면서, 이익을 조 단위로 세고 싶다거나 플랫폼 기업이란 말을 분명하게 언급한다.

이런 사실들을 종합해보면, 손정의와 소프트뱅크 그룹은 역사적으로 중요한 3대 사업인 통신, 모빌리티, 에너지 각 분야에서 플랫폼 기업이 되고, 마지막으로 이들을 전부 묶어 사회시스템 전체의 플랫폼 기업이 되는 것을 목표로 한다는 생각이 든다.

스마트폰으로 연결되고, 지불 수단으로 연결되고, 정보로 연결되고, 데이터로 연결되고, 마지막엔 정액제 회원이 되어 이 모든 것을 이용할 수 있는 플랫폼과 생태계를 구축하는 것이야말로 손정의가 그리는 소프트뱅크 그룹의 미래가 아닐까 예측해본다.

그런 미래를 실현하는 데 열쇠가 되는 것이 바로 군전략이다. 소프트뱅크 그룹의 군전략은 자연과학적인 개념을 도입해 자기증식과 자기진화를 하는 기업을 모으는 것이다. 재벌과 차이점을 살펴보면, 재벌에 속한 자회사 중에는 각 업계에서 순위가 낮은 기업도 있다. 그런데도 재벌은 이들과도 어쩔 수 없이 제휴해야 한다. 하지만 군전략에 속한 기업들은 모두 No.1 기업들이기 때문에 이들끼리 제휴하면 큰 시너지를 낼 수 있다.

기존 기업과 GAFA×BATH는 자회사를 그룹에 포함시킬 때 지주비율 100퍼센트, 혹은 50퍼센트 이상을 고집한다. 하지만 군전략은 굳이 그런 점에 집착하지는 않는다. 가장 중요한 것은 경영 용어로 이야기하자면 '애스퍼레이션Aspiration'이다. 즉 '열망, 혹은 마음 깊은 곳으로부터 솟는 욕구'다. 손정의는 No.1이 되는 것을 아주 중요하게 생각한다. 그런데 어떤 분야에서 가장 No.1이 되고 싶어 하는가를 생각해보면, 분명히 밝힌 적은 없지만, 시가총액에서 세계 제일이 되고 싶은 것이 아닐까 한다. 따라서 과거 인터넷 트래픽과 인터넷 관련 기업의 시가총액이 상관관계를 보여온 그래프를 보여주고, 뒤이어 앞으로 AI 트래픽과 AI 관련 기업의 시가총액이 비슷한 상관관계를 보일 것으로 예측하는 그래프를 보여준 것은 그런 생각이 반영된 결과로 보인다. 즉, AI 군전략으로 No.1 자리를 차지해 시가총액 랭킹에서 세계 제일이 되는 것이야말로 손정의가 가장 중요시하는 애스퍼레이션이라고 생각한다.

소프트뱅크 그룹에 대한 이야기를 할 때 또 한 가지 놓치면 안 되는 것이 타임머신 경영이다. 소프트뱅크 그룹은 글로벌 투자 대상 기업을 일본으로 불러들여 공동으로 사업을 시작해 지금까지 많은 성공을 거두었다. 맨바닥에서 사업을 일으키기보다는 투자 대상 기업의 사업구조를 일본으로 들여와 국내 사정에 맞는 큰 사업체로 키우는 데 아주 뛰어났다.

앞으로도 소프트뱅크 그룹은 타임머신 경영으로 일본 내에서 사업을 더욱 확대해갈 것으로 보인다. 그리고 역할분담이 더욱 명확해져 소프트뱅크 그룹은 어디까지나 전략적 지주회사에 머물고, 그 산하에 있는 소프트뱅크와 Z홀딩스가 새로운 사업을 담당해 일본 내의 플랫폼과 생태계를 구축해갈 것으로 보인다.

지금까지 몇 번이나 이야기했듯이 소프트뱅크 그룹의 시가총액을 분석해보면, 이른바 '대기업 할인'을 받으며 오르락내리락하는 변화를 보여왔다. 대기업 할인이란 적극적인 M&A 등을 통해 사업을 다각화하고 있는 소프트뱅크 그룹 같은 기업이 단일 사업을 하는 기업과 비교해 주식 시장으로부터 낮은 평가를 받고, 그 결과 시가총액도 낮아지는 상황을 뜻한다. 손정의가 표방하는 AI 군전략이 정말 사회적 의의가 있는 것으로 정당하게 평가받게 되면, 이런 현상은 발생하지 않을 것이다.

소프트뱅크 그룹이 세계적으로 큰 영향력을 가지게 된 이상, 이 기업이 지닌 사회적 사명을 좀 더 발휘해주었으면 한다. 그런 방향성을 갖추게 되면 소프트뱅크 그룹의 시가총액에는 '대기업 할인'이 아닌 '대기업 프리미엄'이 붙게 될 것이다. 즉, 그룹의 시가총액이 투자 대상 기업들의 시가총액 합을 크게 웃돌게 될 것이다.

⊙ 회사의 뼛속에서부터 지구환경 문제와 마주한다

소프트뱅크 그룹 시가총액을 글로벌 랭킹 상위로 끌어올려, 일본과 아시아를 넘어 세계에 큰 뜻을 펼치기 위해 사업을 구체적으로 어떻게 전개해나가면 좋을까. 나는 그 답이 '기업의 뼛속에서부터 지구환경 문제와 마주하는' 데 있다고 본다.

새삼 지적할 필요도 없지만, 기상이변 현상이 전 세계적으로 기록을 갱신하고 있다. 또한 많은 사람들의 생활에 영향을 끼치며, 경제적인 타격까지 주고 있다. 이제는 점점 더 많은 사람들이 기상이변을 생활 속에서 실감하게 되면서, 거의 동물적인 본능으로 지구환경이 크게 변하고 있음을 인식하기에 이르렀다. 기상이변은 이제 새로운 일상이 되었다 해도 지나친 말이 아니다.

앤드루 S. 윈스턴Andrew S. Winston은 저서《빅 피봇 – 왜 글로벌 기업이 '대전환'하는가》에서 "만약 당신이 이런 압박이 현실적인 위협이란 사실을 믿는다면, 지금까지 생태 기업이나 지속가능성을 조연이나 틈새시장쯤으로 여기던 자세를 버려야 한다. 이제 우리가 해야 할 일은 피봇(전환)이다"고 주장했다. '빅 피봇'은 근원적인 '대전환'을 의미하는 키워드다. 예전엔 지구환경 문제는 기업의 사회공헌 활동이나 CSRCorporate Social Responsibility(기업의 사회적책임)에 머물렀다. 즉, 조연에 지나지 않았지만 이제는 비즈니스의 중요한 핵심 단계에서부터 마주해야 할 과제가 되었다.

미국에선 애플이 제품의 디자인 및 제조, 공급망 등에서 지구환경 문제를 진지하게 다루어 사내외 커뮤니티 전체에서 높은 평가를 받고 있다. 글로벌 대기업인 애플은 생물다양성을 중시하며, 이익의 일부를 환경단체에 기부하는 것은 물론이고, 제조나 공급망 같은 사업부문에서도 지구환경 문제를 고려하고 반영하는 데 누구보다도 적극적이다.

아마존도 질 수는 없을 것이다. 아마존은 〈하버드 비즈니스 리뷰 2016년 CEO 랭킹〉에서 재무적인 부분 1위였다. 하지만 ESG(환경, 사회, 통치)에서는 828위라는 극히 낮은 평가를 받았다. 이처럼 이제까지는 지속가능성과 관련해 낮은 평가를 받아왔지만, 그런 아마존이 2019년 9월에는 기후 서약Climate Pledge에 조인했다. 이것은 파리기후협정을 10년 앞당겨 달성하겠다는 운동이다. 그리고 더 나아가 EV트럭 10만 대를 도입하겠다고 발표했다.

한편, 소프트뱅크 그룹은 5장의 산업전략 부문에서도 설명했지만, 이미 일찍부터 클린에너지 사업을 추진해왔다. 손정의가 2011년에 설립한 자연에너지 재단은 2018년 3월에 주최한 국제 심포지엄 〈REvision 2018 : 자연에너지 대규모 도입이 세계를 바꾼다〉에서 이렇게 발표했다.

"태양광이나 풍력 발전은 이미 세계 많은 지역에서 화력이나 원자력보다 싼 에너지원이 되고 있다. 대규모 자연에너지가 도입되면서 탈탄소화를 노리는 새로운 비즈니스가 생겨나고, 전력회사의 존재 방식 자체를 바꾸고 있다."(소프트뱅크 그룹의 자연에너지재단 홈페이지에서 발췌)

필자는 손정의의 진정한 목표는 '에너지를 만들고(태양광발전), 에너지를 쌓고(축전지), 에너지를 사용하는(EV차) 삼위일체 사업구조'를 통해, 클린에너지 생태계를 구축하는 것이 아닐까 생각한다. 이와 관련해 5장에서 언급한 산업전략을 더욱 발전시켜나가면 소프트뱅크 그룹은 '세계에서 가장 진정성 있게 지구환경 문제를 해결하는 기업'으로 높이 평가받게 될 것이다.

'지구환경 문제와 마주한다'는 것을 기축으로, 그룹기업들과 투자처의 사업을 전개해가면, 사업 간 시너지 효과도 생길 것이다. 그 결과 주식시장에서는 '대기업(복합기업)은 시너지 효과를 낳는다'라는 높은 평가를 받을 수 있게 된다. 시가총액이란 결국 기업의 사회적 평가다. 현시점에서도 앞에서 언급한 대기업 할인이 없으면, 소프트뱅크 그룹은 배 이상의 시가총액을 과시할 수 있다.

지구환경 문제를 포함해, 앞으로는 일본만이 아니라 다른 선진국들도 맞닥뜨리게 될 사회문제와 싸워나갈 때 소프트뱅크 그룹이 선구자 역할을 맡아서 해주리라 기대해본다. '약점 극복'에 머물지 않고 '강점을 키워가는 사회'로, 또 '실패를 용서하지 않는 사회'에서 '실패로부터 배우는 것을 인정하는 사회'로 전환할 때 소프트뱅크 그룹에 거는 기대가 크다. 그리고 일하는 법, 생활하는 법, 살아가는 법에 대한 새로운 가치관을 심어주기 위해서라도 소프트뱅크 그룹이 큰 역할을 맡아주기를 바란다.

'AI 민주화'가
소프트뱅크 그룹 최대 기회와
위협이 된다

소프트뱅크 그룹은 AI 군전략을 가장 중요시한다. 따라서 AI의 발전과 활용은 '소프트뱅크 그룹이 그리는 2025년 세계'에 가장 큰 영향을 주는 요인이다. 이런 상황에서 'AI 민주화'는 소프트뱅크 그룹에게 최대의 기회이자 최대의 위협이 될 수도 있다고 생각한다. AI 민주화란 누구나 AI를 사용할 수 있게 되는 것이다. 이미 구글, 아마존, 바이두 등 미중 메가테크 기업들도 이것을 중요한 경쟁전략으로 삼고 있다.

소프트뱅크 그룹은 AI 군전략을 구사하며 AI 활용기술을 발전시키는 최첨단 유니콘 기업들에 대규모로 투자한다. 한편, 미중 메가테크 기업들은 많은 사람들과 조직이 보다 가까이에서 AI를 이용할 수 있게 하는 'AI 오픈 플랫폼'을 구축하려 하고 있다.

AI가 본격적으로 실용화되고 있는 상황에서 AI가 활용되는 범위를 통계적 방법으로 조사해보면, 분류, 회귀, 클러스터링, 추론, 검색 등으로 그 범위가 날로 확대되고 있음을 알 수 있다. 용도를 살펴보면, 화상

인식, 음성인식, 수치 예측, 로봇과 기계 제어, 문장 해석, 회화 생성 등 여러 분야에서 실용화되고 있다. 이제는 AI를 활용해 도시 전체의 기능을 최적화하는 스마트시티란 개념도 보편화되고 있다. 이미 중국에선 교통체증 완화와 폐기물 처리에 AI를 도입해 도시 기능을 최적화하는 작업이 진행중이다.

일본에서도 농기계 제조사로 알려진 한 기업이 맨홀 뚜껑에 IoT 기능 센서를 부착해 주력 수도사업 설비에서 큰 변화를 보여주었다. 즉, 'IoT, 빅데이터 집적과 AI 해석'을 도입한 사업을 전개하기 시작한 것이다. 소니에서도 큰 수익을 낳는 CMOS이미지 센서에 에지AI(현장에서 사용되는 디바이스에 조합시키기 위해 사용되는 AI)를 적용해, 새로운 가치를 창출해나가겠다고 밝혔다.

이제는 거대기업뿐만 아니라, 스타트업 기업과 상장기업, 나아가 중견기업에서도 제조업, 서비스업, 농업 등 여러 분야에 뛰어들어 AI 민주화를 실현하는 경우가 적지 않다. 이런 상황은 최첨단 테크놀로지를 과시하는 혁신 기업과 미중 메가테크 기업들만 AI의 혜택을 누리던 시대가 끝나고, 보다 많은 사람들과 조직이 AI를 활용할 수 있는 시대가 시작되고 있음을 의미한다. 소프트뱅크 그룹에겐 이런 시대적 변화가 다음과 같은 입장 차이에 따른 최대의 기회이자, 최대의 위협이 될 수도 있다.

문을 여는 국가와 기업 vs 문을 닫는 국가와 기업
오픈 플랫폼 vs 클로즈드 시스템
다양성과 개성을 살린 가치관 vs 단일 가치만 인정하는 가치관

미중 신냉전 때문에 형식적으로는 거리를 두어도, 실제로는 서로 더욱 강하게 연결될 2025년의 세계. 소프트뱅크 그룹은 위의 3가지 입장

차이에서 전자의 가치관을 상징하는 글로벌 기업이다. 이제 그 가치관에 걸맞게 기업 이념인 'AI 민주화'와 '정보혁명으로 사람들을 행복하게'를 실천해주기 바란다. 그리고 '소프트뱅크 제국'을 넘어 보다 많은 사람들, 그리고 기업들과 '함께 목표를 이루어가는 존재'로 자리매김하기를 기대해본다.

다나카 미치아키(田中 道昭)

손정의 투자 대전략

초판1쇄 인쇄 2021년 3월 10일
초판1쇄 발행 2021년 3월 24일

지은이 다나카 미치아키
옮긴이 유윤한

발행인 신상철
편집장 신수경
편집 정혜리 김혜연 양승찬
디자인 디자인 봄에
마케팅 안영배 신지애
제작 주진만

발행처 (주)서울문화사
등록일 1988년 12월 16일 | 등록번호 제2-484호
주소 서울시 용산구 한강대로43길 5 (우)04376
편집문의 02-799-9346
구입문의 02-791-0762
팩시밀리 02-749-4079
이메일 book@seoulmedia.co.kr

ISBN 979-11-6438-960-5 (03320)